Italiano

FÁCIL E PASSO A PASSO

Domine a Gramática do Dia a Dia
para Fluência em Italiano — *Rápido!*

Paola Nanni-Tate
Autora Original da Série: Barbara Bregstein

ALTA BOOKS
GRUPO EDITORIA
Rio de Janeiro, 201

Italiano Fácil e Passo a Passo
Copyright © 2019 da Starlin Alta Editora e Consultoria Eireli. ISBN: 978-85-508-0365-4

Translated from original Easy Italian Step-By-Step. Copyright © 2009 by McGraw-Hill Education. All rights reserved. ISBN 978-0-07-145389-9. This translation is published and sold by permission of McGraw-Hill Education, the owner of all rights to publish and sell the same. PORTUGUESE language edition published by Starlin Alta Editora e Consultoria Eireli, Copyright © 2019 by Starlin Alta Editora e Consultoria Eireli.

Todos os direitos estão reservados e protegidos por Lei. Nenhuma parte deste livro, sem autorização prévia por escrito da editora, poderá ser reproduzida ou transmitida. A violação dos Direitos Autorais é crime estabelecido na Lei nº 9.610/98 e com punição de acordo com o artigo 184 do Código Penal.

A editora não se responsabiliza pelo conteúdo da obra, formulada exclusivamente pelo(s) autor(es).

Marcas Registradas: Todos os termos mencionados e reconhecidos como Marca Registrada e/ou Comercial são de responsabilidade de seus proprietários. A editora informa não estar associada a nenhum produto e/ou fornecedor apresentado no livro.

Impresso no Brasil — 2019 — Edição revisada conforme o Acordo Ortográfico da Língua Portuguesa de 2009.

Publique seu livro com a Alta Books. Para mais informações envie um e-mail para autoria@altabooks.com.br

Obra disponível para venda corporativa e/ou personalizada. Para mais informações, fale com projetos@altabooks.com.br

Produção Editorial Editora Alta Books **Gerência Editorial** Anderson Vieira	**Produtor Editorial** Juliana de Oliveira Thiê Alves **Assistente Editorial** Ian Verçosa	**Marketing Editorial** marketing@altabooks.com.br **Editor de Aquisição** José Rugeri j.rugeri@altabooks.com.br	**Vendas Atacado e Varejo** Daniele Fonseca Viviane Paiva comercial@altabooks.com.br	**Ouvidoria** ouvidoria@altabooks.com.br
Equipe Editorial	Adriano Barros Bianca Teodoro Illysabelle Trajano	Kelry Oliveira Keyciane Botelho Maria de Lourdes Borges	Paulo Gomes Thales Silva Thauan Gomes	
Tradução Carolina Gaio	**Copidesque** Samantha Batista	**Revisão Gramatical** Priscila Gurgel Thamiris Leiroza	**Revisão Técnica** Izabel Costa Doutora em Literatura Italiana pela UFRJ	**Diagramação** Joyce Matos

Erratas e arquivos de apoio: No site da editora relatamos, com a devida correção, qualquer erro encontrado em nossos livros, bem como disponibilizamos arquivos de apoio se aplicáveis à obra em questão.

Acesse o site www.altabooks.com.br e procure pelo título do livro desejado para ter acesso às erratas, aos arquivos de apoio e/ou a outros conteúdos aplicáveis à obra.

Suporte Técnico: A obra é comercializada na forma em que está, sem direito a suporte técnico ou orientação pessoal/exclusiva ao leitor.

A editora não se responsabiliza pela manutenção, atualização e idioma dos sites referidos pelos autores nesta obra.

Dados Internacionais de Catalogação na Publicação (CIP) de acordo com ISBD

N184i   Nanni-Tate, Paola
        Italiano fácil e passo a passo: domine a gramática do dia a dia para fluência em Italiano / Paola Nanni-Tate ; traduzido por Carolina Gaio Palhares. - Rio de Janeiro : Alta Books, 2019.
        336 p. : il. ; 17cm x 24cm. – (Fácil e Passo a Passo).

        Tradução de: Easy Italian step-by-step: master high-frequency grammar for italian proficiency — fast!
        ISBN: 978-85-508-0365-4

        1. Línguas. 2. Idiomas. 3. Italiano. I. Palhares, Carolina Gaio. II. Título. III. Série.

2018-1040   CDD 450
                                                    CDU 811.131.1

Elaborado por Vagner Rodolfo da Silva - CRB-8/9410

Rua Viúva Cláudio, 291 — Bairro Industrial do Jacaré
CEP: 20970-031 — Rio de Janeiro - RJ
Tels.: (21) 3278-8069 / 3278-8419
www.altabooks.com.br — altabooks@altabooks.com.br
www.facebook.com/altabooks

Sumário

Prefácio   xi
Agradecimentos   xii

I   Elementos da Sentença

1   Substantivos, Artigos e Adjetivos

O Gênero dos Substantivos   3
   Substantivos no Singular   3
   Substantivos no Plural   6
O Artigo Indefinido   9
O Artigo Definido   11
   Outros Usos do Artigo Definido   13
Adjetivos Descritivos   17
   Forma Singular dos Adjetivos   17
Vocabulário-chave   18
     Colori (Cores)   18
     Aggettivi (Adjetivos)   18
   Forma Plural dos Adjetivos   19
   Posicionamento de Adjetivos   21

2   Pronomes Pessoais, *stare* e *essere*

Pronomes Pessoais   25
Stare versus *Essere*   26
   Stare (estar)   26
Vocabulário-chave   28
     Parole interrogative (Palavras Interrogativas)   28
     Avverbi di luogo (Advérbios de Lugar)   28
     Aggettivi (Adjetivos)   28
   Essere (ser)   29
Interpretação de Texto   **La casa**   35

3 *C'è* e *ci sono*, Pronomes Interrogativos e o Calendário

C'è (Existe) e **ci sono** (Existem)   38
    Ecco   39
Pronomes Interrogativos   42
    Preposições   46
Calendario (Calendário)   47
    I giorni della settimana (Os dias da semana)   47
    I mesi dell'anno (Os meses do ano)   47
    Le stagioni (As estações)   48
    Le parti del giorno (As partes do dia)   48
Interpretação de Texto   **Una città italiana**   51
Vocabulário-chave   53
    Nomi maschili (Substantivos Masculinos)   53
    Nomi femminili (Substantivos Femininos)   53
    Aggettivi (Adjetivos)   53
Interpretação de Texto   **Il cinema**   56

4 Números, Horas e Datas

Números Cardinais   58
Números Ordinais   61
    Uso Especial dos Números Ordinais   64
As Datas   65
Dizendo as Horas   66
Interpretação de Texto   **Il ristorante**   70
Interpretação de Texto   **Il lavoro casalingo**   71

5 Verbos Regulares

Usos do Presente   74
    Fazendo Perguntas   74
    Frases Negativas   75
    Usando o Presente para Expressar o Futuro   75
Verbos Terminados em **-are**   75
    Verbos Comuns Terminados em **-are**   76
A Preposição **a**   77
Verbos Terminados em **-ere**   78
    Verbos Comuns Terminados em **-ere**   79
Verbos Terminados em **-ire**   80
    Verbos Comuns Terminados em **-ire**   81
    Verbos Comuns Terminados em **-isc**   83
Verbos Terminados em **-are** e **-ere** com Mais de Um Significado   84
Interpretação de Texto   **Arturo e Carla**   86

6 Verbos Irregulares

Verbos Irregulares Terminados em *-are* 88
    Fare (fazer) 89
    Mudanças de Raiz 91
Verbos Terminados em *-ere* 93
    Formação das Frases 93
    Conoscere versus *Sapere* 94
    Avere (ter) 96
Verbos Terminados em *-ire* 98
    Apparire (aparecer) 100
Interpretação de Texto **La famiglia Marchetti** 102

7 *Andare* e o Futuro

Andare (ir) 104
O Futuro com *andare* + *a* + Infinitivo 105
O Futuro dos Verbos Regulares 106
    Mudanças na Raiz no Futuro 107
    O Futuro dos Verbos Irregulares 108
Vocabulário-chave 111
    Verbos Terminados em *-are* 111
Palavras Úteis: *che* e *per* 112
    O Pronome Relativo *che* 112
    A Conjunção *che* 112
    A Preposição *per* 112
Vocabulário-chave 113
    Parti del corpo (Partes do Corpo) 113
    Dentro al corpo (Dentro do Corpo) 114
    La famiglia (A Família) 115
Expressões de Tempo 115
Interpretação de Texto **L'appuntamento dal dentista** 119

8 Pronomes e Advérbios

Pronomes Possessivos 121
Artigos Definidos 123
Pronomes Demonstrativos 126
Adjetivos de Nacionalidade 128
Adjetivos que Antecedem um Substantivo 130
    O Adjetivo *bello* 131
    Adjetivos que Expressam Quantidade 132
    Adjetivos que Expressam Próximo, Único e Último 133
Pronomes Comparativos 134
    Mais... do que, ou Comparativo de Superioridade 134

vi Sumário

Menos... do que, ou Comparativo de Inferioridade 135
Igual a, ou Comparativo de Igualdade 135
Pronomes Superlativos 137
Comparativos Irregulares e Superlativos 138
Advérbios 140
Advérbios de Tempo 143
Advérbios de Localização 144
Interpretação de Texto **Il cane e il gatto** 147

9 Palavras Negativas e Preposições

Palavras e Expressões Negativas 150
Mais Expressões Negativas 152
Preposições 154
Preposições Seguidas por Verbos ou Substantivos 155
Preposições Seguidas por Substantivos ou Pronomes 155
Preposições Seguidas por Pronomes 156
Os Muitos Significados da Expressão *per* 157
Interpretação de Texto **Il treno** 161
Vocabulário-chave 164
Natura (Natureza) 164
Tempo (Clima) 164
Interpretação de Texto **La visita** 170

II Objetos, Verbos Reflexivos e o Presente do Subjuntivo

10 O Objeto Indireto

Piacere e o Objeto Indireto 174
Mi piace e *mi piacciono* 174
Ti piace e *ti piacciono* 176
Le piace e *le piacciono* 177
Gli piace e *gli piacciono* 177
Ci piace e *ci piacciono* 178
Vi piace e *vi piacciono* 178
A loro piace e *a loro piacciono* 178
Verbos como *piacere* 180
Pronomes Oblíquos 185
Posição dos Pronomes Oblíquos 187
Interpretação de Texto **Andare a fare spese** 195
Interpretação de Texto **La spiaggia** 196

Sumário   vii

11 O Objeto Direto

Verbos Transitivos e o Objeto Direto   199
Pronomes Oblíquos   201
    Posição dos Pronomes Oblíquos de Objeto Direto   202
    Pronomes Oblíquos como uma Pessoa   203
    Pronomes Oblíquos como uma Coisa   205
Revisão da Tabela de Pronomes Oblíquos de Objetos Indiretos e
Diretos   206
Interpretação de Texto   **Gli svaghi degli italiani**   209

12 Verbos Reflexivos

Pronomes Reflexivos   211
Verbos Reflexivos Frequentemente Usados   212
Mais Verbos Reflexivos em que os Equivalentes em Português Não São
Necessariamente Reflexivos   213
Posição do Pronome Reflexivo   213
Verbos Reflexivos com Partes do Corpo e Roupas   214
Verbos Reflexivos que Expressam Emoções ou Movimento   215
Verbos Reflexivos Seguidos por Preposição   216
Revisão de Pronomes Oblíquos e Reflexivos   217
Verbos Reflexivos com Significados Recíprocos   218
Si e Expressões Impessoais   218
Interpretação de Texto   **Il saluto e l'educazione**   219
Interpretação de Texto   **I mezzi di trasporto pubblici**   221

13 O Presente do Subjuntivo

Formação do Presente do Subjuntivo   223
    Verbos Terminados em *-are*   224
    Verbos Terminados em *-ere* e *-ire*   225
Verbos Irregulares   227
Verbos com Mudanças Ortográficas   227
Usos do Presente do Subjuntivo   228
    Depois de Certas Expressões Impessoais   228
    Depois de Certos Verbos   230
    Depois de Certas Conjunções   236
    Em Certas Orações Adjetivas Dependentes   237
    Depois da Expressão *per quanto*   238
    Depois de *benché*   238
    Depois de Compostos com *-unque*   238
Interpretação de Texto   **Lo sport in Italia**   244

III Pretérito, Presente Perfeito e Imperfeito e Pronome Oblíquo Duplo

14 O Pretérito e o Presente Perfeito

Formação do Pretérito 248
    Verbos Regulares Terminados em -*are* 249
    Verbos Regulares Terminados em -*ere* 249
    Verbos Regulares Terminados em -*ire* 250
Vocabulário-chave 250
    Expressões Comumente Usadas com o Pretérito 250
Usos do Pretérito 251
    Para Expressar uma Ação Completada no Passado 251
    Para Expressar uma Série de Ações Completadas no Passado 252
    Para Expressar uma Ação que Já Passou 252
Verbos Irregulares 253
O Presente Perfeito 259
    Formação do Presente Perfeito 259
    Presente Perfeito com *avere* 259
    Verbos com Particípios Passados Irregulares 260
    Concordância de Verbos Conjugados no Particípio Passado com *avere* no Presente Perfeito 262
Presente Perfeito com *essere* 263
    Verbos Conjugados com *essere* no Presente Perfeito 264
    Regras Adicionais para o Uso de *essere* no Presente Perfeito 265
Interpretação de Texto **La moda italiana** 267

15 O Pretérito Imperfeito

Formação do Imperfeito 270
    Verbos Regulares Terminados em -*are* 270
    Verbos Regulares Terminados em -*ere* 271
    Verbos Regulares Terminados em -*ire* 272
    Verbos Irregulares 272
Usos do Imperfeito 274
    Para Expressar Narração, Situação ou uma Experiência do Passado 274
    Para Expressar Repetição, Ações Habituais no Passado 274
    Para Expressar Descrições no Passado 275
    Para Expressar Ações Contínuas no Passado 275
    Para Expressar Idade, Período do Dia e Clima no Passado 275

Para Expressar Tamanho, Cor e Características Pessoais no Passado   275
Para Expressar Ações Inconclusas no Passado com a Preposição *da*   276
Comparando o Pretérito Perfeito, o Imperfeito e o Presente Perfeito   277
Volere, *potere*, *sapere*   278
Pronome Oblíquo Duplo   283
Me lo, *me la*, *me li*, *me le*   283
Te lo, *te la*, *te li*, *te le*   285
Glielo, *gliela*, *glieli*, *gliele*   286
Ce lo, *ce la*, *ce li*, *ce le*   288
Ve lo, *ve la*, *ve li*, *ve le*   289
Pronomes Reflexivos com Pronomes Oblíquos   291
Interpretação de Texto   **Il traffico in Italia**   294

Gabarito   297
Índice   313

Prefácio

Italiano Fácil e Passo a Passo o ajudará a aprender italiano em pouco tempo. Escrito para estudantes iniciantes e mais avançados, ensina gramática em uma ordem lógica que lhe possibilita desenvolver suas habilidades idiomáticas e de conversação, leitura e escrita de maneira natural.

Eu o aconselho a estudar cada capítulo, ou passo, sem pular, para tirar vantagem da progressão gramatical que planejamos para você. Estude cada capítulo, e certifique-se de que sabe e entende todos os conceitos gramaticais antes de passar para o seguinte. Cada passo o levará ao próximo capítulo. É preciso saber o anterior para estudar o posterior.

Tente aprender o vocabulário e os verbos fornecidos. Eles foram cuidadosamente selecionados com base em sua utilidade e frequência. As listas de vocabulário melhorarão sua capacidade de se comunicar, enquanto as conjugações completas dos verbos lhe permitem praticar a pronúncia conforme as aprende. Mais de trezentos verbos mais comuns em italiano são apresentados.

Foram incluídos exercícios múltiplos e variados para testar seu progresso no aprendizado da linguagem. O livro possui um gabarito completo para ajudá-lo a conferir sua precisão. É uma boa ideia anotar suas próprias frases e repeti-las em voz alta. Sinta-se à vontade para fazer isso sempre que quiser. Quanto mais o fizer, mais fácil se tornará.

Textos originais estão inclusos no final de cada capítulo. Eles são progressivamente mais complexos em forma e conteúdo. Use-os para aprender vocabulário novo e praticar a leitura em voz alta, para se familiarizar com a pronúncia.

Italiano Fácil e Passo a Passo se divide em três partes: a primeira lhe dá a linguagem básica no presente. Como a ordem das palavras em italiano e português é basicamente a mesma, o aprendizado nos primeiros estágios é muito rápido. A segunda parte explica objetos indiretos, objetos diretos, verbos reflexivos e o presente do subjuntivo. A terceira apresenta os tempos mais usados no passado: pretérito perfeito e imperfeito, e presente perfeito.

Como o português, o italiano é uma língua fonética. Uma vez que aprenda a pronunciar as vogais e consoantes, você estará apto a pronunciar todas as palavras corretamente. Nesse sentido, o italiano é fácil de aprender, mas as regras gramaticais são complexas e numerosas, e precisam ser estudadas. Se aprendê-las aos poucos, passo a passo, será mais fácil dominar o idioma. Antes de começar, pratique todos os sons destacados na seção "Guia de Pronúncia", nas próximas páginas. Não negligencie os exercícios, e certifique-se de ler e responder as questões em voz alta sempre que possível para desenvolver confiança em sua pronúncia e habilidades conversacionais.

Este livro o ajudará a aprender italiano independente de ser um autodidata ou aluno de um curso regular. Com *Italiano Fácil e Passo a Passo*, você será capaz de ler e escrever em italiano muito bem. A gramática é padronizada em todas as partes da Itália e, embora os sotaques mudem de região para região, você se acostumará com eles e será capaz de entender e falar com todo mundo. Divirta-se e experimente pôr o que aprendeu em prática. Os italianos apreciarão seus esforços e se sentirão honrados por sua dedicação em falar a língua deles.

Agradecimentos

Escrever uma gramática contundente e voltada para estudantes foi meu objetivo, e penso que o alcancei com *Italiano Fácil e Passo a Passo*. Gostaria de agradecer à Barbara Bregstein, autora de *Espanhol Fácil e Passo a Passo*, por estabelecer as bases sobre as quais *Italiano Fácil e Passo a Passo* foi criado.

Também quero agradecer a Garret Lemoi, meu editor na McGraw-Hill, por sua assistência, paciência e orientação na escrita deste livro.

Agradeço ainda ao meu marido, Robert Tate, pela revisão do livro, e, por fim, um grande obrigado a todos os meus alunos, que me inspiram a escrever, e a todas as pessoas cujo amor pelo italiano os inspirou a adquirir este livro.

Guia de Pronúncia

O italiano é pronunciado como se escreve. Isso facilita falar as palavras em italiano. Elas são pronunciadas acrescentando-se os sons de cada letra individual. Há apenas 21 letras no alfabeto italiano: **j**, **k**, **w**, **x** e **y** não integram seu alfabeto. Elas permanecem nas palavras estrangeiras e são pronunciadas conforme o necessário.

Abreviações

As seguintes abreviações foram usadas no texto.

f.	feminino
fam.	familiar
form.	formal
inf.	informal
m.	masculino
pl.	plural
sing.	singular

Vogais

As vogais em italiano são sempre pronunciadas de forma forte e clara, independente da vogal tônica. Nunca são suprimidas ou pronunciadas fracamente. Pronuncie os exemplos.

Letra	Pronunciada como	Exemplos
a	o *a* em *pai*	la banana, la patata, la casa
e	dois sons:	
	fechado, como em *teatro*	teatro, sete, bene, pepe
	aberto, como em *velho*	bello, vento, presto
i	*divino*	divino, pizza, Africa

o	dois sons:	
	fechado, como *som*	come, solo, dopo, mondo
	aberto, como *avó*	poco, borsa, porta, corsa
u	*lua*	buco, luna, sugo, uno

Consoantes

Letra	Pronunciada como	Exemplos
b	*banana*	banana, bambino
c	*casa*, antes de **a**, **o**, **u** e todas as consoantes	colore, casa
c	*tche*, antes de **i** e **e**	centro, cinema
ch	*quero* (usado apenas antes de **hi** e **he**)	chimica, chiesa, chiamare
d	*dado*	dito, dado
f	*fino*	fico, fune
g	O *g* em *gola* (antes de **a**, **o**, **u** e todas as consoantes)	gara, gola, gufo
g	*dg*, antes de **e** e **i**	gelato, gita
gh	*gueto*, antes de **e** e **i**	spaghetti, funghi
h	o **h** inicial é sempre mudo, como em *honra*	ha, ho
l	*letra*	latte, lontano, luna
m	*mão*	mano, meno, moto
n	*nota*	nano, nero, nota
p	*padre*	padre, pane, posta
q	*quadro*	quadro, questo, quindi
r	o **r** sozinho é sempre vibrado como em *caro*	rana, Roma, rosa
s	*súbito*	subito, suora, sul
	entre duas vogais, como o **z**, em *zebra*	casa, rosa, disegno
	antes de **b**, **d**, **g**, **l**, **m**, **n**, **v** e **r**: um *s* mudo, como em *abster*	sbaglio, scala, scuola, slitta, storia, svelare
t	*testa*	testa, tirare, topo
v	*vale*	valle, vetro, vino
z	*dz*	Firenze, zio, zanzara

Aqui estão mais alguns sons, específicos do italiano.

gli	*milhão*	figli
glie		foglie
glia		famiglia
glio		aglio
gn	*ninho*	ragno
sc antes de **e/i**	*xícara*	pesce, sci
sch	*escapar*	pesche, fischio
sc + **o**, **a**, **u**	*escolta*	scatto, scopa, scuola

Ênfase e Acento Gráfico

A maior parte das palavras em italiano é acentuada na penúltima sílaba. Quando a ênfase é na última sílaba, um acento gráfico é colocado nela.

caffè	*café*	gioventù	*juventude*
perchè	*porque (e variações)*	farò	*farei*

A tônica dos dissílabos é a primeira sílaba. Isso geralmente não afeta a pronúncia.

fame	*fome*	padre	*pai*
madre	*mãe*	casa	*casa*

A tônica dos trissílabos é a penúltima sílaba.

domani	*amanhã*	esame	*exame*
capire	*entender*	giovane	*jovem*

Palavras de quatro sílabas comumente são proparoxítonas.

scivolare	*escorregar*	dimenticare	*esquecer*
preparare	*preparar*		

Alguns monossílabos são acentuados para diferenciar de outra palavra com a mesma escrita, mas outro significado.

da	de	dà	*dá*
di	de	dì	*dia*
do	*dou*	dò	*(nota musical)*
e	e	è	*é*
la	*a (artigo)*	là	*lá*
li	*os (pronome)*	lì	*ali*
se	*se (conjunção)*	sè	*si mesmo*
si	*se (pronome reflexivo)*	sì	*sim*

Dicas de Pronúncia

- Ao praticar, lembre-se de manter os sons das vogais curtos e claros.

- Lembre-se de que, assim como na língua portuguesa, o **r** sozinho do italiano é vibrado, já o **rr** é gutural como em carro.

- Pronuncie o **z** como *tz* (**stazione**) ou *dz* (**bellezza**).

- A letra **c** seguida de **e** e **i** tem o som mole de *tche*.

- Certifique-se de acentuar as consoantes duplas.

- Dê ênfase extra aos acentos posicionados na última vogal das palavras (**lunedì**).

- Acostume-se a pronunciar as palavras corretamente repetindo-as em voz alta.

O Alfabeto

Letra	Nome	Letra	Nome
A	a	**N**	enne
B	b	**O**	o
C	ci	**P**	pi
D	di	**Q**	ku
E	e	**R**	erre

F	effe	**S**	esse
G	dji	**T**	ti
H	acca	**U**	u
I	i	**V**	vu (vi)
J	jei	**W**	doppia vu
K	kappa	**X**	ics
L	elle	**Y**	ipsilon
M	emme	**Z**	zeta

Cumprimentos e Saudações

Salve.	*Oi; Tchau.*
Buon giorno.	*Bom dia.*
Buon pomeriggio.	*Boa tarde.*
Buona sera.	*Boa noite/Boa tarde.*
Buona notte.	*Boa noite (após 22:00 até 06:00).*
Mi chiamo Barbara.	*Me chamo Barbara.*
Come si chiama Lei? *(form.)*	*Como o/a Sr./Sra. se chama?*
Mi chiamo Giovanni.	*Me chamo Giovanni.*
Come stai *(inf.)*?	*Como você está?*
Come sta *(form.)*?	*Como o/a Sr./Sra. está?*
Bene grazie, e tu *(inf.)*?	*Bem, obrigado, e você?*
Bene grazie, e Lei *(form.)*?	*Bem, obrigado, e o/a Sr./Sra.?*
Non c'è male.	*Não faz mal.*
Arrivederci.	*Tchau/Nos vemos depois.*
A domani.	*Até amanhã.*
A presto.	*Até breve.*
Ciao.	*Oi; Tchau.*
Grazie.	*Obrigado.*
Prego.	*De nada.*

I

Elementos da Sentença

1

Substantivos, Artigos e Adjetivos

O Gênero dos Substantivos

Um substantivo é uma palavra que indica pessoas, animais, lugares, coisas ou conceitos.

Em italiano, como no português, todos os substantivos são classificados como *masculinos* ou *femininos*. Isso é chamado de gênero gramatical. O gênero é importante porque determina a forma dos artigos e adjetivos que acompanham os substantivos nas sentenças e é comumente identificado pela terminação.

A maioria dos substantivos em italiano termina em vogal. (Os que terminam em consoante têm origem estrangeira.) Geralmente, substantivos masculinos no singular terminam em -**o** e os femininos, em -**a**. Há exceções, é claro.

Substantivos no Singular

Masculinos

A maioria dos substantivos terminados em -**o** é masculina e está no singular.

bagno	*banheiro*	ragazzo	*rapaz/namorado*
banco	*carteira escolar*	specchio	*espelho*
gatto	*gato*	telefono	*telefone*
libro	*livro*	vino	*vinho*
nonno	*avô*	zaino	*mochila*

NOTA: Exceções a essa regra incluem **mano**, **foto**, **auto** e **radio**, que terminam em -**o**, mas são femininos.

Femininos

A maioria dos substantivos terminados em **-a** é feminina e está no singular.

casa	*casa*	ragazza	*moça/namorada*
mamma	*mãe*	scuola	*escola*
nonna	*avó*	stella	*estrela*
patata	*batata*	strada	*estrada/rua*
penna	*caneta*	zia	*tia*

Substantivos Terminados em -e

Substantivos que terminam em -e podem ser masculinos ou femininos. Não são muitos, então são fáceis de memorizar.

Masculinos		Femininos	
fiore	*flor*	canzone	*música*
giornale	*jornal*	chiave	*chave*
mare	*mar*	classe	*aula*
padrone	*patrão/proprietário*	frase	*frase*
pane	*pão*	lezione	*lição*
sale	*sal*	nave	*navio*
sapone	*sabonete*	notte	*noite*

Substantivos Terminados em -amma e -ma

Quase todos os substantivos que terminam em **-amma** ou **-ma** são masculinos.

clima	*clima*	programma	*programa*
dramma	*drama*	sistema	*sistema*

Substantivos Terminados em -zione e -sione

Substantivos que terminam em **-zione** e **-sione** são femininos.

illusione	*ilusão*
pensione	*pensão*
stazione	*estação*

Substantivos Terminados em *-ale, -ame, -ile, -one* e *-ore*

Quase todos os substantivos que terminam em **-ale**, **-ame**, **-ile**, **-one** e **-ore** são masculinos.

animale	*animal*	dottore	*médico*
bastone	*bastão*	porcile	*chiqueiro*
catrame	*alcatrão*		

Substantivos Terminados em *-si*

Substantivos que terminam em **-si** são de origem grega, e são femininos.

analisi	*análise*	ipotesi	*hipótese*
crisi	*crise*	tesi	*tese*

O Gênero É Determinado por Padrões

Existem padrões que lhe permitem determinar o gênero dos substantivos. Em geral, nomes de árvores são masculinos e os de frutas, femininos.

Masculinos		Femininos	
arancio	*laranjeira*	arancia	*laranja*
ciliegio	*cerejeira*	ciliegia	*cereja*
melo	*macieira*	mela	*maçã*
pero	*pereira*	pera	*pera*
pesco	*pessegueira*	pesca	*pêssego*

Há algumas exceções de substantivos masculinos que se referem tanto às árvores quanto às frutas.

fico	*figo/figueira*	mandarino	*tangerina/tangerineira*
limone	*limão/limoeiro*	mango	*manga/mangueira*

O Masculino *-tore* Equivale ao Feminino *-trice*

Quando um substantivo masculino termina em **-tore**, e se refere a um homem, o feminino correspondente é terminado em **-trice**.

Masculinos		Femininos	
attore	*ator*	attrice	*atriz*
pittore	*pintor*	pittrice	*pintora*
scrittore	*escritor*	scrittrice	*escritora*
scultore	*escultor*	scultrice	*escultora*

O Masculino -*ore* Equivale ao Feminino -*essa*

Alguns substantivos masculinos que se referem a profissões e terminam em -**ore** mudam para -**essa** no feminino.

Masculinos		Femininos	
dottore	*médico*	dottoressa	*médica*
professore	*professor*	professoressa	*professora*

Substantivos Terminados em -*ista*

Substantivos que terminam em -**ista** podem ser masculinos ou femininos, conforme ao que se referem. Nesse caso, o artigo diferencia o gênero. Esses substantivos comumente indicam profissões.

Masculinos	Femininos	
(il) dentista	(la) dentista	*dentista*
(il) farmacista	(la) farmacista	*farmacêutico/a*
(il) pianista	(la) pianista	*pianista*

 ## Exercício 1.1

Escreva as terminações adequadas para os substantivos masculinos e femininos.

1. cas_____
2. ragazz_____ (*m.*)
3. zain_____
4. scuol_____
5. specchi_____
6. penn_____
7. giornal_____
8. sapon_____
9. pan_____
10. ciliegi_____ (*fruta*)
11. fic_____
12. sal_____

Substantivos no Plural

Ao formar o plural de substantivos no italiano, a vogal final se altera para indicar a mudança no número.

Substantivos Masculinos

A terminação de substantivos masculinos regulares muda de -**o** para -**i**.

Substantivos, Artigos e Adjetivos

Masculino Singular		Masculino Plural	
albero	*árvore*	alberi	*árvores*
fratello	*irmão*	fratelli	*irmãos*
gatto	*gato*	gatti	*gatos*
libro	*livro*	libri	*livros*
ragazzo	*rapaz*	ragazzi	*rapazes*
tetto	*teto*	tetti	*tetos*
treno	*trem*	treni	*trens*
vino	*vinho*	vini	*vinhos*

O plural de **uomo** (*homem*) é o irregular **uomini** (*homens*).

Singular *-co* ou *-go* para Plural *-ci* ou *-gi*

Alguns substantivos masculinos terminados em **-co** ou **-go** mudam para **-ci** ou **-gi**, respectivamente, no plural.

amico	*amigo*	amici	*amigos*
chirurgo	*cirurgião*	chirurgi	*cirurgiões*
psicologo	*psicólogo*	psicologi	*psicólogos*

Singular *-co* ou *-go* para Plural *-chi* ou *-ghi*

Alguns substantivos masculinos terminados em **-co** ou **-go** mudam para **-chi** ou **-ghi**, respectivamente, no plural, para preservar o som duro das consoantes **c** e **g**.

fango	*lama*	fanghi	*lamas*
fianco	*quadril*	fianchi	*quadris*

Substantivos Femininos

A terminação de substantivos femininos regulares muda de **-a** para **-e**.

Feminino Singular		Feminino Plural	
altalena	*balanço*	altalene	*balanços*
casa	*casa*	case	*casas*
lettera	*carta*	lettere	*cartas*
matita	*lápis*	matite	*lápis*
sorella	*irmã*	sorelle	*irmãs*
statua	*estátua*	statue	*estátuas*
stella	*estrela*	stelle	*estrelas*
strada	*estrada*	strade	*estradas*

Singular *-ca* ou *-ga* para Plural *-che* ou *-ghe*

Substantivos femininos terminados em **-ca** ou **-ga** mudam para **-che** ou **-ghe**, respectivamente, no plural.

amica	*amiga*	amiche	*amigas*
stanga	*graveto*	stanghe	*gravetos*

Singular *-ea* para Plural *-ee*

Substantivos femininos terminados em **-ea** mudam para **-ee** no plural.

idea	*ideia*	idee	*ideias*

Com *-i*, o Singular e o Plural Têm a Mesma Terminação

Substantivos terminados em **-i** no singular não mudam no plural: **crisi** (*crise*), **analisi** (*análise*), **ipotesi** (*hipótese*) e **tesi** (*tese*) permanecem iguais, somente o artigo se altera.

O Plural de *-e* É *-i*

O plural da maioria dos substantivos terminados em **-e** é quase sempre **-i**, independentemente de ser masculino ou feminino. A distinção fica por conta do artigo, que se altera conforme o gênero do substantivo (veja "Artigos Definidos").

Singular		Plural	
chiave (*f.*)	*chave*	chiavi	*chaves*
fiume (*m.*)	*rio*	fiumi	*rios*
giornale (*m.*)	*jornal*	giornali	*jornais*
lezione (*f.*)	*lição*	lezioni	*lições*
madre (*f.*)	*mãe*	madri	*mães*
padre (*m.*)	*pai*	padri	*pais*
sale (*m.*)	*sal*	sali	*sais*
sapone (*m.*)	*sabonete*	saponi	*sabonetes*

Troque o Artigo: Formando o Plural de Substantivos Terminados em Consoante

Somente o artigo se altera ao formar o plural de substantivos que terminam em consoante.

(il) film	(i) film

(lo) smog   (gli) smog
(lo) sport   (gli) sport

 ## Exercício 1.2

Escreva o plural de cada substantivo no singular.

1. lettera _____   9. sale _____
2. pera _____   10. canzone _____
3. stella _____   11. altalena _____
4. sport _____   12. fiore _____
5. lezione _____   13. dea _____
6. vino _____   14. amica _____
7. albero _____   15. amico _____
8. musica _____   16. film _____

O Artigo Indefinido

O artigo indefinido no italiano corresponde a *um* e *uma* em português, e é usado com substantivos no singular. Como no português, também correspondem ao número um.

- **Uno** é usado antes de palavras masculinas que começam com **z**, **s + consoante**, **ps** e **gn**.
- **Un** é usado antes das palavras masculinas que começam com todas as outras consoantes ou com vogal.
- **Una** é usado antes de palavras femininas que começam com consoante.
- **Un'** é usado antes de palavras femininas que começam com vogal.

Artigos Indefinidos Masculinos		Artigos Indefinidos Femininos	
un aeroplano	*um avião*	un'amica	*uma amiga*
un albero	*uma árvore*	un'automobile	*um automóvel*
un amico	*um amigo*	una ciliegia	*uma cereja*
un cane	*um cachorro*	una cugina	*uma prima*
un cugino	*um primo*	una donna	*uma mulher*
uno gnomo	*um gnomo*	una fata	*uma fada*
un orologio	*um relógio*	un'oca	*um ganso*

uno psicologo	*um psicólogo*	un'ora	*uma hora*
uno scrittore	*um escritor*	una scrittrice	*uma escritora*
uno stadio	*um estádio*	una stazione	*uma estação*
uno zaino	*uma mochila*	una zia	*uma tia*

Exercício 1.3

Preencha as lacunas com os artigos indefinidos corretos.

1. _____ dottore e _____ dottoressa
2. _____ aranciata e _____ espresso
3. _____ studente e _____ studentessa
4. _____ psicologo e _____ psicologa
5. _____ macchina e _____ treno
6. _____ autobus e _____ bicicletta
7. _____ zoo e _____ animale
8. _____ uomo e _____ donna
9. _____ giornale e _____ edicola
10. _____ stadio e _____ binario
11. _____ zio e _____ zia
12. _____ elicottero e _____ attrazione

Mude o Artigo quando o Adjetivo Anteceder o Substantivo

Quando o adjetivo preceder o substantivo, o artigo indefinido se adéqua ao som inicial: **uno zio** (*um tio*), mas **un caro zio** (*um tio querido*); **un'automobile** (*um automóvel*), mas **una bella automobile** (*um belo automóvel*).

O artigo indefinido também representa o **número um**.

un'arancia	uma laranja
un libro	um livro

Artigos indefinidos não são usados em exclamações começando por **Che**...! (*Que...!*)

Che macchina elegante!	*Que carro elegante!*
Che bravo bambino!	*Que bom garoto!*

O Artigo Definido

Em italiano, os artigos definidos têm diversas formas, variando conforme o gênero, número e a primeira letra do substantivo ou adjetivo que antecedem.

Aqui estão algumas regras sobre o uso dos artigos definidos:

- **Lo** (plural **gli**) é usado antes de substantivos masculinos que começam com **s** + consoante, **z**, **ps** e **gn**.

- **Il** (plural **i**) é usado antes dos substantivos masculinos que começam com todas as outras consoantes.

- **La** (plural **le**) é usado antes de substantivos femininos que começam com consoante.

- **L'** (plural **gli**) é usado antes de substantivos masculinos que começam com vogal.

- **L'** (plural **le**) é usado antes de substantivos femininos que começam com vogal.

Masculino Singular		Masculino Plural	
LO		*GLI*	
lo gnomo	*o gnomo*	gli gnomi	*os gnomos*
lo psicologo	*o psicólogo*	gli psicologi	*os psicólogos*
lo specchio	*o espelho*	gli specchi	*os espelhos*
lo sport	*o esporte*	gli sport	*os esportes*
lo straccio	*o pano*	gli stracci	*os panos*
lo zero	*o zero*	gli zeri	*os zeros*
lo zio	*o tio*	gli zii	*os tios*
L'		*GLI*	
l'amico	*o amigo*	gli amici	*os amigos*
l'occhio	*o olho*	gli occhi	*os olhos*
l'orologio	*o relógio*	gli orologi	*os relógios*
l'orto	*a horta*	gli orti	*as hortas*
IL		*I*	
il cielo	*o céu*	i cieli	*os céus*
il libro	*o livro*	i libri	*os livros*
il nonno	*o avô*	i nonni	*os avôs*
il padre	*o pai*	i padri	*os pais*
il serpente	*a cobra*	i serpenti	*as cobras*

Feminino Singular		Feminino Plural	
LA		**LE**	
la finestra	*a janela*	le finestre	*as janelas*
la madre	*a mãe*	le madri	*as mães*
la nonna	*a avó*	le nonne	*as avós*
la scrivania	*a escrivaninha*	le scrivanie	*as escrivaninhas*
la sedia	*a cadeira*	le sedie	*as cadeiras*
L'		**LE**	
l'amica	*a amiga*	le amiche	*as amigas*
l'autostrada	*a rodovia*	le autostrade	*as rodovias*
l'entrata	*a entrada*	le entrate	*as entradas*
l'oca	*o ganso*	le oche	*os gansos*
l'uscita	*a saída*	le uscite	*as saídas*

Observe as alterações nas expressões a seguir:

il giorno	*o dia*	**l'**altro giorno	*o outro dia*
lo zio	*o tio*	**il** vecchio zio	*o velho tio*
i ragazzi	*os rapazes*	**gli** stessi ragazzi	*os mesmos rapazes*
l'amica	*a amiga*	**la** giovane amica	*a jovem amiga*
l'uomo	*o homem*	**il** bell'uomo	*o belo homem*

NOTA: O gênero e número das palavras imediatamente após os artigos determinam sua forma. Por exemplo: il nuovo orologio (*o novo relógio*).

 ## Exercício 1.4

Preencha as lacunas com o singular correto dos artigos definidos.

1. _____ amico
2. _____ casa
3. _____ autostrada
4. _____ zio
5. _____ padre
6. _____ automobile
7. _____ mano
8. _____ lezione
9. _____ stazione
10. _____ professore

Substantivos, Artigos e Adjetivos   13

11. _____ nonno	16. _____ dottore
12. _____ entrata	17. _____ limone
13. _____ madre	18. _____ pesca
14. _____ sport	19. _____ pesco
15. _____ cielo	20. _____ scrittore

 ## Exercício 1.5

Preencha as lacunas com o plural correto dos artigos definidos.

1. _____ amici	11. _____ automobili
2. _____ case	12. _____ mani
3. _____ zii	13. _____ lezioni
4. _____ padri	14. _____ stazioni
5. _____ nonni	15. _____ professori
6. _____ entrate	16. _____ dottori
7. _____ autostrade	17. _____ limoni
8. _____ madri	18. _____ pesche
9. _____ sport	19. _____ peschi
10. _____ cieli	20. _____ serpenti

Outros Usos do Artigo Definido

Artigos definidos são usados de muitas outras maneiras, como antes de nomes geográficos, datas, partes do corpo, das palavras **scorso** (*anterior/passado*) e **prossimo** (*próximo/seguinte*) e de substantivos que expressam generalizações. No entanto, há exceções, então leia atentamente e aprenda as regras a seguir.

- Sempre use artigos definidos antes de nomes geográficos, continentes, países, rios, montanhas, ilhas e estados.

l'Arno	*o Arno (rio)*
l'Himalaya	*o Himalaia*
l'Italia	*a Itália*
la California	*a Califórnia*
la Sicilia	*a Sicília*

- Não use artigos definidos antes de nomes de cidades.

New York	*Nova York*

Parigi	*Paris*
Roma	*Roma*

- Use artigos definidos com datas.

Oggi è il cinque maggio.	*Hoje é cinco de maio.*

- Use artigos definidos com dias da semana para indicar ações corriqueiras.

La domenica guardo la partita di calcio.	*Aos domingos, assisto a jogos de futebol.*

- Não use artigos definidos ao falar de um dia específico.

Il lunedì di solito studio in biblioteca, ma lunedì prossimo vado da mio zio.	*Comumente estudo na biblioteca às segundas-feiras, mas na próxima visitarei meu tio.*

- Use artigos definidos com partes do corpo, roupas e pronomes possessivos.

i pantaloni	*as calças*
la mia casa	*a minha casa*
la testa	*a cabeça*

- Não use artigos definidos ao se referir a membros da família no singular.

mia nonna	*minha avó*	le mie nonne	*as minhas avós*

- Use artigos definidos com títulos — a menos que esteja falando diretamente com a pessoa mencionada.

il dottor Gigli	*o doutor Gigli*
Buon giorno, Dottor Gigli.	*Bom dia, Dr. Gigli.*

- Use artigos definidos antes de nomes de idiomas; porém, quando os verbos **parlare** (*falar*) e **studiare** (*estudar*) os antecederem diretamente, o uso é opcional.

L'Italiano è una lingua bella ma difficile.	*O italiano é um idioma bonito, mas difícil.*
Studio l'italiano.	*Estudo italiano.*
Parlo italiano.	*Falo italiano.*

- Use-os com as palavras **scorso** (*anterior/passado*) e **prossimo** (*próximo/seguinte*).

    l'anno scorso   *o ano passado*
    la settimana prossima   *a próxima semana*

- Não use artigos definidos depois da preposição **in** ou antes de um nome geográfico não modificado.

    Vivo in Italia.   *Vivo na Itália.*
    Lei studia in Francia.   *Ela estuda na França.*

- Use artigos definidos quando um nome relacionado à geografia for modificado.

    Vado nell'Italia del Sud. *Irei para o Sul da Itália.*
    Maria e Paolo vivono nella *Maria e Paolo vivem na Suíça Alemã.*
      Svizzera Tedesca.

- Use artigos definidos com substantivos que expressam generalizações.

    Gli italiani amano l'opera.   *Italianos amam ópera.*
    Il pane è importante per gli italiani.   *Pão é importante para os italianos.*
    La scuola era divertente oggi.   *A escola estava divertida hoje.*

 ## Exercício 1.6

Traduza os substantivos para o português.

1. il libro _____
2. la casa _____
3. i fiori _____
4. il vino _____
5. il fratello _____
6. il caffè _____
7. il treno _____
8. il dentista _____
9. la finestra _____
10. il melo _____
11. gli aeroplani _____
12. le lezioni _____

13. l'oca _____
14. le gambe _____
15. la gola _____
16. una lezione _____
17. un'idea _____
18. un amico _____
19. un bambino _____
20. un'amica _____
21. un'automobile _____
22. un'aereo _____

Exercício 1.7

Preencha as lacunas com os artigos definidos e indefinidos corretos, conforme o necessário.

Artigos Definidos	Artigos Indefinidos	
1. _____	_____	zio
2. _____	_____	zero
3. _____	_____	amico
4. _____	_____	nonno
5. _____	_____	madre
6. _____	_____	orologio
7. _____	_____	casa
8. _____	_____	professore
9. _____	_____	psicologo
10. _____	_____	occhio
11. _____	_____	bella ragazza
12. _____	_____	brutto vestito
13. _____	_____	bell'orologio
14. _____	_____	pianta
15. _____	_____	entrata
16. _____	_____	uscita
17. _____	_____	isola
18. _____	_____	montagna
19. _____	_____	studente
20. _____	_____	scoiattolo

Adjetivos

Um adjetivo é uma palavra que modifica um substantivo ou pronome. Adjetivos são usados para caracterizar os substantivos. Em italiano, como no português, um adjetivo concorda em gênero e número com o substantivo que modifica, e quase sempre se posiciona depois dele.

Forma Singular dos Adjetivos

Adjetivos que terminam em **-o** são masculinos, estão no singular e concordam com substantivos masculinos também no singular.

il gatto nero	*o gato preto*	l'uomo alto	*o homem alto*
il libro nuovo	*o livro novo*	l'uomo simpatico	*o homem simpático*
il ragazzo bello	*o rapaz bonito*		

Adjetivos Terminados em *-o*

Troque o **-o** por **-a** de seus adjetivos terminados em **-o** para concordarem com substantivos femininos no singular.

la donna alta	*a mulher alta*	la gonna nuova	*a saia nova*
la donna bella	*a mulher bonita*	la ragazza simpatica	*a moça simpática*
la gatta nera	*a gata preta*		

Adjetivos Terminados em *-e*

Adjetivos que terminam em **-e** no singular têm a mesma forma para descrever tanto substantivos masculinos quanto femininos.

Masculinos

il libro eccellente	*o livro excelente*
il libro interessante	*o livro interessante*
il pacco pesante	*o pacote pesado*
il prato verde	*o gramado verde*
il ragazzo forte	*o rapaz forte*
l'uomo elegante	*o homem elegante*
l'uomo intelligente	*o homem inteligente*

Feminino	
la cena eccellente	o jantar excelente
la lezione interessante	a lição interessante
la borsa pesante	a bolsa pesada
l'erba verde	a grama verde
la ragazza forte	a moça forte
la donna elegante	a mulher elegante
la donna intelligente	a mulher inteligente

Vocabulário-chave

Colori (Cores)

arancione	*alaranjado*	marrone	*marrom*
azzurro	*azul-claro*	nero	*preto*
bianco	*branco*	rosso	*vermelho*
blu	*azul-escuro*	rosa	*rosa*
giallo	*amarelo*	verde	*verde*
grigio	*cinza*	viola	*violeta*

Aggettivi (Adjetivos)

allegro	*alegre*	generoso	*generoso*
avaro	*avarento*	giovane	*jovem*
brutto	*feio*	grande	*grande*
bugiardo	*mentiroso*	grasso	*gordo*
caldo	*quente*	indipendente	*independente*
carino	*querido*	magro	*magro*
caro	*caro*	meraviglioso	*maravilhoso*
debole	*fraco*	piccolo	*pequeno*
delizioso	*delicioso*	povero	*pobre*
difficile	*difícil*	profumato	*cheiroso*
disgustoso	*repugnante*	pulito	*limpo*
facile	*fácil*	ricco	*rico*
fantastico	*fantástico*	sincero	*sincero*
freddo	*frio*	sporco	*sujo*

Exercício 1.8

Complete as frases com os equivalentes corretos dos adjetivos entre parênteses.

1. la ragazza _____ (*querido*)
2. la lezione _____ (*difícil*)
3. il fiore _____ (*cheiroso*)
4. il vino _____ (*branco*)
5. il pacco _____ (*frágil*)
6. il gatto _____ (*pequeno*)
7. la macchina _____ (*novo*)
8. l'albergo _____ (*limpo*)
9. l'appartamento _____ (*caro*)
10. il clima _____ (*fantástico*)
11. la donna _____ (*magro*)
12. l'uomo _____ (*pobre*)
13. il prato _____ (*verde*)
14. il film _____ (*interessante*)
15. il libro _____ (*velho*)
16. la pianta _____ (*verde*)
17. il cane _____ (*pequeno*)
18. la casa _____ (*grande*)
19. la carta _____ (*branco*)
20. il clima _____ (*frio*)

Forma Plural dos Adjetivos

Adjetivos masculinos terminados em **-o** no singular mudam para **-i** no plural. Os que terminam em **-a** no singular, mudam para **-e** no plural. E os terminados em **-e**, se alteram para **-i**, independentemente de modificarem substantivos masculinos ou femininos.

Masculino Singular	Masculino Plural	
l'albergo sporco	gli alberghi sporchi	*o(s) hotel(is) sujo(s)*
l'appartamento vecchio	gli appartamenti vecchi	*o(s) apartamento(s) velho(s)*
il foglio bianco	i fogli bianchi	*a(s) folha(s) branca(s)*
il libro nuovo	i libri nuovi	*o(s) livro(s) novo(s)*

il pavimento pulito	i pavimenti puliti	*o(s) piso(s) limpo(s)*
il ragazzo simpatico	i ragazzi simpatici	*o(s) rapaz(es) simpático(s)*
l'uomo alto	gli uomini alti	*o(s) homem(ns) alto(s)*
l'uomo intelligente	gli uomini intelligenti	*o(s) homem(ns) inteligente(s)*
il vestito rosso	i vestiti rossi	*o(s) vestido(s) vermelho(s)*
il vino eccellente	i vini eccellenti	*o(s) vinho(s) excelente(s)*

Feminino Singular	**Feminino Plural**	
la casa nuova	le case nuove	*a(s) casa(s) nova(s)*
la donna alta	le donne alte	*a(s) mulher(es) alta(s)*
la donna elegante	le donne eleganti	*a(s) mulher(es) elegante(s)*
l'erba verde	le erbe verdi	*a(s) grama(s) verde(s)*
la gonna pulita	le gonne pulite	*a(s) saia(s) limpa(s)*
la macchina vecchia	le macchine vecchie	*o(s) carro(s) velho(s)*
la nuvola bianca	le nuvole bianche	*a(s) nuvem(ns) branca(s)*
la ragazza simpatica	le ragazze simpatiche	*a(s) moça(s) simpática(s)*
la rosa rossa	le rose rosse	*a(s) rosa(s) vermelha(s)*
la scarpa sporca	le scarpe sporche	*o(s) sapato(s) sujo(s)*

 ## Exercício 1.9

Escreva o plural de cada uma das frases.

1. la lampada nuova _____
2. l'amico intelligente _____
3. il gatto nero _____
4. il ragazzo giovane _____
5. la rosa bianca _____
6. il vestito giallo _____
7. il giorno meraviglioso _____
8. l'automobile moderna _____
9. la ragazza elegante _____
10. il libro vecchio _____
11. la torta deliziosa _____
12. la famiglia ricca _____

Exercício 1.10

Traduza as frases para o italiano.

1. a grama verde _____
2. as nuvens brancas _____
3. a nova música _____
4. o ganso gordo _____
5. o cachorro pequeno _____
6. os sapatos caros _____
7. a comida excelente _____
8. a criança triste _____
9. a criança feliz _____
10. o homem forte _____
11. a casa grande _____
12. o amigo sincero _____

Posicionamento de Adjetivos

Os adjetivos mais comuns acompanham os substantivos que modificam e têm significados especiais. No entanto, alguns têm seu significado alterado conforme se posicionam antes ou depois do substantivo, como no português.

Singular	Plural
MASCULINO/FEMININO	MASCULINO/FEMININO
bello, -/a	belli, -/e
brutto, -/a	brutti, -/e
buono, -/a	buoni, -/e
caro, -/a	cari, -/e
cattivo, -/a	cattivi, -/e
piccolo, -/a	piccoli, -/e
povero, -/a	poveri, -/e
un bel libro	*um bom livro*
un libro bello	*um livro bom*
una brutta sera	*uma noite ruim*
una sera brutta	*uma noite feia*
una buona amica	*uma boa amiga*

un'amica buona	*uma amiga generosa*
un caro amico	*um amigo querido*
una stoffa cara	*um tecido caro*
un cattivo ragazzo	*um rapaz mal-educado*
una persona cattiva	*uma pessoa ruim*
un povero uomo	*um pobre homem*
un uomo povero	*um homem pobre*

Os exemplos a seguir também são de adjetivos que mudam de significado conforme sua posição.

un alto ufficiale	*um oficial de alto escalão*
un poliziotto alto	*um policial alto*
diversi giorni	*muitos dias*
giorni diversi	*dias diferentes*
un grande amico	*um grande amigo*
un amico grande	*um amigo grande*
un grand'uomo	*um grande homem*
un uomo grande	*um homem grande*
una leggera ferita	*uma ferida pequena*
una valigia leggera	*uma mala leve*
un nuovo libro	*um novo livro*
un libro nuovo	*um livro novo*
una sola donna	*só uma mulher*
una donna sola	*uma mulher sozinha*
l'unico figlio	*o único filho*
un figlio unico	*um filho incomparável*
l'unica occasione	*a única chance*
un'occasione unica	*uma chance única*
un vecchio amico	*um velho amigo*
un amico vecchio	*um amigo velho*
una vera notizia	*uma notícia importante*
una notizia vera	*uma notícia real*
una vera amica	*uma amiga de verdade*
una pietra vera	*uma pedra autêntica*

Há regras sobre o posicionamento dos adjetivos. Eles ficam depois de substantivos:

- Que especificam cor, formato, material, nacionalidade, religião ou afiliação política

  le scarpe nere   os sapatos pretos
  le ragazze brasiliane   as moças brasileiras
  la religione cattolica   a religião católica

- Que especificam uma categoria

  la rivoluzione francese   A Revolução Francesa
  una scuola media   uma escola secundária

- Com sufixos como **-ino**, **-etto**, **-otto** ou **-one**

  una bambina cicciotta   uma garota gordinha
  un uovo piccolino   um ovo pequeno
  una ragazza chiacchierona   uma moça tagarela
  un uomo poveretto   um homem pobre

- Quando a raiz deriva do particípio e de adjetivos terminados em **-ante** ou **-ente**

  il ponte barcollante   uma ponte oscilante
  la torre pendente   a torre pendente

- Quando o adjetivo deriva do particípio passado regular, terminando em **-ato**, **-uto** ou **-ito**

  la strada ghiacciata   a estrada congelada
  il muro imbiancato   a parede pintada

Exercício 1.11

Traduza as frases para o italiano.

1. Gosto de sapatos vermelhos.

---

2. Este livro é novo.

---

3. Eles têm pais muito velhos.

4. Ela é minha amiga querida.

5. Ela é uma boa pintora.

6. Ele tem uma pequena ferida na cabeça.

7. Ela é a única rainha.

8. Ele é o único filho dela.

9. Ela é a única mulher na casa.

10. Ele é um homem diferente.

11. Há um homem pobre no parque.

12. O presidente é um bom homem.

2

Pronomes Pessoais, *stare* e *essere*

Pronomes Pessoais

Singular		Plural	
io	*eu*	**noi**	*nós*
tu	*você*	**voi**	*vocês*

O **tu** e o **voi** são usados com familiares e amigos. Você precisa de permissão para usá-los com pessoas mais velhas ou que não conhece bem.

lui	*ele*	**loro**	*eles/elas*
lei	*ela*		

O **loro** é usado para se referir a mais de uma pessoa. É usado para mulheres, homens e grupos que incluam ambos.

Lei	*Sr./Sra.*

O **Lei** é o formal equivalente ao **Sr./Sra**. É usado ao conhecer pessoas, em situações corporativas ou com pessoas mais velhas. É usado para homens e mulheres. Ao escrevê-lo, use inicial maiúscula.

Como no português, em italiano os pronomes **io**, **tu**, **lui**, **lei**, **noi**, **voi** e **loro** costumam ser omitidos, porque a terminação verbal deixa implícito quem é o responsável pela ação. Por exemplo, **sto** só pode significar *eu estou*, independente de incluir o **io**; o mesmo acontece com **stiamo**, que só pode significar *nós estamos*. Entretanto, **sta** tem mais de um significado, então o pronome **lui/lei sta** é usado para indicar se *ele* ou *ela está*.

Definições Verbais

O *infinitivo* é a forma não conjugada, ou nominal, do verbo. Por exemplo, *ser* é um infinitivo em português. As *conjugações* são as diferentes formas de um verbo que equivalem a um pronome ou substantivo. *Sou* e *é* são exemplos de conjugações do infinitivo *ser*.

Stare versus *Essere*

O italiano tem dois verbos para indicar estados, permanente e momentâneo: **essere** e **stare**. Embora haja esforços para determinar as regras sobre seu uso, existem quase tantas exceções quanto regras. O jeito mais fácil de lidar com esses verbos é memorizar os tipos de expressões em que são usados. A seguir estão algumas orientações.

Stare (estar)

Stare tem vários significados conforme o contexto, mas geralmente expressa localizações precisas, estado de saúde e opiniões pessoais sobre aparência. Também é usado em algumas expressões idiomáticas.

stare *estar*

io **sto**	*eu estou*	noi **stiamo**	*nós estamos*
tu **stai**	*você (informal) está*	voi **state**	*vocês (informal) estão*
lui **sta**	*ele está*	loro **stanno**	*eles estão*
lei **sta**	*ela está*	loro **stanno**	*elas estão*
Lei **sta**	*Sr./Sra. (formal) está*		

- *Localização*

    Quando **stare** é usado para expressar localização, indica que a pessoa está em algum lugar e não sairá em breve. **Io sto a casa** (*Eu estou [ficarei] em casa*) é diferente de **Io sono a casa** (*Eu estou em casa*), que deixa implícito *Eu estou em casa agora, mas posso sair.*

Io sto a casa.	*Eu estou [ficarei] em casa [e não sairei].*
Tu stai a letto.	*Você está na cama [e não sairá dela].*

- *Saúde*

Come stai?	*Como você está?*
Sto bene, grazie.	*Estou bem, obrigado.*
Lui sta male.	*Ele está mal.*

- *Opinião Pessoal sobre Aparência*

Il vestito le sta bene.	*O vestido fica bem nela.*
La giacca mi sta stretta.	*A jaqueta está apertada em mim.*

- *Expressões*

stare attento, -/a	*estar atento(a)*	stare zitto, -/a	*estar calado(a)*
stare con/da	*viver com*	stare a pennello	*cair como uma luva*
stare fermo, -/a	*ficar quieto(a)*	stare a cuore	*se importar*
stare fuori	*ficar de fora*	stare in guardia	*estar de tocaia*
stare seduto, -/a	*estar sentado(a)*	stare in piedi	*estar em pé*
stare su	*estar em pé/ sentado ereto*		

Il vestito le sta a pennello.	*O vestido caiu como uma luva nela.*
La bambina non sta mai ferma.	*A menina não fica quieta.*
Mio figlio sta da solo.	*Meu filho vive sozinho.*

Adjetivos que Acompanham *stare*

Os adjetivos que acompanham **stare** devem concordar com o sujeito em gênero e número.

I ragazzi **stanno seduti**.	*Os rapazes estão sentados.*
Giovanna **sta zitta**.	*Giovanna está quieta.*

Gerúndio Composto

O gerúndio composto expressa uma ação que acontece enquanto se fala. Em italiano, é formado com o presente de **stare** + o gerúndio do verbo. O gerúndio é formado se acrescentando **-ando** aos verbos terminados em **-are** (**parlando**) e **-endo** aos terminados em **-ere** e **-ire** (**correndo, dormendo**).

Io **sto mangiando**.	*Eu estou comendo.*
Tu **stai correndo**.	*Você está correndo.*
Lui **sta dormendo**.	*Ele está dormindo.*

Vocabulário-chave

As palavras a seguir melhorarão sua capacidade de se comunicar em uma série de situações.

Parole interrogative (Palavras Interrogativas)

come?	*como? quê?*
dove?	*onde?*
chi?	*quem?*

Avverbi di luogo (Advérbios de Lugar)

qui, qua	*aqui*
là	*lá*
giù	*baixo*
su	*cima*
lì	*aí*

Aggettivi (Adjetivos)

allegro, -/a	*alegre*	carino, -/a	*querido(a)*
ammalato, -/a	*doente*	contento, -/a	*contente*
arrabbiato, -/a	*irritado(a)*	delizioso, -/a	*delicioso(a)*
bello, -/a	*belo(a)*	stanco, -/a	*cansado(a)*

Pronomes Pessoais, stare e essere

Exercício 2.1

Complete as frases com a forma correta de **stare**. Preste atenção ao significado de cada uma e indique entre parênteses se expressam localização, saúde ou uma opinião pessoal sobre aparência.

EXEMPLO: Noi _stiamo_ a casa tutto il giorno. _(localização)_

1. Io non _____ bene oggi. (_____)
2. Lei _____ a casa perchè vuole studiare. (_____)
3. La nonna _____ nel giardino dalla mattina alla sera. (_____)
4. Luigi _____ a letto tutto il giorno. (_____)
5. Loro _____ sempre bene. (_____)
6. Voi _____ tutto il giorno davanti alla televisione. (_____)
7. Perchè non (tu) _____ in casa se hai freddo? (_____)
8. La camicetta ti _____ molto bene. (_____)
9. Maria e Lucia _____ in chiesa per delle ore. (_____)
10. Luigi oggi _____ bene. (_____)
11. Quel vestito non le _____ bene. (_____)
12. Noi _____ in casa ad aspettarti. (_____)

Omissão de Pronomes

Tenha em mente que, como no português, em italiano você pode omitir os pronomes pessoais com função de sujeito **io**, **tu**, **lui**, **lei**, etc., porque as terminações verbais expressam quem é o responsável pela ação. Eles devem ser incluídos se o sujeito for ambíguo.

Essere (ser)

O **essere** é equivalente ao *ser* e é um dos verbos mais usados.

essere *ser*			
io **sono**	*eu sou*	noi **siamo**	*nós somos*
tu **sei**	*você é*	voi **siete**	*vocês são*
lui **è**	*ele é*	loro **sono**	*eles são*
lei **è**	*ela é*	loro **sono**	*elas são*
Lei **è**	*Sr./Sra. (formal)*		

Quando Usar os Pronomes *lo* e *loro*

lo e **loro** têm a mesma conjugação no verbo *ser*: **sono**. Isso raramente gera confusão considerando que o significado é óbvio pelo contexto, mas pode ser necessário adicionar o pronome adequado para evitar ambiguidade.

Essere é usado para expressar relacionamentos, características físicas, traços de personalidade, datas e horários, nacionalidade, humor, condições físicas, cores e localizações. (**Essere** é usado para descrever onde alguém ou algo está localizado, mas, diferente de **stare**, indica que a pessoa ou coisa não permanecerá lá necessariamente.) Também é usado para indicar procedência, o material de que algo é feito, posse e onde um evento acontecerá.

- ***Relacionamentos***

    Lui è mio marito.   *Ele é meu marido.*
    Loro sono i miei amici.   *Eles são meus amigos.*

- ***Características Físicas***

    Maria è alta.   *Maria é alta.*
    Voi siete magri.   *Vocês (informal) são magros.*

- ***Traços de Personalidade***

    Lei è una brava dottoressa.   *Ela é uma excelente médica.*
    I bambini sono educati.   *As crianças são educadas.*

- ***Datas e Horários***

    Sono le dieci di mattina.   *São dez da manhã.*
    Domani è lunedì.   *Amanhã é segunda-feira.*

- ***Nacionalidade***

    Loro sono italiani.   *Eles são italianos.*
    Nancy è brasiliana.   *Nancy é brasileira.*

- ***Humor***

    Giovanna è allegra.   *Giovanna é alegre.*
    Tu sei molto serio.   *Você é muito sério.*

- ***Condições Físicas***

    Noi siamo vecchi.   *Nós somos velhos.*
    Tu sei stanco.   *Você está cansado.*

- **Cores**

Il cielo è azzurro.	*O céu é azul.*
L'erba è verde.	*A grama é verde.*

- **Localização**

Loro sono a letto.	*Eles estão na cama.*
Tu sei nel ristorante.	*Você está no restaurante.*

- **Localização de um Evento**

La festa è al club.	*A festa será no clube.*
La parata è nella strada principale.	*A parada é na rua principal.*

- **Procedência**

Di dove sei?	*De onde você é?*
Io sono di Rio de Janeiro.	*Eu sou do Rio de Janeiro.*

- **Material de que Algo É Feito**

  Di nesse sentido significa *de (feito de)*.

La porta è di legno.	*A porta é de madeira.*
Le finestre sono di vetro.	*As janelas são de vidro.*
La giacca è di pelle.	*A jaqueta é de pele.*

- **Posse**

Sono i genitori di Maria.	*São os pais da Maria.*
È il gatto di mio figlio.	*É o gato do meu filho.*
Sono gli amici di Luigi.	*São os amigos de Luigi.*
La borsa è della bambina.	*A bolsa é da menina.*
Il pallone è del bambino.	*A bola é do menino.*

As contrações **di + il** (*de + o*) = **del**, **di + lo** (*de + o*) = **dello** e **di + la** (*de + a*) = **della** são três das muitas contrações do italiano, que trataremos nós próximos capítulos. Use **di** (*de*) para expressar posse e propriedade. Quando a preposição **di** for seguida pelos artigos masculinos **il** e **lo** e pelo feminino **la**, as palavras resultantes são **del**, **dello** e **della**.

Exercício 2.2

Complete as frases com a forma correta de **essere**. Indique entre parênteses se a sentença expressa descrição, profissão, procedência, identificação, material, condição física ou período de tempo.

EXEMPLOS: La ragazza è bella. (*descrição*)
　　　　　Lui è di Napoli. (*procedência*)

1. La ragazza _____ bella. (_____)
2. Loro _____ professori all'Università. (_____)
3. Di dove _____ i tuoi amici? (_____)
4. Il nuovo albergo _____ molto bello. (_____)
5. Noi _____ i cugini di Maria. (_____)
6. La giacca _____ di pelle. (_____)
7. I miei amici _____ di Roma. (_____)
8. I pomodori non _____ maturi. (_____)
9. La tua macchina _____ vecchia. (_____)
10. San Francisco _____ in California. (_____)
11. Lucia _____ ammalata. (_____)
12. La tua casa _____ grande. (_____)
13. La pianta _____ sul balcone. (_____)
14. Voi _____ intelligenti. (_____)
15. Domani _____ giovedì. (_____)

Exercício 2.3

Complete as frases com a forma correta de **essere** ou **stare**. Indique entre parênteses se a sentença expressa nacionalidade, condição física, localização, humor, descrição, procedência ou estado de saúde.

1. Io _____ italiana. (_____)
2. Giovanni _____ ammalato. (_____)
3. Giovanni non _____ bene. (_____)

Pronomes Pessoais, stare e essere

4. La lezione _____ difficile. (_____)

5. La professoressa _____ in classe tutto il giorno.
(_____)

6. Noi _____ contenti. (_____)

7. L'amica di Nadia _____ male. (_____)

8. La mamma di Mario _____ in ospedale. (_____)

9. La porta _____ chiusa. (_____)

10. La porta non _____ chiusa. (_____)

11. Di dove _____ voi? (_____)

12. Chi _____ con la nonna? (_____)

13. Noi _____ sul treno. (_____)

14. Mia mamma _____ sempre a casa. (_____)

15. Mia mamma _____ in giardino. (_____)

✐ Exercício 2.4

Usando as palavras entre parênteses, responda as perguntas com a forma correta de **essere** *ou* **stare**.

1. Come stai? _____ (*não muito bem*)

2. Dov'è il tuo amico? _____ (*em casa*)

3. Sta ancora a Napoli tua sorella? _____ (*sim*)

4. È facile la lezione di italiano? _____ (*não*)

5. Volete stare in casa oggi? _____ (*sim*)

6. Siete stanchi? _____ (*muito*)

7. Il ristorante è vicino? _____ (*não, distante*)

8. Dove sta la tua amica? _____ (*na Itália*)

9. Quanto tempo state in Italia? _____
(*duas semanas*)

10. Di dov'è la tua amica? _____ (*Roma*)

Exercício 2.5

Usando **essere** *ou* **stare**, *traduza as frases para o italiano.*

1. Nós somos amigos.

2. Meus amigos estão na China.

3. A amiga dela está na Itália por três semanas.

4. Os animais estão no zoológico.

5. As crianças estão no parque por três horas.

6. A Itália fica na Europa.

7. O marido dela é arquiteto.

8. O tio Marco está na piscina.

9. O tio Marco está na piscina o dia todo.

10. A comida está deliciosa.

11. O cachorro é marrom.

12. O cachorro está em casa.

13. Minha avó está no hospital.
    _____

14. Ela não está se sentindo muito bem.
    _____

 Exercício 2.6

Complete as lacunas da carta com as formas corretas de **essere** *ou* **stare**.

Cari genitori,
Come (1) _____? Noi (2) _____ bene. Io e Luisa
(3) _____ a Roma. La città (4) _____ molto bella. I Musei
Vaticani (5) _____ molto interessanti. Il Colosseo
(6) _____ molto grande e bello. I ristoranti (7) _____
buoni e non (8) _____ molto cari. Noi
(9) _____ a Roma per due settimane. Ciao e a presto.

 Interpretação de Texto

La casa

La mia casa è grande e nuova, con molte finestre e molta luce. Tutte le pareti della casa sono bianche e l'esterno è grigio. I quadri sulle pareti sono da tutte le parti del mondo. La sala da pranzo, il soggiorno, il salotto e la cucina sono al primo piano. Anche la nostra camera da letto con un bagno molto spazioso sono al primo piano.

La cucina è grande e moderna con i piani di cottura in granito e le ante di legno. Il frigorifero e la stufa sono nuovi. Uno specchio e un tavolino di legno sono nel corridoio.

Altre tre camere da letto e un bagno sono al secondo piano. Tutti i nostri libri, quaderni, penne, matite e il computer, sono nello studio.

Il patio di legno è dietro alla casa ed è abbastanza grande. Un tavolo rotondo con quattro poltrone sono nel centro del patio. Un grande ombrellone e tante belle piante sono sul patio. Il prato e molte piante con fiori di tutti i colori: rosa, rosso, blu, bianco e giallo sono dietro e davanti alla casa. La mia casa è in un villaggio dove tutte le case sono grandi e belle.

Nomi (Substantivos)

l'albero	*a árvore*	il patio	*o pátio*
la camera da letto	*o quarto*	il piano	*o chão/a superfície*
		la poltrona	*a poltrona*
il corridoio	*o corredor*	la porta	*a porta*
la cucina	*a cozinha*	il prato	*o prado*
il divano	*o sofá*	il quaderno	*o caderno*
l'erba	*a grama*	la sala da pranzo	*a sala de jantar*
la finestra	*a janela*	il soggiorno	*a sala de estar*
il frigorifero	*o refrigerador*	lo specchio	*o espelho*
il legno	*a madeira*	la stufa	*o fogão*
la luce	*a luz*	il vaso	*o jarro*
la parete	*a parede*		

Aggettivi (Adjetivos)

grande	*grande*
nuovo, -/a	*novo(a)*
spazioso, -/a	*espaçoso(a)*

Avverbi (Advérbios)

abbastanza	*(o) bastante*
davanti	*em frente*
dietro	*atrás*

Domande (Perguntas)

Depois de ler esta seleção, responda as perguntas em italiano e leia suas respostas em voz alta.

1. Come è la casa?

   _____

   _____

2. Descrivi la cucina.

   _____

   _____

3. Che cosa c'è nel corridoio?

4. Dove sono le penne, le matite e i libri?

5. Che cosa c'è davanti e dietro alla casa?

3

C'è e *ci sono*, Pronomes Interrogativos e o Calendário

C'è (Existe) e *ci sono* (Existem)

As palavras **c'è** e **ci sono** correspondem, em português, ao verbo *haver*, no sentido de *existir*. Elas afirmam a existência ou presença de algo ou alguém.

Frases em italiano com **c'è** ou **ci sono**, e sua tradução em português, mantêm a mesma ordem das palavras independentemente de usar ou omitir artigos definidos e indefinidos.

C'è un'ape nel giardino.	*Há uma abelha no jardim.*
Ci sono tre api nel giardino.	*Há três abelhas no jardim.*
Ci sono le api nel giardino.	*Há abelhas no jardim.*

As palavras nas perguntas formadas com **c'è** ou **ci sono** seguem a mesma ordem das afirmações; mas, como em português, a entonação sobe. O artigo é omitido somente se for uma generalização.

C'è un'ape nel giardino?	*Há uma abelha no jardim?*
Ci sono api nel giardino?	*Há abelhas no jardim?*
Ci sono gli elefanti allo zoo?	*Os elefantes estão no zoológico?*
Ci sono elefanti allo zoo?	*Há elefantes no zoológico?*

Para tornar uma sentença negativa, coloque **non** antes de **c'è** ou **ci sono**.

Non c'è acqua nel bagno.   *Não tem água no banheiro.*
Non ci sono bicchieri nel bagno.   *Não há copos no banheiro.*

C'è e **ci sono** também expressam a ideia de *estar em algum lugar*.

Scusa, c'è tua figlia? No, non c'è.   *Com licença, sua filha está (em um lugar conhecido pelo contexto)? Não, não está.*
Ci sono molti studenti.   *Há muitos alunos (em um lugar conhecido pelo contexto).*

Ecco

Ecco (*aqui está, aqui estão*) é usado para indicar ou chamar atenção para algo ou alguém.

Ecco il ristorante!   *Aqui está o restaurante!*
Ecco la matita!   *Aqui está o lápis!*
Ecco i calzini!   *Aqui estão as meias!*
Ecco le matite!   *Aqui estão os lápis!*

Exercício 3.1

Reescreva as frases no plural usando a quantidade entre parênteses.

1. C'è un cane nel giardino. (due)

   _____

2. C'è un grande aeroporto. (tre)

   _____

3. C'è uno studente in classe. (dieci)

   _____

4. C'è un museo vicino a casa mia. (due)

   _____

5. C'è una pianta in casa. (molte)

   _____

6. C'è una macchina nel garage. (due)

_____

7. C'è un gatto nero. (tre)

_____

8. C'è una parola difficile nel libro. (molte)

_____

9. C'è una frase che non capisco. (due)

_____

10. C'è la tua amica. (quattro)

_____

11. Non c'è un italiano qui. (due)

_____

12. Non c'è una finestra. (tre)

_____

Exercício 3.2

Reescreva as frases mudando os artigos indefinidos para definidos.

1. Ecco un bar! _____
2. Ecco un giornale! _____
3. Ecco un supermercato! _____
4. Ecco una pizza! _____
5. Ecco un gelato! _____
6. Ecco un bicchiere! _____
7. Ecco un orologio! _____
8. Ecco un ospedale! _____
9. Ecco una televisione! _____
10. Ecco uno zoo! _____
11. Ecco uno scoiattolo! _____
12. Ecco una pianta! _____

Exercício 3.3

Traduza as frases para o português.

1. C'è una pianta in casa.

2. Ci sono molte stelle nel cielo.

3. Ci sono molte sedie nella tua casa.

4. Oggi c'è il sole.

5. Non c'è il telefono.

6. Ecco tua sorella!

7. Ecco il telefono!

8. Ecco la mamma!

9. Com'è il ristorante?

10. Com'è il pane?

11. Com'è bella la canzone!

12. Com'è grande l'universo!

Pronomes Interrogativos

Pronomes interrogativos são usados para iniciar uma pergunta.

Come? *Como? Quê?*

Come é usado com todas as formas de **essere** para descobrir como coisas e pessoas são.

Com'è la sua casa?	*Como é a casa dela(e)?*
Com'è la pizza?	*Como está a pizza?*
Come sono le caramelle?	*Como estão as balas?*

Come + **essere** é usado em exclamações.

Come sono buoni questi spaghetti!	*Como esse espaguete está ótimo!*
Com'è buono il gelato italiano!	*Como o sorvete italiano é gostoso!*

Ordem das Palavras

Observe a ordem das palavras: **come** + verbo + adjetivo. O sujeito, quando expressado, fica no final das exclamações. Exclamações desse tipo são usadas com bastante frequência em italiano.

Com'è grande questa casa!	*Como esta casa é grande!*
Come sei bella!	*Como você é bela!*
Come siamo stanchi!	*Como estamos cansados!*

Come + **stare** é usado para perguntar sobre a saúde de alguém.

Come stai?	*Como você está?*
Come stanno i tuoi genitori?	*Como seus pais estão?*

Come + **chiamarsi** é usado para perguntar o nome de alguém.

Come ti chiami?	*Como você se chama?*
Come si chiamano i tuoi figli?	*Quais os nomes dos seus filhos?*

Dove? *Onde?*

Dove sono i CD?	*Onde estão os CDs?*
Dov'è (Dove è) la tua macchina?	*Onde está o seu carro?*

Che? Che cosa? *Que...? O quê?*

Che giorno è oggi?	*Que dia é hoje?*
Che cosa c'è da mangiare al ristorante?	*O que tem para comer no restaurante?*
Che cos'è questo?	*O que é isso?*

Chi? *Quem?*

Chi sono questi ragazzi?	*Quem são estes rapazes?*
Chi è al telefono?	*Quem está ao telefone?*
Chi è la ragazza con Giovanni?	*Quem é a moça com Giovanni?*

Quale? Quali? *Qual? Quais?*

Qual'è la capitale d'Italia?	*Qual é a capital da Itália?*
Quali sono i tuoi libri?	*Quais são os seus livros?*

Perchè? *Por quê? Por que...?*

Perchè ridi?	*Por que você está rindo?*
Perchè andate in Italia?	*Por que vão à Itália?*

Perchè também é usado para responder perguntas, significando *porque* e *porquê*.

Perchè studi?	*Por que estuda?*
Perchè mi piace imparare.	*Porque gosto de aprender*

Quanto? *Quanto?*

Quanto costa?	*Quanto isso custa?*
Quanto è?	*Quanto é?*

Quanti? Quante? *Quantos? Quantas?*

Quanti figli avete?	*Quantos filhos vocês têm?*
Quante cugine hai?	*Quantas primas você tem?*

Quando? *Quando?*

Quando è il concerto?	*Quando é o show?*
Quando è l'esame?	*Quando é a prova?*

Exercício 3.4

Reescreva as frases como exclamações, com as palavras entre parênteses. Lembre-se de usar as formas corretas de **essere**.

EXEMPLO: questo gatto (bello) *Com'è bello questo gatto!*

1. questo vino _____ (buono)
2. questi gelati _____ (buoni)
3. queste fotografie _____ (belle)
4. questo libro _____ (interessante)
5. questa bambina _____ (bionda)
6. questa casa _____ (piccola)
7. questo caffè _____ (forte)
8. questi panini _____ (deliziosi)
9. questo aereo _____ (grande)
10. questa studentessa _____ (brava)
11. questa macchina _____ (veloce)
12. questa birra _____ (fredda)

 Exercício 3.5

Complete as perguntas com os pronomes interrogativos adequados.

1. _____ è la macchina di Luisa?
2. _____ sono le ragazze?
3. _____ gente c'è nel parco?
4. _____ è la signora con tua mamma?
5. _____ è la capitale degli Stati Uniti?
6. _____ costa viaggiare in treno?
7. _____ si chiama il tuo cane?
8. _____ andate al concerto?
9. _____ piangi?

10. _____ è questo?
11. _____ siete in casa?
12. _____ fratelli avete?
13. _____ soldi hai in banca?
14. _____ sono le tue piante?

Exercício 3.6

Escrevas as respostas completas em italiano usando **c'è**, **ci sono**, **essere** *ou as formas apropriadas de* **stare**.

1. Come sta tua zia oggi? (*não muito bem*)

2. Dov'è la spiaggia? (*perto da minha casa*)

3. Di chi è la macchina? (*do meu irmão*)

4. Di dove sei tu? (*Brasil*)

5. Ci sono cani a casa tua? (*não, não há*)

6. Dove stai tutto il giorno? (*na frente da TV*)

7. Chi c'è a casa? (*meu marido*)

8. Ci sono ancora le foglie sugli alberi? (*sim, há*)

9. C'è molta gente alla festa? (*não, há poucas pessoas*)

10. Perchè sei stanco? (*trabalho muito*)

11. Come mi sta il cappello? (*ótimo*)

12. Quante persone ci sono? (*15*)

Preposições

Você já aprendeu três das principais preposições do italiano.

con	*com*
di	*de*
in	*em*

É possível combinar essas preposições com pronomes interrogativos para fazer mais perguntas.

In quale scuola insegnano l'italiano?	*Em quais escolas se ensina italiano?*
In quale parco ci sono le rose?	*Em quais parques há rosas?*
Di chi è la matita?	*De quem é o lápis?*
Di dove venite?	*De onde vocês são?*
Con chi sei a casa?	*Quem está em casa com você?*

Exercício 3.7

Complete as perguntas com as preposições adequadas.

1. _____ quale scuola sei?

2. _____ che colore è il tuo vestito?

3. _____ chi è tuo fratello?

4. _____ dove è la tua amica?

5. _____ quale città è la statua della Libertà?

6. _____ chi stai a casa?

Calendario (**Calendário**)

I giorni della settimana (**Os dias da semana**)

lunedì	*segunda-feira*	venerdì	*sexta-feira*
martedì	*terça-feira*	sabato	*sábado*
mercoledì	*quarta-feira*	domenica	*domingo*
giovedì	*quinta-feira*		

- Artigos definidos somente são usados antecedendo os dias da semana se indicarem ações habituais.

La domenica andiamo a pranzo con gli amici.	*Aos domingos almoçamos com nossos amigos.*
Il lunedì giocano a bridge.	*Às segundas-feiras, eles jogam bridge.*

- Os dias da semana em italiano são masculinos, com exceção de **domenica** (*domingo*). A semana começa em **lunedì** (*segunda-feira*).

- Nenhuma preposição equivalente a *em* é usada ao se referir a eles.

Io vado a teatro sabato sera.	*Irei ao teatro **no** sábado à noite.*

- Para perguntar o dia da semana, você diria:

Che giorno è oggi?	*Que dia é hoje?*
Oggi è martedì.	*Hoje é terça-feira.*

I mesi dell'anno (**Os meses do ano**)

gennaio	*janeiro*	luglio	*julho*
febbraio	*fevereiro*	agosto	*agosto*
marzo	*março*	settembre	*setembro*
aprile	*abril*	ottobre	*outubro*
maggio	*maio*	novembre	*novembro*
giugno	*junho*	dicembre	*dezembro*

- Os nomes dos meses levam artigo definido quando são datas específicas.

Il 2 (due) giugno è la Festa della Repubblica.	*O 2 (dia dois) de junho é a Proclamação da República.*

48   Elementos da Sentença

- O italiano usa **a** ou **in** para dizer *em* + um mês específico. A preposição se une a um artigo quando o mês é modificado.

  Andiamo in Italia in (a) marzo.   *Vamos à Itália em março.*
  Andiamo in Italia nel mese di marzo.   *Vamos à Itália no mês de março.*

- As seguintes expressões são usadas para perguntar datas.

  Quanti ne abbiamo oggi?
  Che data è oggi?   *Que dia é hoje?*
  Qual'è la data di oggi?

  Algumas possíveis respostas incluem:

  Ne abbiamo 7.   *Hoje é 7.*
  Oggi è il 12 maggio.   *Hoje é 12 de maio.*

Le stagioni (As estações)

As estações do ano são as seguintes:

la primavera	*a primavera*
l'estate	*o verão*
l'autunno	*o outono*
l'inverno	*o inverno*

- *Primavera* e *verão* são femininos; *outono* e *inverno*, masculinos.

Le parti del giorno (As partes do dia)

O dia se divide nas seguintes partes:

la mattina	*a manhã*	la sera	*a tarde/a noite (começo)*
il pomeriggio	*a tarde*	la notte	*a noite*

Vocabulário Adicional

il giorno	*o dia*	oggi	*hoje*
la settimana	*a semana*	domani	*amanhã*
il mese	*o mês*	ieri	*ontem*
l'anno	*o ano*		

Exercício 3.8

Traduza as frases para o italiano.

1. Na segunda-feira, visitarei Luisa.

2. Sexta-feira é meu dia favorito da semana.

3. Irei à escola na quarta-feira.

4. Iremos ao cinema no sábado à noite.

5. Vemos nossos pais todo domingo.

6. Aos domingos vamos à igreja.

7. Toda sexta-feira fico em casa após o trabalho.

8. Às quintas-feiras ficamos com nossos filhos.

9. Às sextas-feiras ela limpa a casa.

10. Aos sábados, vamos ao teatro ou ao restaurante.

11. Na quarta-feira, verei minha amiga Maria.

12. Elisa tem vôlei terça-feira à tarde.

Exercício 3.9

Traduza as frases para o italiano.

1. Que dia é hoje?

2. Hoje é terça-feira.

3. Janeiro é um mês quente.

4. Em maio existem muitas flores.

5. O aniversário da minha mãe é 13 de maio.

6. Em julho e agosto está muito frio.

7. O mês de outubro está na primavera.

8. Nós viajamos em março e setembro.

9. As escolas na Itália começam em 15 de setembro.

10. A primavera e o outono são minhas estações favoritas.

11. Eu acordo cedo de manhã.

12. À noite, eu assisto TV.

Interpretação de Texto

Una città italiana

Milano è una grande città nel Nord Italia. È una città industriale e ci sono molte ditte multinazionali. È anche il centro della moda italiana e internazionale. La gente vive e lavora a Milano. Non è possibile girare con la macchina nel centro storico, ma c'è la metropolitana, e ci sono molti autobus e tassì.

La vita a Milano è caotica. È difficile conoscere gli abitanti di questa città. A Milano ci sono molti posti interessanti. Nel centro c'è il famoso Duomo, una chiesa bellissima e molto grande. C'è la Galleria, dove ci sono ottimi ristoranti e bellissimi negozi di argenteria e di abbigliamento.

Nella Galleria ci sono due librerie internazionali molto grandi e molto ben fornite.

In fondo alla Galleria c'è il famoso Teatro La Scala dove sono rappresentate le opere cantate da tenori e soprano molto famosi. La stagione lirica inizia il 7 dicembre e finisce in maggio.

A Milano c'è anche il Castello Sforzesco, un tempo un'abitazione, ma adesso è un museo. C'è la chiesa di Santa Maria delle Grazie, dove è custodito l'affresco L'Ultima Cena di Leonardo da Vinci. Per vederlo bisogna comprare i biglietti e fare la prenotazione molti giorni in anticipo. A Milano ci sono anche diverse università che sono frequentate da studenti da tutti i paesi del mondo.

Milano è una città per tutti: gli uomini d'affari, gli studenti universitari, i turisti, e gli amanti della moda.

Nomi (Substantivos)

l'abitante	*o habitante*	la libreria	*a livraria*
l'abitazione	*a casa*	la metropolitana	*o metrô*
gli amanti	*os amantes*	la moda	*a moda*
l'argenteria	*os talheres*	il negozio	*a loja*
la città	*a cidade*	la prenotazione	*a reserva*
la ditta	*a empresa*	la soprano	*a soprano*
la gente	*as pessoas*	il tenore	*o tenor*

Aggettivi (Adjetivos)

caotica	*caótico*	multinazionale	*multinacional*
fornito	*equipado*	raffinato	*refinado*
industriale	*industrial*	rinomato	*renomado*
lirica	*lírico*		

Verbi (Verbos)

girare	*dar uma volta*
iniziare	*começar*
vivere	*viver*

Avverbi (Advérbios)

bene	*bem*
in anticipo	*antecipadamente*
molto	*muito*

Domande (Perguntas)

Depois de ler esta seleção, responda as perguntas em italiano e leia suas respostas em voz alta.

1. Come è Milano?

_____

_____

2. Ci sono posti interessanti a Milano?

_____

_____

3. Che cosa c'è nella galleria?

_____

_____

4. Che cosa si trova nella chiesa Santa Maria delle Grazie?

_____

_____

5. Per chi è la città di Milano?

_____

_____

C'è e ci sono, Pronomes Interrogativos e o Calendário

Vocabulário-chave

Nomi maschili (Substantivos Masculinos)

l'aereo	*o avião*	il mese	*o mês*
l'albero	*a árvore*	il messaggio	*a mensagem*
l'anno	*o ano*	il paese	*o país*
l'ascensore	*o elevador*	il parco	*o parque*
l'autobus	*o ônibus*	il periodico	*o jornal*
il bambino	*o menino/a criança*	il piano	*o chão*
il campo	*o campo*	il premio	*o prêmio*
il compleanno	*o aniversário*	il prezzo	*o preço*
il denaro	*o dinheiro*	il rumore	*o ruído/barulho*
l'edificio	*o edifício*	il sogno	*o sonho*
il giardino	*o jardim*	il tema	*o tema*
il lapis	*o lápis*	il viaggio	*a viagem*

Nomi femminili (Substantivos Femininos)

la biblioteca	*a biblioteca*	la lettera	*a carta*
la camicia	*a camisa*	la libreria	*a livraria*
la cartolina	*o cartão-postal*	la medicina	*a medicina/ o remédio*
la chiave	*a chave*	la musica	*a música*
la città	*a cidade*	l'ombra	*a sombra*
la cucina	*a cozinha*	l'opera	*a ópera*
la doccia	*a ducha*	la pagina	*a página*
la domanda	*a pergunta*	la parete	*a parede*
l'entrata	*a entrada*	la porta	*a porta*
la festa	*a festa*	la risposta	*a resposta*
la foglia	*a folha*	la salute	*a saúde*
la frase	*a sentença/a frase*	la scala	*a escada*
la gente	*as pessoas*	la settimana	*a semana*
la gioventù	*a juventude*	la spiaggia	*a praia*
la guerra	*a guerra*	la valigia	*a mala*

Aggettivi (Adjetivos)

alto	*alto*	bello	*belo/bonito*
amabile	*amável*	cieco	*cego*
amichevole	*amigável*	divertente	*divertido*

affettuoso	*afetuoso*	dolce	*doce*
basso	*baixo*	duro	*forte*
elegante	*elegante*	pericoloso	*perigoso*
emozionante	*emocionante*	pesante	*pesado*
fantastico	*fantástico*	rapido	*rápido*
fedele	*fiel*	raro	*raro*
lento	*lento*	semplice	*simples*
libero	*livre*	soffice	*macio*
lungo	*longo*	speciale	*especial*
orgoglioso	*orgulhoso*	stretto	*estreito*
nuovo	*novo*	tranquillo	*tranquilo*

Agora você tem um bom vocabulário de substantivos e adjetivos para estudar, que o ajudará a fazer os exercícios seguintes.

 ## Exercício 3.10

A. *Traduza as frases a seguir para o português.*

1. il cane fedele _____
2. la camicia pulita _____
3. il prezzo alto _____
4. la macchina nuova _____
5. l'opera emozionante _____
6. l'edificio basso _____
7. la spiaggia pulita _____
8. l'autobus grande _____
9. l'aereo veloce _____
10. il giorno fantastico _____

B. *Traduza as seguintes frases a seguir para o italiano.*

1. a planta bonita _____
2. a estrada perigosa _____
3. o mês curto _____
4. a praia bonita _____
5. o homem orgulhoso _____
6. a garota cega _____
7. o garoto afetuoso _____

C'è e ci sono, Pronomes Interrogativos e o Calendário   55

8. a mulher baixa _____

9. o livro divertido _____

10. o cachorro amigável _____

✏ Exercício 3.11

Usando **c'è**, **ci sono**, **essere**, *ou* **stare**, *responda as perguntas em italiano e leia suas respostas em voz alta.*

1. Di che colore è il vestito di Luisa?

   _____

2. Ci sono cani a casa tua?

   _____

3. Dov'è il bagno, per favore?

   _____

4. Ci sono dei laghi nella tua città?

   _____

5. Dove sono i bambini?

   _____

6. Chi sta con la nonna di notte?

   _____

7. Come sta tua zia?

   _____

8. Di chi sono le piante?

   _____

9. C'è la neve in montagna?

   _____

10. State a casa per le Feste?

    _____

11. Ci sono molte persone nei negozi?

    _____

12. Sta bene il cappotto a Maria?

    _____

Exercício 3.12

Complete as frases com a forma correta de **essere**, **stare**, **c'è** *ou* **ci sono**.
1. Di che colore _____ il cielo?
2. _____ molta gente nel parco?
3. _____ edifici alti nella tua città?
4. Quanto tempo (tu) _____ in Italia?
5. Noi _____ a casa tutto il giorno.
6. Come _____ la nonna oggi?
7. Non _____ molto bene.
8. _____ cani a casa tua?
9. No, non _____ cani, ma _____ due gatti.
10. Dove _____ quando andate in Italia?
11. Noi _____ da mia figlia.
12. La mia città _____ pericolosa di notte.
13. _____ molti poliziotti che circolano per le strade.
14. La macchina nera _____ nuova.
15. Non _____ macchine nei centri storici italiani.
16. Il cappello gli _____ molto bene.

 Interpretação de Texto

Il cinema

Agli italiani piace molto andare al cinema. Al sabato sera e alla domenica i locali cinematografici sono pieni di gente. Al sabato ci vanno specialmente gli adulti. Alla domenica pomeriggio ci vanno specialmente i giovani perchè vogliono passare un pomeriggio divertente con i loro amici.

Agli italiani piacciono molto i film americani, specialmente i film dei cowboys e del Far West.

Ci sono attori e attrici italiane che hanno raggiunto fama mondiale. Tutti conoscono Sofia Loren per la sua bellezza e per la sua bravura. A molti piace anche Marcello Mastroianni che ora è morto. I suoi film sono molto famosi e molto belli. Ci sono anche dei bravissimi direttori come Benigni che dirige film comici e seri. È difficile poter vedere un film italiano negli Stati Uniti. Ogni tanto si vedono dei film italiani molto vecchi e poco interessanti.

Domande (Perguntas)

Depois de ler esta seleção, responda as perguntas em italiano e leia suas respostas em voz alta.

1. Chi va al cinema il sabato sera?

   _____

2. Piace agli italiani andare al cinema?

   _____

3. Perchè i giovani vanno al cinema alla domenica pomeriggio?

   _____

4. Quali film piacciono agli italiani?

   _____

5. Scrivi il nome di una famosa attrice italiana.

   _____

6. Perchè è famosa?

   _____

7. È facile vedere un film italiano negli Stati Uniti?

   _____

4

Números, Horas e Datas

Números Cardinais

Um número cardinal é qualquer número que expresse uma quantidade, como *um, dois, três*. Veja os números cardinais em italiano até 100.

0	zero			
1	uno	21	ventuno
2	due	22	ventidue
3	trè	23	ventitrè
4	quattro	24	ventiquattro
5	cinque	25	venticinque
6	sei	26	ventisei
7	sette	27	ventisette
8	otto	28	ventotto
9	nove	29	ventinove
10	dieci	30	trenta
11	undici	31	trentuno
12	dodici	32	trentadue
13	tredici	33	trentatrè
14	quattordici	40	quaranta
15	quindici	50	cinquanta
16	sedici	60	sessanta
17	diciassette	70	settanta
18	diciotto	80	ottanta
19	diciannove	90	novanta
20	venti	100	cento

Lembre-se das seguintes regras sobre os cardinais em italiano.

- Quando -**tre** for a última sílaba de um número grande, ela é acentuada: **ventitrè**, **trentatrè** e **quarantatrè**.

- Os números **venti**, **trenta**, etc. perdem a vogal final e são acrescidos de **-uno** ou **-otto**: **ventuno**, **ventotto**, etc.

Os números a partir de 100 são escritos como a seguir:

100	cento	1.000	mille
101	centouno	1.001	milleuno
150	centocinquanta	1.200	milleduecento
200	duecento	2.000	duemila
300	trecento	10.000	diecimila
400	quattrocento	15.000	quindicimila
500	cinquecento	100.000	centomila
600	seicento	1.000.000	un milione
700	settecento	2.000.000	due milioni
800	ottocento	1.000.000.000	un miliardo
900	novecento	2.000.000.000	due miliardi

Observe as regras a seguir sobre esses números:

- Há equivalentes em italiano para o português *onze mil*, *doze mil*, etc. O italiano usa **undicimila**, **dodicimila**, etc.

- Pontos e vírgulas têm a mesma função que no português. O número 1.000 (*mil*), ou **mille**, em italiano, usa ponto; as vírgulas são usadas para decimais, então, **1,5** (como no português) em italiano é **uno virgola cinque**.

- **Cento** não tem plural. **Mila** é o plural de **mille**. O plural de **milione** é **milioni**.

cento rose	*cem rosas*
cento dollari	*cem dólares*
duecento dollari	*duzentos dólares*
mille notti	*mil noites*
mille €	*mil euros*
duemila €	*dois mil euros*
un milione di stelle	*um milhão de estrelas*
milioni di abitanti	*milhões de habitantes*

- **Milione** (*pl.*, **milioni**) e **miliardo** (*um bilhão*; *pl.*, **miliardi**) exigem o **di** quando antecedem um substantivo.

Nel Brasile ci sono 200 milioni di abitanti.	No Brasil há 200 milhões de habitantes.
Il governo spende molti miliardi di dollari ogni giorno.	O governo gasta muitos milhões de dólares todos os dias.

Falando de Números

Números são uma parte crucial da vida. As pessoas lhe dão seus números de telefone, marcam compromissos em horários e endereços específicos, você quer saber quanto as coisas custam, etc. Experimente praticar os números com um parceiro, talvez até um falante nativo de italiano.

Para falar o dia de um evento, use: **il** + número + ano.

La scuola inizia il 5 gennaio.   As aulas voltam no dia 5 de janeiro.

Uma exceção a essa regra é o primeiro dia de cada mês — por exemplo, 01/11. Você não fala *um de novembro*, mas *primeiro de novembro*.

Oggi è il primo dicembre.   *Hoje é primeiro de dezembro.*

Os anos em italiano são expressados como uma palavra inteira, diferente do português, que divide suas palavras. Por exemplo, em português, 1980 é *mil novecentos e oitenta*, enquanto em italiano vira uma palavra só:

1980	millenovecentoottanta
2007	duemilasette

Exercício 4.1

Complete as frases escrevendo os números entre parênteses (por extenso).

EXEMPLO: Ci sono _quarantacinque_ persone sull'autobus. (45)

1. Ci sono _____ giorni in una settimana. (7)

2. In luglio ci sono _____ giorni. (31)

3. Ci sono _____ giorni in un anno. (365)

4. Ci sono _____ settimane in un anno. (52)

5. In biblioteca ci sono _____ libri. (3.000)

Números, Horas e Datas

6. Ci sono _____ ristoranti in questa città. (235)

7. Ci sono _____ ragazzi in classe. (20)

8. Ci sono _____ parole in questa storia. (387)

9. Ci sono _____ studenti in questa scuola. (1.200)

10. Ci sono _____ persone che lavorano qui. (785)

Números Ordinais

Os números ordinais expressam uma posição em uma série, como *primeiro, segundo, terceiro, quarto* e *quinto*.

1°	primo	12°	dodicesimo
2°	secondo	13°	tredicesimo
3°	terzo	14°	quattordicesimo
4°	quarto	20°	ventesimo
5°	quinto	21°	ventunesimo
6°	sesto	22°	ventiduesimo
7°	settimo	23°	ventitreesimo
8°	ottavo	30°	trentesimo
9°	nono	100°	centesimo
10°	decimo	1.000°	millesimo
11°	undicesimo	1.000.000°	milionesimo

Lembre-se destas regras dos números ordinais em italiano:

- Os dez primeiros têm formas distintas, como mostrado acima. Depois do **decimo**, eles são formados pela retirada da vogal final do número cardinal e pela adição de -**esimo**. Números terminados em -**tre** e -**sei** mantêm a vogal final.

undici	11	undic**esimo**	*11°*
ventitrè	23	ventitre**esimo**	*23°*
trentasei	36	trentasei**esimo**	*36°*

- Diferente dos cardinais, os números ordinais concordam em gênero e número com os substantivos que modificam, como no português. Exemplos:

SINGULAR	primo figlio	prima figlia
PLURAL	primi figli	prime figlie

primo *primeiro*
    il primo giorno   *o primeiro dia*
    la prima pagina   *a primeira página*

secondo *segundo*
    il secondo mese   *o segundo mês*
    la seconda settimana   *a segunda semana*

terzo *terceiro*
    il terzo giorno   *o terceiro dia*
    la terza fila   *a terceira fila*

quarto *quarto*
    il quarto piano   *o quarto piso/andar*
    la quarta lezione   *a quarta lição*

quinto *quinto*
    il quinto giorno   *o quinto dia*
    la quinta via   *a quinta rua*

sesto *sexto*
    il sesto ragazzo   *o sexto rapaz*
    la sesta notte   *a sexta noite*

settimo *sétimo*
    il settimo capitolo   *o sétimo capítulo*
    la settima partita   *o sétimo jogo*

ottavo *oitavo*
    l'ottavo mese   *o oitavo mês*
    l'ottava macchina   *o oitavo carro*

nono *nono*
    il nono libro   *o nono livro*
    la nona domanda   *a nona pergunta*

decimo *décimo*
    il decimo secolo   *o décimo século*
    la decima volta   *a décima vez*

Números, Horas e Datas

- Como no português, os números ordinais em italiano geralmente antecedem os substantivos. Abreviações são escritas com o ° sobrescrito para o masculino e com o ª para o feminino.

  | il terzo piano | il 3° piano | *o terceiro piso* |
  | la terza via | la 3ª via | *a terceira via* |

- O uso de ordinais em italiano é semelhante ao português. Por exemplo, ele também omite o artigo com nomes de papas e soberanos.

Enrico V (quinto)	*Henrique V (quinto)*
Papa Giovanni Paolo II (secondo)	*Papa João Paulo II (segundo)*
Luigi XV (quindicesimo)	*Luís XV (quinze)*
il secol,o XX (ventesimo)	*o século XX (vinte)*

Exercício 4.2

Complete as frases escrevendo em italiano os ordinais entre parênteses.

1. L'appartamento è al _____ piano. (*primeiro*)
2. Febbraio è il _____ mese dell'anno. (*segundo*)
3. La _____ via di New York è molto bella. (*quinto*)
4. La _____ pagina del libro è rotta. (*segundo*)
5. È nato il _____ boy. (*quinto*)
6. Sono in Italia per la _____ volta. (*terceiro*)
7. Il tuo posto è nella _____ fila. (*oitavo*)
8. Luigi _____ è molto famoso. (*décimo quinto*)
9. È il _____ presidente. (*trigésimo sexto*)
10. L'ufficio è al _____ piano. (*décimo sexto*)
11. Il _____ capitolo è molto interessante. (*décimo*)
12. Dicembre è il _____ mese dell'anno. (*décimo segundo*)
13. È la _____ volta che andiamo a sciare. (*décima*)

Uso Especial dos Números Ordinais

As seguintes formas dos ordinais se referem aos séculos a partir do XII. São mais usados em relação à literatura, arte e história.

il Duecento	il tredicesimo secolo	*o século XIII*
il Trecento	il quattordicesimo secolo	*o século XIV*
il Quattrocento	il quindicesimo secolo	*o século XV*
il Cinquecento	il sedicesimo secolo	*o século XVI*
il Seicento	il diciassettesimo secolo	*o século XVII*
il Settecento	il diciottesimo secolo	*o século XVIII*
l'Ottocento	il diciannovesimo secolo	*o século XIX*
il Novecento	il ventesimo secolo	*o século XX*
il Duemila	il ventunesimo secolo	*o século XXI*

As formas a seguir geralmente são escritas com inicial maiúscula:

la pittura fiorentina del Cinquecento	*a pintura florentina do século XVI*
l'architettura romana del Trecento	*a arquitetura romana do século XIV*

Exercício 4.3

Complete as frases escrevendo em italiano os números entre parênteses.

1. Il _____ secolo. (*XX*)
2. Papa Pio _____. (*XII*)
3. Maria è la _____ figlia. (*segunda*)
4. La scultura fiorentina del _____ è magnifica. (*século XV*)
5. Nel _____ ci sono state molte guerre. (*século XVIII*)
6. La vita nel _____ era difficile. (*século XIII*)
7. Ci sono molti romanzi scritti nel _____. (*século XIX*)
8. C'è stato molto progresso nel _____. (*século XX*)
9. Il computer è molto importante nel _____. (*século XXI*)
10. Mi piace la musica del _____. (*século XVIII*)

Números, Horas e Datas

As Datas

O italiano usa os números cardinais de 2 a 31 para indicar todos os dias do mês, exceto o *primeiro*, que usa o ordinal, **il primo**.

Para perguntar a data, você diz:

Qual'è la data di oggi? | *Qual é a data de hoje?*
Quanti ne abbiamo oggi? |

Che giorno è oggi?   *Que dia é hoje?*

A resposta é:

Oggi è il tre settembre.   *Hoje é três de setembro.*
Domani è il quattro settembre.   *Amanhã é quatro de setembro.*
È il ventotto febbraio.   *É 28 de fevereiro.*
È il trentuno dicembre.   *É 31 de dezembro.*

As datas se escrevem com **il** + número do dia + mês + ano.

il 15 agosto 2007   *15 de agosto de 2007*

Como no português, o italiano usa números ordinais apenas para indicar *o primeiro dia do mês*, **il primo del mese**.

Oggi è il primo gennaio.   *Hoje é primeiro de janeiro.*
Il primo novembre è festa in Italia.   *Primeiro de novembro é feriado na Itália.*

Exercício 4.4

Complete as frases escrevendo em italiano os termos e números entre parênteses.

1. Oggi è _____ il _____ di _____ .
   (*quarta-feira, 23, janeiro*)
2. Gli studenti italiani vanno a scuola anche il _____. (*sábado*)
3. Il compleanno di Lisa è il _____ di _____
   (*27, novembro*)

4. La settimana nel calendario italiano comincia il _____.
   (*segunda-feira*)
5. Alla _____ molte persone vanno in chiesa. (*domingo*)
6. Noi partiamo il _____ di _____ (*14, março*)
7. I miei amici vanno al mercato tutti i _____. (*sexta-feira*)
8. Quest'anno in _____ ci sono _____ giorni.
   (*29, fevereiro*)

Dizendo as Horas

Primeiro, vejamos algumas palavras necessárias antes de perguntar as horas.

l'orologio	*o relógio*	minuto	*minuto*
l'ora	*a hora*	secondo	*segundo*

Há duas maneiras de perguntar as horas em italiano.

Che ora è?
Che ore sono?   *Que horas são?*

Como no português, a resposta em italiano usa sempre a primeira pessoa do singular ou plural. A resposta fica no singular somente para meio-dia, meia-noite e uma hora.

È mezzogiorno.	*É meio-dia.*
È mezzanotte.	*É meia-noite.*
È l'una.	*É uma (hora).*

Observe que o artigo definido não é usado antes de **mezzogiorno** e **mezzanotte**, mas sempre o é com outros horários.

Em todos os outros casos para dizer as horas, use **sono le** + o número de horas.

Sono le sei.	*São seis (horas).*
Sono le dodici.	*São doze (horas).*

Para expressar o tempo passado após a hora inteira, o italiano usa **e** + o número de minutos decorridos, como no português.

Sono le sei **e** dieci.	*São seis e dez.*
Sono le sette **e** venti.	*São sete e vinte.*

Para os minutos antes da hora inteira seguinte, o horário é expressado com a próxima hora + **meno** (*menos*) − o número de minutos faltantes.

Sono le tre meno dieci.   *São dez para as três.* (Literalmente: *São três menos dez.*)

Sono le nove meno cinque.   *São cinco para as nove.*

Para indicar a hora exata, o italiano usa **in punto** ou **esatte**.

Sono le cinque in punto.   *São cinco em ponto.*

Sono le sei esatte.   *São exatamente seis.*

Um **quarto** (*quinze*) e **mezzo** ou **mezza** (*meio* ou *meia*) comumente substituem **quindici** e **trenta**. **Un quarto d'ora** e **una mezz'ora** significam *e quinze* e *e meia (hora)*.

Sono le sei e quindici.   *São seis e quinze.*

Sono le sei e un quarto.   *São seis e quinze.*

Sono le sei e trenta.   *São seis e meia.*

Sono le sei e mezzo (mezza).   *São seis e meia.*

Como no português, quando o italiano usa o sistema de 12 horas, expressa os horários com base em partes do dia, como **di mattina**, das 8h às 12h, **di pomeriggio**, das 13h às 17h, **di sera**, das 17h às 21h, e **di notte**, das 21h em diante.

Sono le 08:00 di mattina.   *São 08:00 da manhã.*

Sono le due di pomeriggio.   *São 02:00 da tarde.*

Sono le 10:00 di sera.   *São 10:00 da noite.*

Sono le 04:00 di notte.   *São 04:00 da manhã.*

Sistema de 24 Horas

O sistema de 24 horas (ou horário oficial) é comumente usado na Itália, com a meia-noite sendo a hora zero, como no Brasil. Esse sistema é usado por bancos, negócios, lojas, serviços de transporte, exército, programação de cinema e TV, e trens, então é muito importante se familiarizar com ele. No sistema de 24 horas, todos os horários são expressados em números.

La banca apre alle 08:00 e chiude alle 14:30.   *O banco abre às 08:00 e fecha às 14:30.*

I negozi in Italia chiudono alle 19:30.   *As lojas na Itália fecham às 19:30.*

Exercício 4.5

Dê respostas completas às perguntas, escrevendo os números por extenso. Use o horário oficial somente quando indicado.

1. Che ora è? (*11:00 da manhã*)

   _____

2. Che ore sono? (*13:00, horário oficial*)

   _____

3. A che ora pranzi? (*meio-dia*)

   _____

4. A che ora vai a lavorare? (*8:00 da manhã*)

   _____

5. Che ore sono? (*meia-noite*)

   _____

6. A che ora apre la banca? (*8:30 da manhã*)

   _____

7. A che ora chiudono i negozi? (*19:30, horário oficial*)

   _____

8. A che ora cenate? (*8:30 da noite*)

   _____

9. Quando esci dal lavoro? (*6:30 da tarde*)

   _____

10. A che ora giochi la partita di calcio? (*11:00 da manhã*)

    _____

11. A che ora fai il pranzo? (*meio-dia*)

    _____

12. Che ore sono? (*13:00, horário oficial*)

    _____

Números, Horas e Datas 69

Para indicar que algo acontecerá em determinado horário, o italiano usa uma expressão com a preposição **a** + os artigos definidos **la** ou **le**.

A che ora? *A que horas?*
all'una *à uma*
alle due *às duas*
alle tre *às três*

 ## Exercício 4.6

Traduza as expressões relacionadas a horários para o italiano. Inclua as expressões adequadas para indicar manhã, tarde ou noite, e escreva os números por extenso.

1. É 01:20.

2. São 16:30.

3. São 09:15.

4. São 18:00 em ponto.

5. São 14:45.

6. São 08:00.

7. São 15:00.

8. É exatamente meio-dia.

Interpretação de Texto

Il ristorante

Sono le 21:00 e il ristorante italiano è pieno di gente. È un ristorante tipico, non molto costoso, ma buono e attraente. Il ristorante non è molto grande. Ci sono solo quattordici tavoli. Sedute a ogni tavolo ci sono quattro o cinque persone che parlano e ridono. C'è molta scelta. Come in tutti i ristoranti italiani c'è una gran scelta di pasta con tutte le salse che uno desidera. C'è il pollo, il manzo, il vitello e molto pesce. La specialità del giorno è il pesce fresco alla griglia con le patate al forno. C'è anche la minestra, la verdura e l'insalata. Si può ordinare anche una bottiglia di acqua minerale frizzante o naturale. C'è il vino della casa che è molto buono e anche il vino in bottiglia. Ci sono molti dolci attraenti e appetitosi. Dopo la cena si puo' ordinare il caffè. Nel ristorante c'è un cartello che dice «vietato fumare».

Nomi (Substantivos)

l'acqua	*a água*	la mancia	*a gorjeta*
il bicchiere	*o copo*	il manzo	*a carne*
la bottiglia	*a garrafa*	il menu	*o cardápio*
il cameriere	*o garçom*	la minestra	*a sopa*
la cena	*o jantar*	il pasto	*a refeição*
la colazione	*o café da manhã*	il pesce	*o peixe*
il coltello	*a faca*	il piatto	*o prato*
il conto	*a conta*	il pollo	*o frango*
il cucchiaino	*a colherzinha*	il pranzo	*o almoço*
il cucchiaio	*a colher*	la scelta	*a escolha*
la cucina	*a cozinha*	la tovaglia	*a toalha de mesa*
il dolce	*o doce/sobremesa*	il tovagliolo	*o guardanapo*
la forchetta	*o garfo*	la verdura	*os vegetais*
la griglia	*a grelha*	il vitello	*a vitela*

Aggettivi (Adjetivos)

appetitoso	*apetitoso*	freddo	*frio*
attraente	*atraente*	fresco	*fresco*
costoso	*dispendioso*	pieno	*completo*
delizioso	*delicioso*	pulito	*limpo*
eccellente	*excelente*	sporco	*sujo*
economico	*econômico*	vuoto	*vazio*

Números, Horas e Datas 71

Espressioni quantitative (Expressões Quantitativas)

una volta	*uma vez*	doppio	*dobro*
due volte	*duas vezes*	triplo	*triplo*
tre volte	*três vezes*		

Espressioni utili (Expressões Úteis)

È presto.   *É cedo.*
È tardi.   *É tarde.*

Domande (Perguntas)

Depois de ler esta seleção, responda as perguntas em italiano e leia suas respostas em voz alta.

1. A che ora apre il ristorante?

2. Costa molto il ristorante?

3. Che cosa posso scegliere?

4. Qual'è la specialità del giorno?

5. Com'è il vino della casa?

6. Che cosa puoi ordinare dopo la cena?

7. Che cosa è scritto sul cartello?

 # Interpretação de Texto

Il lavoro casalingo

C'è sempre molto da fare in una casa. Ogni settimana è necessario pulire, lavare, e stirare. Quando i bambini sono a scuola e il marito è al lavoro, la mamma è in casa e pulisce senza interruzioni. Le finestre sono grandi e non è facile pulire i vetri. La cucina deve essere pulita tutti i giorni. Il soggiorno e la sala da pranzo sono in disordine ed è necessario riordinare. Ci sono tre bagni nella casa e tutti i tre sono sporchi. Nelle camere c'è molta polvere. C'è una scopa per il pavimento del bagno e una per la cucina. Cè anche un aspirapolvere per il tappeto.

Ma è ora del pranzo. La mamma è stanca e ha fame. Smette di pulire, mangia, mette i piatti nella lavastoviglie e poi dorme per un'ora o due. Presto i bambini ritornano a casa e la pace e la tranquillità finiscono. La mamma prepara la merenda per i bambini. Quando ritornano da scuola i ragazzi sono affamati e assetati, ma tutto è pronto.

Oggi è venerdì e la settimana è finita. I bambini sono felici perchè durante il fine settimana sono liberi per giocare e non devono studiare molto, ma per la mamma il lavoro non finisce mai.

Nomi (Substantivos)

la camera	*o quarto*	il pavimento	*o piso/chão*
il cibo	*a comida*	il piatto	*o prato*
il corridoio	*o corredor*	la polvere	*a poeira*
il disordine	*a desordem*	il pranzo	*o almoço*
la finestra	*a janela*	la sala da pranzo	*a sala de jantar*
il frigorifero	*o refrigerador*	la scopa	*a vassoura*
l'interruzione	*o interruptor*	il soggiorno	*a sala de estar*
la lavastoviglie	*a lava-louças*	il tappeto	*o tapete*
la merenda	*o lanche*	la tranquillità	*a tranquilidade*
la pace	*a paz*	il vetro	*o vidro*

Aggettivi (Adjetivos)

affamato, -/a	*faminto(a)*	libero, -/a	*livre*
assetato, -/a	*com sede*	stanco, -/a	*cansado(a)*
facile	*fácil*		

Verbi (Verbos)

dormire	*dormir*	preparare	*preparar*
giocare	*jogar*	pulire	*limpar*
lavare	*lavar*	stirare	*passar a ferro*
mettere	*colocar*	studiare	*estudar*

Domande (Perguntas)

Depois de ler esta seleção, responda as perguntas em italiano e leia suas respostas em voz alta.

1. Che cosa bisogna fare ogni settimana?

2. Con che cosa si pulisce il tappeto del soggiorno, della sala da pranzo e delle camere?

3. Che cosa fa la mamma dopo aver pranzato?

4. Che cosa fanno i bambini quando ritornano da scuola?

5. Perchè sono felici i bambini al venerdì?

5

Verbos Regulares

Todos os verbos em italiano seguem uma de três conjugações, dependendo da terminação do infinitivo. Conjugar um verbo é mudar sua terminação do infinitivo para uma das que concordam com o sujeito e expressam o tempo da ação. As terminações do infinitivo são **-are**, **-ere**, **-ire**. Cada conjugação tem os próprios grupos de radicais, ou raízes, adicionados à terminação.

raiz do verbo + terminação do infinitivo = infinitivo

cant + are = cantare *(cantar)*

ved + ere = vedere *(ver)*

sent + ire = sentire *(escutar; sentir)*

Os verbos são considerados regulares se a raiz não mudar quando forem conjugados.

Usos do Presente

O presente equivale ao presente em português (*Eu canto*).

Lei canta una bella canzone.

Ela canta uma bela música.

Fazendo Perguntas

Uma maneira de fazer perguntas em italiano é acrescentar uma interrogação ao final de uma frase escrita ou subir o tom de voz, como no português.

Hai una bella casa. *Você tem uma bela casa.*
Hai una bella casa? *Você tem uma bela casa?*

O sujeito (substantivo ou pronome) em uma pergunta pode ficar no começo da frase, antes do verbo, ou ir para o final.

Luisa ha la macchina? *Luisa tem um carro?*
Ha una macchina Luisa? *Luisa tem um carro?*

Frases Negativas

Para tornar uma frase negativa, coloque **non** imediatamente antes do verbo.

Io canto tutte le mattine. *Eu canto todas as manhãs.*
Io **non** canto tutte le mattine. *Eu não canto todas as manhãs.*

Usando o Presente para Expressar o Futuro

Como no português, o presente em italiano pode ser usado para expressar um evento futuro, se for incluída uma expressão adverbial de futuro.

Lui canta a San Paolo domani. *Ele canta em São Paulo amanhã.*

O pronome **Lei** se refere ao Sr./Sra. (masculino ou feminino) no discurso formal. Por essa razão, é escrito com inicial maiúscula.

Verbos Terminados em *-are*

Para conjugar um verbo regular terminado em **-are** no presente, retire a terminação do infinitivo e acrescente **-o**, **-i**, **-a**, **-iamo**, **-ate**, **-ano** à raiz.

cantare *cantar*			
cantare	Infinitivo		
cant-	Raiz		
-are	Terminação		
io **canto**	*eu canto*	noi **cantiamo**	*nós cantamos*
tu **canti**	*você (informal) canta*	voi **cantate**	*vocês (informal) cantam*
lui **canta**	*ele canta*	loro **cantano**	*eles/elas cantam*
lei **canta**	*ela canta*		
Lei **canta**	*Sr./Sra. (formal) canta*		

Verbos Comuns Terminados em -are

abitare *morar*

io abito	noi abitiamo
tu abiti	voi abitate
Lei/lui/lei abita	loro abitano

arrivare *chegar*

io arrivo	noi arriviamo
tu arrivi	voi arrivate
Lei/lui/lei arriva	loro arrivano

NOTA: **Abitare** (*morar*) é usado quando se refere ao local em que alguém vive, enquanto **vivere** (*viver*) indica o país, cidade ou bairro.

ascoltare *escutar*

io ascolto	noi ascoltiamo
tu ascolti	voi ascoltate
Lei/lui/lei ascolta	loro ascoltano

aspettare *esperar*

io aspetto	noi aspettiamo
tu aspetti	voi aspettate
Lei/lui/lei aspetta	loro aspettano

camminare *caminhar*

io cammino	noi camminiamo
tu cammini	voi camminate
Lei/lui/lei cammina	loro camminano

comprare *comprar*

io compro	noi compriamo
tu compri	voi comprate
Lei/lui/lei compra	loro comprano

domandare *perguntar*

io domando	noi domandiamo
tu domandi	voi domandate
Lei/lui/lei domanda	loro domandano

entrare *entrar*

io entro	noi entriamo
tu entri	voi entrate
Lei/lui/lei entra	loro entrano

guardare *olhar*

io guardo	noi guardiamo
tu guardi	voi guardate
Lei/lui/lei guarda	loro guardano

lavorare *trabalhar*

io lavoro	noi lavoriamo
tu lavori	voi lavorate
Lei/lui/lei lavora	loro lavorano

nuotare *nadar*

io nuoto	noi nuotiamo
tu nuoti	voi nuotate
Lei/lui/lei nuota	loro nuotano

ordinare *pedir (em restaurantes)*

io ordino	noi ordiniamo
tu ordini	voi ordinate
Lei/lui/lei ordina	loro ordinano

parlare *falar*

io parlo	noi parliamo
tu parli	voi parlate
Lei/lui/lei parla	loro parlano

riposare *descansar*

io riposo	noi riposiamo
tu riposi	voi riposate
Lei/lui/lei riposa	loro riposano

ritornare *retornar*		**studiare** *estudar*	
io ritorno	noi ritorniamo	io studio	noi studiamo
tu ritorni	voi ritornate	tu studi	voi studiate
Lei/lui/lei ritorna	loro ritornano	Lei/lui/lei studia	loro studiano

Falando de Verbos

Os verbos anteriores são mostrados com as conjugações completas para facilitar o aprendizado e ver seus padrões. Observe que as formas de terceira pessoa do singular (**lui** e **lei/Lei**) têm as mesmas terminações.

Outros verbos comuns terminados em **-are** incluem:

alzare	*levantar*	pranzare	*almoçar*
cenare	*jantar*	preparare	*preparar*
giocare	*jogar* ou *brincar*	suonare	*tocar (um instrumento)*
guadagnare	*ganhar (dinheiro)*	viaggiare	*viajar*

A Preposição *a*

A preposição **a** significa *para* e *a* em português.

Quando **a** é seguido pelo artigo masculino **il**, a palavra se contrai para **al** (significando *ao*). Quando **a** é seguido pelo artigo **la**, se contrai e dobra o **l**, para **alla** (significando *à*). Essas são algumas das muitas contrações do italiano.

Andiamo **a** casa.	*Vamos para casa.*
Mangiamo **al** ristorante.	*Comemos no restaurante.*
Vado **alla** posta.	*Vou aos Correios.*

Exercício 5.1

Complete as frases com a forma correta dos verbos entre parênteses.

1. Luigi _____ molto bene. (nuotare)

2. Gli studenti _____ molto tardi alla sera. (ritornare)

3. Noi _____ nel bosco. (camminare)

4. Dove _____ i tuoi amici? (abitare)

5. Luisa _____ la sua amica. (aspettare)
6. In Florida i bambini _____ tutti i giorni. (nuotare)
7. Lei non _____ mai niente. (domandare)
8. I miei parenti _____ dall'Australia. (arrivare)
9. Il bambino _____ troppe cose. (domandare)
10. Oggi pomeriggio mi _____ per un'ora. (riposare)
11. Loro _____ la musica classica. (ascoltare)
12. Tu _____ la pizza per le otto. (ordinare)
13. Oggi voi _____ la poltrona nuova. (comprare)
14. Voi _____ sempre in giardino. (lavorare)
15. Tu _____ in casa mia senza bussare. (entrare)
16. Voi _____ il treno per Roma. (aspettare)

Lembrete de Pronúncia

As letras **g** e **c** seguidas pelas vogais **-i** ou **-e** são pronunciadas como **dj** e **tch**. O som é mole. Se forem seguidas por **-a**, **-o** ou **-u**, têm um som duro, semelhante ao do português **gato** e **casa**.

Verbos Terminados em -ere

Para conjugar um verbo regular terminado em **-ere** no presente, retire a terminação do infinitivo e acrescente **-o**, **-i**, **-e**, **-iamo**, **-ete**, **-ono** à raiz.

vedere *ver*			
vedere	Infinitivo		
ved-	Raiz		
-ere	Terminação		
io **vedo**	*eu vejo*	noi **vediamo**	*nós vemos*
tu **vedi**	*você (informal) vê*	voi **vedete**	*vocês veem*
Lei/lui/lei **vede**	*Sr./Sra./ele/ela vê*	loro **vedono**	*eles veem*

Verbos Comuns Terminados em -ere

chiedere *perguntar*

io chiedo	noi chiediamo
tu chiedi	voi chiedete
Lei/lui/lei chiede	loro chiedono

chiudere *fechar*

io chiudo	noi chiudiamo
tu chiudi	voi chiudete
Lei/lui/lei chiude	loro chiudono

credere *acreditar*

io credo	noi crediamo
tu credi	voi credete
Lei/lui/lei crede	loro credono

leggere *ler*

io leggo	noi leggiamo
tu leggi	voi leggete
Lei/lui/lei legge	loro leggono

perdere *perder*

io perdo	noi perdiamo
tu perdi	voi perdete
Lei/lui/lei perde	loro perdono

piangere *chorar*

io piango	noi piangiamo
tu piangi	voi piangete
Lei/lui/lei piange	loro piangono

ripetere *repetir*

io ripeto	noi ripetiamo
tu ripeti	voi ripetete
Lei/lui/lei ripete	loro ripetono

rispondere *responder*

io rispondo	noi rispondiamo
tu rispondi	voi rispondete
Lei/lui/lei risponde	loro rispondono

rompere *romper*

io rompo	noi rompiamo
tu rompi	voi rompete
Lei/lui/lei rompe	loro rompono

scrivere *escrever*

io scrivo	noi scriviamo
tu scrivi	voi scrivete
Lei/lui/lei scrive	loro scrivono

vendere *vender*

io vendo	noi vendiamo
tu vendi	voi vendete
Lei/lui/lei vende	loro vendono

vivere *viver*

io vivo	noi viviamo
tu vivi	voi vivete
Lei/lui/lei vive	loro vivono

NOTA: **Leggere** muda o som de mole para duro conforme a vogal que se segue ao **-g-**. Leg**go**, *Leio*, tem som duro, porque termina em **-o**. Leg**gi**, *você lê*, tem som mole, porque termina em **-i**.

Exercício 5.2

Complete as frases com a forma correta dos verbos entre parênteses.

1. Io _____ la porta e le finestre. (chiudere)
2. Tu _____ dove sono le lezioni di italiano. (chiedere)
3. Lui _____ a tutti. (credere)
4. Lei _____ sempre. (leggere)
5. Noi _____ tutti i documenti. (perdere)
6. Voi _____ quando vedete un film commovente. (piangere)
7. Loro _____ sempre tutto due volte. (ripetere)
8. Mia cugina _____ delle lunghe lettere. (scrivere)
9. La mia vicina _____ la casa. (vendere)
10. Noi _____ in una bella città. (vivere)
11. Tu _____ sempre gli occhiali. (perdere)
12. Luisa _____ tutti i suoi libri. (vendere)
13. Luisa e Luigi _____ in una casa grande. (vivere)
14. Carlo _____ al telefono quando è a casa. (rispondere)
15. Lei _____ il bicchiere di cristallo. (rompere)
16. Noi _____ al telefono. (rispondere)

Verbos Terminados em *-ire*

Há dois tipos de verbos terminados em **-ire**. Um segue o padrão de **sentire** (*escutar; sentir*) e o outro, de **finire** (*terminar*). A terminação do presente é a mesma para ambos. A diferença é que os verbos que seguem o padrão de **finire** têm **-isc-** acrescentado em todas as formas, exceto **noi** e **voi**.

Para conjugar um verbo regular terminado em **-ire** no presente, retire a terminação do infinitivo e adicione **-o**, **-i**, **-e**, **-iamo**, **-ete**, **-ono**. Tratamos primeiro desses verbos sem **-isc-**.

Verbos Regulares

sentire *escutar; sentir*

sentire	Infinitivo		
sent-	Raiz		
-ire	Terminação		
io **sento**	*eu escuto*	noi **sentiamo**	*nós escutamos*
tu **senti**	*você (informal) escuta*	voi **sentite**	*vocês escutam*
Sr./Sra./lui/lei **sente**	*ele/ela escuta*	loro **sentono**	*eles escutam*

Verbos Comuns Terminados em *-ire*

aprire *abrir*

io apro	noi apriamo
tu apri	voi aprite
Lei/lui/lei apre	loro aprono

coprire *cobrir*

io copro	noi copriamo
tu copri	voi coprite
Lei/lui/lei copre	loro coprono

dormire *dormir*

io dormo	noi dormiamo
tu dormi	voi dormite
Lei/lui/lei dorme	loro dormono

offrire *oferecer*

io offro	noi offriamo
tu offri	voi offrite
Lei/lui/lei offre	loro offrono

partire *partir*

io parto	noi partiamo
tu parti	voi partite
Lei/lui/lei parte	loro partono

scoprire *descobrir*

io scopro	noi scopriamo
tu scopri	voi scoprite
Lei/lui/lei scopre	loro scoprono

seguire *seguir*

io seguo	noi seguiamo
tu segui	voi seguite
Lei/lui/lei segue	loro seguono

sentire *escutar; sentir*

io sento	noi sentiamo
tu senti	voi sentite
Lei/lui/lei sente	loro sentono

servire *servir*

io servo	noi serviamo
tu servi	voi servite
Lei/lui/lei serve	loro servono

vestire *vestir*

io vesto	noi vestiamo
tu vesti	voi vestite
Lei/lui/lei veste	loro vestono

Exercício 5.3

Complete as frases com a forma correta dos verbos entre parênteses.

1. Io _____ le finestre e le porte. (aprire)
2. Tu _____ le piante perchè fa freddo. (coprire)
3. Lei _____ un bicchiere di vino ai suoi amici. (offrire)
4. Mario _____ troppo. (dormire)
5. Noi _____ molto presto. (partire)
6. I bambini _____ cose nuove tutti i giorni. (scoprire)
7. Voi _____ un corso di italiano. (seguire)
8. Loro _____ tutti i rumori della strada. (sentire)
9. Nell'albergo _____ il tè alle cinque del pomeriggio. (servire)
10. Lucia _____ molto bene sua figlia. (vestire)
11. Loro _____ fino a tardi tutte le domeniche. (dormire)
12. Voi _____ con l'aereo. (partire)
13. Tu non _____ un libro tutta la settimana. (aprire)
14. Voi _____ spesso la musica? (ascoltare)

Muitos verbos terminados em **-ire** seguem o padrão de **finire** *(terminar)*, e têm **-isc-** adicionado à raiz do verbo no presente, exceto a primeira e segunda pessoas do plural.

finire *terminar*

finire	Infinitivo		
fin-	Raiz		
-ire	Terminação		
io **finisco**	*eu termino*	noi **finiamo**	*nós terminamos*
tu **finisci**	*você (informal) termina*	voi **finite**	*vocês terminam*
Lei/lui/lei **finisce**	*Sr./Sra./ele/ela termina*	loro **finiscono**	*eles terminam*

Verbos Regulares

83

Verbos Comuns Terminados em *-isc*

capire *entender*	
io capisco	noi capiamo
tu capisci	voi capite
Lei/lui/lei capisce	loro capiscono

costruire *construir*	
io costruisco	noi costruiamo
tu costruisci	voi costruite
Lei/lui/lei costruisce	loro costruiscono

dimagrire *emagrecer*	
io dimagrisco	noi dimagriamo
tu dimagrisci	voi dimagrite
Lei/lui/lei dimagrisce	loro dimagriscono

impedire *impedir*	
io impedisco	noi impediamo
tu impedisci	voi impedite
Lei/lui/lei impedisce	loro impediscono

preferire *preferir*	
io preferisco	noi preferiamo
tu preferisci	voi preferite
Lei/lui/lei preferisce	loro preferiscono

pulire *limpar*	
io pulisco	noi puliamo
tu pulisci	voi pulite
Lei/lui/lei pulisce	loro puliscono

restituire *retornar*	
io restituisco	noi restituiamo
tu restituisci	voi restituite
Lei/lui/lei restituisce	loro restituiscono

spedire *enviar*	
io spedisco	noi spediamo
tu spedisci	voi spedite
Lei/lui/lei spedisce	loro spediscono

Alguns verbos terminados em **-ire** que podem ter qualquer terminação (seguir o padrão de **sentire** ou de **finire**) incluem:

applaudire	*aplaudir*	nutrire	*nutrir*
assorbire	*absorver*	starnutire	*espirrar*
inghiottire	*engolir*	tossire	*tossir*
mentire	*mentir*		

La sabbia assorbe bene l'acqua.	*A areia absorve bem a água.*
Lei assorbisce tutte le spese.	*Ela absorve todas as despesas.*
Il bambino mente molto.	*O menino mente muito.*
Lui mentisce a sua moglie.	*Ele mente para sua mulher.*

Exercício 5.4

Complete as frases com a forma correta dos verbos entre parênteses.

1. Io _____ la casa ogni giorno. (pulire)
2. Tu _____ leggere che guardare la TV. (preferire)
3. Loro non _____ la lezione di matematica. (capire)
4. Noi _____ il pacco in Italia. (spedire)
5. Loro _____ una casa in campagna. (costruire)
6. I bambini mangiano il dolce, ma _____ i biscotti. (preferire)
7. Lei _____ la musica classica o la musica moderna? (preferire)
8. Quando (tu)_____ il compito di latino? (finire)
9. Dove (voi) _____ la casa? (costruire)
10. Perchè non _____ mai? (tu-ubbidire)
11. Loro _____ bene l'italiano. (capire)
12. Noi _____ di lavorare alle sette. (finire)
13. Io _____ i libri della scuola. (restituire)
14. Tu _____ a tutti di viaggiare. (impedire)

Verbos Terminados em *-are* e *-ere* com Mais de Um Significado

dovere *dever (auxiliar usado com infinitivo)*, *dever (dinheiro)*

io devo	noi dobbiamo
tu devi	voi dovete
Lei/lui/lei deve	loro devono

Lei deve studiare di più. *Ela deve estudar mais.*
Carlo deve molti soldi alla banca. *Carlo deve muito dinheiro ao banco.*

prendere *tomar (uma bebida, café da manhã), comer (almoço, jantar), pegar*

io prendo	noi prendiamo
tu prendi	voi prendete
Lei/lui/lei prende	loro prendono

Prendiamo l'autobus per andare a scuola.   *Pegamos o ônibus para ir à escola.*

Prendo il caffè al bar.   *Bebo (pego) um café no bar.*

Ti prendo una sedia.   *Pego uma cadeira para você.*

chiamare *chamar; denominar; ligar; anunciar*

io chiamo	noi chiamiamo
tu chiami	voi chiamate
Lei/lui/lei chiama	loro chiamano

Mi chiama con un cenno della mano.   *Ele me chama com um aceno da mão.*

Chiamo Maria questa sera.   *Ligarei para Maria esta noite.*

Questo vento di solito chiama la pioggia.   *Este vento geralmente anuncia chuva.*

Il giudice mi chiama in tribunale.   *O juiz me chama ao tribunal.*

passare *passar (por); passar (tempo); decorrer*

io passo	noi passiamo
tu passi	voi passate
Lei/lui/lei passa	loro passano

Oggi pomeriggio passo da te.   *Hoje à tarde passo na sua casa.*

Passiamo le vacanze in montagna.   *Passamos nossas férias nas montanhas.*

Passo tutta la giornata con la nonna.   *Passo todos os dias com minha avó.*

Exercício 5.5

Complete as frases com a forma correta dos verbos da lista.

chiamare, dovere, passare, prendere

1. Maria _____ il cane.

2. A che ora (voi) _____ andare a scuola?

3. La nonna _____ in braccio il bambino.

4. Loro _____ solo il cappuccino.

5. Io non voglio _____ molto tempo nel museo.

6. Noi _____ la macchina per andare in centro.

7. I miei figli mi _____ tutte le domeniche.

8. Voi _____ da me tutti i sabato.

9. Noi _____ una pizza e poi _____ da te.

10. Non è più obbligatorio _____ i giovani alle armi.

Interpretação de Texto

Arturo e Carla

Arturo e Carla sono una coppia di amici. Abitano vicino a noi. Hanno sette figli, ma adesso sono già tutti grandi e lavorano o studiano in città diverse. Luigi è il più grande. È un uomo alto e muscoloso, ma non grasso. È molto sportivo e gioca spesso al tennis. Mario fa l'ingegnere e vive e lavora in un'altra città, ma ritorna a casa spesso.

Anna è l'intellettuale della famiglia. Ha 28 anni e studia ancora all'Università. Poi c'è Marco, il mangione della famiglia. Marco è grande, ma non è grasso. Paolo è un tipo simpatico e molto generoso. Ha tanti amici e tutti lo conoscono.

Poi ci sono Elena e Marta che sono gemelle e hanno 23 anni. Elena è tranquilla e riflessiva, Marta è vivace e impulsiva. Sono tutte e due molto belle e sempre eleganti. Molti ragazzi vogliono uscire con loro, ma Elena e Marta preferiscono essere libere e passare le giornate con tutti gli amici.

Arturo e Carla sono bravi genitori. Arturo lavora per un'agenzia di assicurazione e guadagna molto bene. Carla non lavora perchè con una famiglia così numerosa ha molto da fare in casa. Quando ha tempo, suona il piano e dipinge perchè è molto creativa.

Nomi (Substantivos)

l'agenzia	*o escritório*	la giornata	*o dia*
l'assicurazione	*o seguro*	l'ingegnere	*o engenheiro*
la coppia	*o casal*	l'intellettuale	*o intelectual*
la gemella	*a gêmea*	il mangione	*o glutão*

Aggettivi (Adjetivos)

creativo	*criativo*	numeroso	*numeroso*
generoso	*generoso*	riflessivo	*reflexivo*
impulsivo	*impulsivo*	sportivo	*esportivo*
libero	*livre*	tranquillo	*tranquilo*
muscoloso	*musculoso*	vivace	*animado*

Verbi (Verbos)

dipingere	*pintar*	passare	*passar (tempo)*
giocare	*jogar*	uscire	*sair*
guadagnare	*ganhar*		

Avverbi (Advérbios)

adesso	*agora*
spesso	*frequentemente*

Domande (Perguntas)

Depois de ler esta seleção, responda as perguntas em italiano e leia suas respostas em voz alta.

1. Chi sono Arturo e Carla e dove abitano?

2. Quanti figli hanno?

3. Chi è Luigi?

4. Quanti anni ha Anna e che cosa fa?

5. Chi sono Elena e Marta?

6. Che lavoro fa Arturo? Guadagna molto o poco?

6

Verbos Irregulares

Os verbos em italiano são considerados *irregulares* se ocorre uma *mudança no radical* quando são conjugados. Cada conjugação de verbo tem seu próprio conjunto de terminações que são acrescentadas ao radical do verbo.

Verbos Irregulares Terminados em *-are*

As terminações dos verbos irregulares terminados em **-are** são as mesmas que você aprendeu para os regulares. Há apenas quatro verbos irregulares terminados em **-are**: **andare**, **dare**, **fare** e **stare**.

andare *ir*		**dare** *dar*	
io **vad**o	noi **and**iamo	io **d**o	noi **d**iamo
tu **vai**	voi **and**ate	tu **d**ai	voi **d**ate
Lei/lui/lei **va**	loro **v**anno	Lei/lui/lei **d**à	loro **d**anno

fare *fazer*		**stare** *estar*	
io **facci**o	noi **facci**amo	io **st**o	noi **st**iamo
tu **fai**	voi **f**ate	tu **st**ai	voi **st**ate
Lei/lui/lei **f**a	loro **f**anno	Lei/lui/lei **st**a	loro **st**anno

NOTA: Além de mudar a raiz, esses quatro verbos irregulares terminados em **-are** — **andare**, **dare**, **fare**, **stare** — também dobram a consoante **n** na terceira pessoa do plural.

NOTA 2: Mesmo terminando em -**are**, o verbo **fare** é de 2º conjugação, pertencendo, em sua origem, aos verbos terminados em **-ere (facere)** - forma primitiva do **fare**.

Exercício 6.1

Complete as frases com a forma correta dos verbos entre parênteses.

1. Io _____ al cinema tutte le domeniche. (andare)
2. Tu _____ a casa tutto il giorno. (stare)
3. Giovanni _____ il mangime agli uccelli. (dare)
4. Voi _____ a New York tutti gli anni. (andare)
5. Io _____ i compiti il sabato pomeriggio. (fare)
6. Loro _____ a visitare gli amici. (andare)
7. Maria e Luca _____ in campagna. (andare)
8. Maria e Luca _____ al mare per due mesi. (stare)
9. Maria e Luca _____ il libro a Giovanna. (dare)
10. Io non _____ mai niente. (fare)
11. Giovanni non _____ in campagna con Maria e Luca. (andare)
12. Oggi noi non _____ molto bene. (stare)

Fare (fazer)

O verbo **fare** (*fazer*) expressa a ideia básica de fazer algo. Ele deriva do latim *facere*. Como já mostrado, não segue o padrão regular de conjugação com a raiz do infinitivo + terminações. Algumas pessoas já o consideraram como um verbo **-ere** irregular, mas, atualmente, é considerado um verbo **-are** irregular.

O verbo **fare** é usado em muitas expressões relativas ao clima.

Che tempo **fa**?	*Como está o tempo?*
Fa bel tempo.	*O tempo está bom.*
Fa cattivo tempo.	*O tempo está fechado.*
In primavera **fa** sempre fresco.	*Na primavera, o tempo sempre está fresco.*
In inverno qui **fa** molto freddo.	*No inverno, aqui faz muito frio.*

O verbo irregular **fare** também é usado em muitas expressões idiomáticas comuns.

fare il biglietto	*comprar um ingresso*
fare la colazione	*tomar café da manhã*
fare i compiti	*fazer o dever de casa*
fare di tutto	*fazer o possível*

fare una domanda	*fazer uma pergunta*
fare la fila/la coda	*esperar na fila*
fare finta (di)	*fingir*
fare la fotografia	*fazer uma foto*
fare ginnastica	*fazer exercícios físicos*
fare una gita	*dar um passeio*
fare male	*machucar*
fare da mangiare	*cozinhar*
fare passare	*atravessar*
fare una passeggiata	*dar uma caminhada*
fare il pieno (di benzina)	*encher o tanque*
fare presto	*apressar-se*
fare il rifornimento di	*abastecer*
fare alla romana	*dividir a conta (cada um por si)*
fare la spesa	*fazer a feira/mercado*
fare le spese	*ir às compras*
fare tardi	*atrasar-se*
fare la valigia	*fazer as malas*
fare vedere	*mostrar algo a alguém*
fare un viaggio	*viajar*
fare visita	*fazer uma visita*

Mi fa male la testa.	*Minha cabeça dói.*
Vado a fare la spesa.	*Vou à feira/mercado.*
Lunedì facciamo una passeggiata in campagna.	*Às segundas, vamos caminhar no campo.*
Lui fa il biglietto del treno.	*Ele compra um bilhete para o trem.*

NOTA: É uma boa ideia aprender esses verbos irregulares e também as expressões com **fare**, porque são usados no italiano coloquial do dia a dia. Pratique-os em voz alta sempre que possível.

 Exercício 6.2

Complete as frases com as expressões idiomáticas mais adequadas.

1. Oggi c'è il sole, andiamo a _____ a piedi.
2. Devo andare al supermercato a _____.
3. Non ho più benzina, devo _____.

Verbos Irregulares

4. Ogni mattina io _____ con la mia famiglia.

5. Prima di salire sull'autobus dobbiamo _____.

6. Il mese prossimo noi _____ in Brasile.

7. Il treno parte fra cinque minuti, devi _____.

8. Al ristorante c'è molta gente, devi _____.

9. Tutti i venerdì le bambine _____.

10. _____ fa molto bene al fisico.

11. Loro _____ di non vederci.

12. È mezzogiorno io _____ per la mia famiglia.

Mudanças de Raiz

Verbos terminados em **-care** (como **cercare**, *procurar*) e **-gare** (incluindo **pagare**, *pagar*), acrescentam um **-h-** imediatamente após a raiz se a terminação começar por **-e-** ou **-i-**, a fim de manter os sons duros de **c** e **g**.

cercare *procurar*		**pagare** *pagar*	
io cerco	noi cerchiamo	io pago	noi paghiamo
tu cerchi	voi cercate	tu paghi	voi pagate
Lei/lu/lei cerca	loro cercano	Lei/lui/lei paga	loro pagano

Verbos terminados em **-ciare** (**baciare**, *beijar*), **-giare** (**mangiare**, *comer*) e **-sciare** (**lasciare**, *deixar*) perdem o **i** antes das terminações do **tu** e do **noi**.

cominciare *começar*		**mangiare** *comer*	
io comincio	noi cominciamo	io mangio	noi mangiamo
tu cominci	voi cominciate	tu mangi	voi mangiate
Lei/lui/lei comincia	loro cominciano	Lei/lui/lei mangia	loro mangiano

strisciare *esfregar*	
io striscio	noi strisciamo
tu strisci	voi strisciate
Lei/lui/lei striscia	loro strisciano

Verbos terminados em **-iare** (**studiare**, *estudar*) omitem o **i** antes das terminações do **tu** e do **noi** no presente se o **i** não for a sílaba tônica.

studiare *estudar*

io studio	noi stud**i**amo
tu stud**i** (*não* studii)	voi studiate
Lei/lui/lei studia	loro studiano

Uma exceção é o verbo **avviare**.

avviare *encaminhar*

io avvio	noi avviamo
tu avv**ii**	voi avviate
Lei/lui/lei avvia	loro avviano

Verbos terminados em **-gliare** (**tagliare**, *cortar*, e **pigliare**, *pegar*) perdem o **i** da raiz somente antes da vogal **i**.

tagliare *cortar*

io taglio	noi tagliamo
tu tagli	voi tagliate
Lei/lui/lei taglia	loro tagliano

pigliare *pegar*

io piglio	noi pigliamo
tu pigli	voi pigliate
Lei/lui/lei piglia	loro pigliano

Exercício 6.3

Complete as frases com a forma correta dos verbos entre parênteses.

1. Noi _____ il conto. (pagare)
2. Io _____ a mangiare. (cominciare)
3. Tu _____ molto tardi alla sera. (mangiare)
4. Lui _____ i calzini. (cercare)
5. Lui _____ l'America. (lasciare)
6. Tu non _____ abbastanza. (studiare)
7. Tu _____ molto d'affitto. (pagare)
8. La partita _____ a mezzogiorno. (cominciare)
9. Tu _____ il lavoro a maglia. (cominciare)
10. Non (loro) _____ il muro. (strisciare)
11. Il macellaio _____ la carne. (tagliare)
12. Tu _____ tanti pesci. (pigliare)

Verbos Terminados em *-ere*

Há muitos verbos irregulares que terminam em **-ere**. A seguir estão alguns dos mais comuns.

bere *beber*	
io bevo	noi beviamo
tu bevi	voi bevete
Lei/lui/lei beve	loro bevono

dovere *ter que*	
io devo	noi dobbiamo
tu devi	voi dovete
Lei/lui/lei deve	loro devono

potere *poder*	
io posso	noi possiamo
tu puoi	voi potete
Lei/lui/lei può	loro possono

rimanere *permanecer/ficar*	
io rimango	noi rimaniamo
tu rimani	voi rimanete
Lei/lui/lei rimane	loro rimangono

sapere *saber*	
io so	noi sappiamo
tu sai	voi sapete
Lei/lui/lei sa	loro sanno

spegnere *desligar*	
io spengo	noi spegniamo
tu spegni	voi spegnete
Lei/lui/lei spegne	loro spengono

tenere *manter*	
io tengo	noi teniamo
tu tieni	voi tenete
Lei/lui/lei tiene	loro tengono

volere *querer*	
io voglio	noi vogliamo
tu vuoi	voi volete
Lei/lui/lei vuole	loro vogliono

Formação das Frases

Até agora, você aprendeu a formar frases afirmativas e interrogativas com o verbo **andare**, mas todos os verbos seguem o mesmo padrão.

Lui va al mercato.	*Ele vai ao mercado.*
Lui va al mercato?	*Ele vai ao mercado?*

A ordem das palavras em português e italiano é basicamente a mesma. Assim, é possível que a frase em italiano tenha um verbo auxiliar conjugado acompanhado de um infinitivo em uma sequência similar.

Lui non vuole studiare.	*Ele não quer estudar.*
Loro vogliono andare al cinema.	*Eles querem ir ao cinema.*
Noi sappiamo pattinare sul ghiaccio.	*Nós sabemos patinar no gelo.*

Marco vuole viaggiare molto.	*Marco quer viajar muito.*
Lucia spera di poter vedere suo fratello.	*Lucia espera poder ver seu irmão.*

Observe que em uma frase negativa a palavra **non** fica diretamente antes do primeiro verbo.

Exercício 6.4

Complete as frases com a forma correta dos verbos entre parênteses.

1. Il ragazzo _____ ballare bene e sua sorella non _____ ballare. (sapere)
2. Io _____ studiare molto. (dovere)
3. Tu _____ bere molta acqua. (dovere)
4. Tu non _____ rimanere sempre in Italia. (potere)
5. Lui _____ sempre guardare la partita di calcio. (volere)
6. Lucia e Maria _____ parlare al telefono. (volere)
7. Elena _____ andare a lavorare. (dovere)
8. Noi non _____ pulire l'appartamento oggi. (volere)
9. Loro _____ ritornare a casa alle otto. (dovere)
10. Io _____ mettere i piatti nella lavastoviglie. (dovere)

Conoscere versus *Sapere*

É crucial aprender os diferentes usos desses dois verbos.

Conoscere

Conoscere significa *conhecer* uma pessoa, lugar ou coisa. Sua conjugação é regular.

conoscere *conhecer*	
io conosco	noi conosciamo
tu conosci	voi conoscete
Lei/lui/lei conosce	loro conoscono

Conosco un buon ristorante.   *Conheço um bom restaurante.*
Non conosco Palermo.   *Não conheço Palermo.*
Conosco molto bene Giovanni.   *Conheço Giovanni muito bem.*

Sapere

Sapere, que é irregular no presente, significa *saber*. No sentido de *saber como fazer algo, saber de alguma coisa* e *saber de um fato*, é seguido por um infinitivo.

sapere *saber*	
io so	noi sappiamo
tu sai	voi sapete
Lei/lei/lui sa	loro sanno

Lei non sa il mio nome.   *Ela não sabe o meu nome.*
Sappiamo che lui è intelligente.   *Sabemos que ele é inteligente.*
Loro sanno parlare bene l'italiano.   *Eles sabem falar italiano bem.*
Antonio sa suonare il violino.   *Antonio sabe tocar violino.*

Exercício 6.5

Traduza as frases para o italiano usando **conoscere** *ou* **sapere**.

1. Eu não sei o seu nome.

2. Você conhece meus pais.

3. Você sabe tocar piano muito bem.

4. Ela conhece bem Paris.

5. Ela sabe falar francês.

6. Eles sabem o nome dele.

7. Eu não conheço seus amigos.

8. Claudia conhece um bom médico.

9. Eles não sabem que estou aqui.

10. Eles não conhecem um restaurante limpo neste povoado.

11. Ele conhece Roma muito bem.

12. Ela sabe que há muito tráfego em Roma.

13. Nós sabemos que você está feliz.

14. Vocês conhecem muitas pessoas.

Avere (ter)

Avere significa *ter/possuir* e é muito usado em italiano. Aprender os tempos e usos deste verbo é crucial para aprender italiano. **Avere** é um verbo irregular e não segue um padrão previsível.

avere *ter/possuir*	
io ho	noi abbiamo
tu hai	voi avete
Lei/lui/lei ha	loro hanno

Dica de Pronúncia

O **h-** inicial em **ho**, **hai**, **ha** e **hanno** nunca é pronunciado. Ele distingue os verbos escritos de outras palavras com a mesma pronúncia, mas significados diferentes, como **ho** (*tenho*) e **o** (*ou*) ou **ha** (*ele/ela tem*) e **a** (*a*).

Avere é usado para indicar idade: **avere** + número + **anni**.

Quanti anni hai?	*Quantos anos você tem?*
Ho venti anni.	*Tenho vinte anos.*

Avere é usado em muitas expressões idiomáticas que transmitem sentimentos ou sensações físicas. Elas são formadas por **avere** + substantivo.

avere bisogno di	*necessitar de*
avere caldo	*estar com calor*
avere colpa	*ser culpado*
avere fame	*ter fome*
avere fortuna	*ter sorte*
avere freddo	*sentir frio*
avere fretta	*estar com pressa*
avere invidia	*estar com inveja*
avere paura	*ter medo*
avere rabbia	*estar com raiva*
avere ragione	*estar certo*
avere sete	*estar com sede*
avere un desiderio	*fazer um desejo*
avere vergogna	*estar com vergonha*
avere voglia di	*ter vontade de*

Abbiamo bisogno di bere dell'acqua.	*Precisamos beber água.*
Lui ha sempre fretta.	*Ele está sempre com pressa.*
La mamma ha sempre ragione.	*A mãe sempre tem razão.*

Exercício 6.6

Traduza as frases para o italiano.

1. Pietro está sempre com pressa.

   _____

2. Estou com frio. Preciso de um cobertor.

   _____

3. Você está com sono. Vá para a cama.

   _____

4. Ele está com muita sede. Ele quer um copo de água.

   _____

5. Ela está com vontade de (tomar) um sorvete.

   _____

6. Temos medo do escuro.

   _____

7. Eles são muito sortudos.

   _____

8. Vocês precisam ir ao mercado.

   _____

9. Estou com calor. Preciso de um banho.

   _____

10. Não espere por mim se está com pressa.

    _____

Exercício 6.7

Complete as frases com a forma correta de **avere**.

1. Io _____ amici in Australia.

2. Teresa _____ un cane piccolo.

3. Noi _____ una buona ricetta.

4. Loro _____ una macchina nuova, tu _____ una motocicletta.

5. Lei _____ sempre freddo. Tu _____ sempre caldo.
6. Voi _____ due panini.
7. Loro non _____ parenti a Milano.
8. Voi _____ amici in Italia?
9. Amedeo e Giovanni _____ voglia di scherzare.
10. Marcello _____ bisogno di riposare.

Verbos Terminados em *-ire*

Os verbos irregulares terminados em **-ire** mais comuns são **dire**, **morire**, **salire**, **udire**, **uscire** e **venire**.

dire *dizer*		**morire** *morrer*	
io dico	noi diciamo	io muoio	noi moriamo
tu dici	voi dite	tu muori	voi morite
Lei/lui/lei dice	loro dicono	Lei/lui/lei muore	loro muoiono

Origem de *dire*

Dire se origina do latim *dicere*, e muitas pessoas o consideram um verbo irregular terminado em **-ere**. Isso explica a adição do **-c-** em sua conjugação.

Alguns outros verbos irregulares terminados em **-ire** adicionam um **-g-** na primeira pessoa do singular e na terceira do plural e têm uma mudança de vogal na segunda e terceira pessoas do singular (**venire**, *vir*), ou simplesmente adicionam um **-g-** à primeira pessoa do singular e à terceira do plural (**salire**, *subir*).

salire *subir, aumentar*		**venire** *vir*	
io salgo	noi saliamo	io vengo	noi veniamo
tu sali	voi salite	tu vieni	voi venite
Lei/lui/lei sale	loro salgono	Lei/lui/lei viene	loro vengono

Udire e **uscire** mudam de **-u-** para **-o-** e **-e-**, respectivamente, nas três primeiras pessoas do singular e na terceira do plural.

udire *ouvir*	
io odo	noi udiamo
tu odi	voi udite
Lei/lui/lei ode	loro odono

uscire *sair*	
io esco	noi usciamo
tu esci	voi uscite
Lei/lui/lei esce	loro escono

Apparire (aparecer)

Apparire muda na primeira pessoa do singular e na terceira do plural.

apparire *aparecer*	
io appaio	noi appariamo
tu appari	voi apparite
Lei/lui/lei appare	loro appaiono

 ## Exercício 6.8

Traduza as frases para o italiano.

1. Eu falo a verdade.

2. Nós contamos uma história.

3. Eu vou para casa com você.

4. Você vem ver Maria logo.

5. O carteiro se atrasou hoje.

6. As flores morrem com o frio.

7. Os soldados morrem na guerra.

Verbos Irregulares 101

8. Eles aparecem da escuridão.

_____

9. Eu apareço de repente.

_____

10. Ela sobe as escadas.

_____

11. Eles saem tarde.

_____

12. Hoje, as pessoas não morrem de tuberculose.

_____

Exercício 6.9

Complete as frases com a forma correta dos verbos da lista a seguir. Alguns podem ser usados mais de uma vez e nem todos precisam ser usados.

andare, avere, capire, conoscere, dire, dormire, essere, fare, giocare, incontrare, pranzare, preferire, ricordare, ritornare, sapere, sentire, spiegare, stare, suonare, uscire, venire

1. Alle otto di mattina gli impiegati _____ in ufficio. Alle otto di sera, _____, e _____ a casa.
2. I ragazzi _____ a scuola tutto il giorno. Nel pomeriggio, se fa bel tempo, _____ a calcio.
3. A mezzogiorno io _____ con le mie amiche a un ristorante elegante nel centro della città.
4. Noi _____ bene la canzone che ha vinto il Festival quest'anno.
5. Tu _____ il pianoforte, ma _____ suonare il violino.
6. I miei figli _____ dalle nove di sera alle sei di mattina.
7. Noi _____ stanchi perchè lavoriamo troppo.
8. L'insegnante _____ la lezione, ma noi non _____ quello che _____.
9. Non mi _____ mai di portare i libri a scuola con me.
10. Noi _____ tua sorella, ma lei non si _____ di noi.
11. Gli studenti _____ a scuola la sera alle sette, ma sono stanchi, _____ fame e _____ fatica a stare attenti.

12. Alla mattina (io) _____ gli uccellini che _____ a mangiare nel mio giardino.
13. Perchè vai al mercato? Io _____ per comprare la frutta fresca.
14. A che ora _____ tu? Noi _____ all'una di pomeriggio.

 ## Interpretação de Texto

La famiglia Marchetti

Maurizio e Edoarda Marchetti hanno due figli; un ragazzo Michele, e una bambina Caterina. La famiglia Marchetti abita a Roma in un quartiere molto lussuoso, in un appartamento grande e spazioso. Il signor Marchetti fa l'avvocato e ha uno studio molto grande, vicino all'università. Il signor Marchetti sa bene l'inglese e per questo ha molti clienti stranieri.

Edoarda, sua moglie, è una brava moglie e mamma. Edoarda non lavora, ma fa molto volontariato e incontra le amiche per il caffè o il tè. A Edoarda piace molto cucinare e preparare dei pranzi o delle cene deliziose per la sua famiglia e per gli ospiti. I figli sono a scuola tutto il giorno. Sono bravi studenti. Dopo la scuola fanno dello sport. Michele gioca al tennis, e Caterina fa balletto.

Tutte le mattine, il signor Marchetti arriva in ufficio alle otto e sta lì tutto il giorno. Il sabato e la domenica non lavora. Appena arriva in ufficio, telefona al bar e ordina un caffè macchiato o un cappuccino. Qualche volta va al bar vicino al suo ufficio dove incontra gli amici e parlano di sport.

Maurizio ha due macchine, una nuova e una vecchia. Va a lavorare con la macchina vecchia e alla domenica usa la macchina nuova per portare la famiglia al ristorante fuori di Roma. La famiglia Marchetti è una famiglia molto unita e simpatica.

Nomi (Substantivos)

l'avvocato	*o advogado*	il quartiere	*o bairro/quarteirão*
la cena	*o jantar*	lo studio	*o escritório*
i clienti	*os clientes*	il volontariato	*o voluntariado*
il pranzo	*o almoço*		

Aggettivi (Adjetivos)

delizioso	*delicioso*	spazioso	*espaçoso*
lussuoso	*luxuoso*	vecchia	*velha*

Verbi (Verbos)

incontrare	*encontrar*
lavorare	*trabalhar*
portare	*levar*

Espressioni (Expressões)

fare dello sport	*praticar esportes*
fare il balletto	*dançar balé*
fare il volontariato	*fazer trabalho voluntário*

Domande (Perguntas)

Depois de ler esta seleção, responda as perguntas em italiano e leia suas respostas em voz alta.

1. Quanti figli hanno i signori Marchetti?

2. Dove abitano?

3. Perchè il signor Marchetti ha tanti clienti stranieri?

4. Come si chiama la moglie? E che cosa fa?

5. Che cosa fa Maurizio appena arriva in ufficio?

6. Perchè ha due macchine il signor Marchetti?

7

Andare e o Futuro

O futuro expressa uma ação que acontecerá em um futuro próximo ou distante. O italiano usa somente uma palavra para indicá-lo, enquanto o português também tem a forma composta: *ir* + o infinitivo de um verbo. O futuro dos verbos regulares em italiano é formado pela queda da vogal final do infinitivo, **-a**, **-e** ou **-i**, e o acréscimo da terminação do futuro.

Andare (ir)

No Capítulo 6, você aprendeu que a conjugação de **andare** é irregular no presente.

Vado al cinema.	*Vou ao cinema.*
Tu vai a scuola.	*Você vai à escola.*
Dove va tua sorella?	*Aonde sua irmã vai?*
Andiamo in Italia.	*Vamos à Itália.*
Andate in Italia?	*Vocês vão à Itália?*
Vanno al supermercato.	*Eles vão ao supermercado.*

 Exercício 7.1

Complete as frases com a forma correta de **andare**.

1. I miei amici _____ in palestra alle sei di mattina.
2. Io _____ in chiesa la domenica.

3. Chi _____ con loro?

4. Noi _____ in Africa per due mesi.

5. Voi _____ a comprare un computer nuovo.

6. Loro _____ a scuola da soli.

7. Le mie amiche _____ a fare ginnastica tutti i giorni.

8. Voi due _____ a vedere la mostra d'arte.

O Futuro com *andare* + *a* + Infinitivo

Andare + **a** + infinitivo é usado para expressar o futuro.

Loro vanno a suonare il violino questa sera.	*Eles vão tocar violino esta noite.*
Tu vai a raccogliere i mirtilli questa estate.	*Você vai colher mirtilos este verão.*

Para formar uma pergunta com essa construção, basta colocar o ponto de interrogação no final da frase. O pronome é usado apenas se o sujeito for ambíguo.

Andate al cinema questa sera?	*Vocês vão ao cinema esta noite?*
Va (lei) a raccogliere i mirtilli?	*Ela vai colher mirtilos?*

Exercício 7.2

Complete as frases com a forma correta de **andare***, depois as traduza para o português.*

1. Io _____ a visitare mia nonna.

   _____

2. Tu _____ a mangiare dai tuoi amici a Pasqua.

   _____

3. Lui _____ a parlare al direttore.

   _____

4. Noi _____ a visitare Roma con l'autobus.

   _____

106 — Elementos da Sentença

5. Voi _____ a prendere libri in biblioteca.

_____

6. Loro _____ a sciare in montagna durante le feste.

_____

7. Tu e Giovanni _____ a mangiare al ristorante.

_____

8. Maria e Carlo _____ a piantare i fiori nel giardino.

_____

9. Tu e Luigi _____ a vedere il nuovo film.

_____

10. Tu _____ al cinema questa sera?

_____

O Futuro dos Verbos Regulares

O futuro é usado para expressar uma suposição, probabilidade ou aproximação. Para formar a conjugação regular do futuro, substitua o -e final do infinitivo por **-ò, -ai, -à, -emo, -ete, -anno**.

Nos verbos terminados em **-are**, o -a- do infinitivo muda para **-e-**. Todos os verbos regulares seguem esse padrão para o futuro.

Tu cammin**e**rai per due ore.	*Você caminhará por duas horas.*
Noi parl**e**remo con i nostri figli domani.	*Falaremos com os nossos filhos amanhã.*
Voi studi**e**rete per gli esami.	*Você estudará para as provas.*
Kyria dorm**i**rà molto durante le vacanze.	*Kyria dormirá muito durante as férias.*

O futuro dos verbos regulares terminados em **-are**, **-ere** e **-ire** é formado como mostrado a seguir.

cantare *cantar*

io canterò	noi canteremo
tu canterai	voi canterete
Lei/lui/lei canterà	loro canteranno

leggere *ler*

io leggerò	noi leggeremo
tu leggerai	voi leggerete
Lei/lui/lei leggerà	loro leggeranno

sentire *ouvir*

io sentirò	noi sentiremo
tu sentirai	voi sentirete
Lei/lui/lei sentirà	loro sentiranno

NOTA: No italiano coloquial, uma ação futura é comumente expressada usando o presente em vez do futuro, como em português. Isso se aplica particularmente quando o contexto ou as frases deixam claro que a ação acontecerá no futuro, e que é certo que acontecerá.

Domani, vado all'aereoporto molto presto.
Domani, andrò all'aereoporto molto presto.

Amanhã, vou ao aeroporto muito cedo. (certeza)
(possibilidade)

O futuro também é usado quando uma oração dependente se referir a uma ação substituta no futuro próximo introduzida por **se** (*se*), **quando** (*quando*) ou **appena** (*há pouco*).

Leggeremo, se avremo tempo.
Vi chiameremo, quando arriveremo all'aereoporto.

Leremos, se tivermos tempo.
Chamaremos vocês quando chegarmos ao aeroporto.

Mudanças na Raiz no Futuro

Verbos como **pagare** (*pagar*) e **cercare** (*procurar*) adicionam um **-h-** no futuro para preservar o som duro do infinitivo. No presente, o **-h-** é usado apenas na primeira pessoa do singular e do plural; no futuro é sempre usado.

cercare *procurar*		**pagare** *pagar*	
io cercherò	noi cercheremo	io pagherò	noi pagheremo
tu cercherai	voi cercherete	tu pagherai	voi pagherete
Lei/lui/lei cercherà	loro cercheranno	Lei/lui/lei pagherà	loro pagheranno

Outros verbos que seguem o mesmo padrão incluem:

giocare	*jogar*	legare	*amarrar*
giudicare	*julgar*	litigare	*brigar*
imbarcare	*embarcar*	obbligare	*obrigar*

Tu giocherai al calcio la prossima estate.	*Você jogará futebol no próximo verão.*
Le bambine disputeranno con le amiche.	*As garotas disputarão com suas amigas.*

Verbos como **cominciare** (*começar*) e **mangiare** (*comer*) perdem o **-i-** antes de a terminação de futuro ser acrescentada.

cominciare *começar*		**mangiare** *comer*	
io comincerò	noi cominceremo	io mangerò	noi mangeremo
tu comincerai	voi comincerete	tu mangerai	voi mangerete
Lei/lui/lei comincerà	loro cominceranno	Lei/lui/lei mangerà	loro mangeranno

Outros verbos que seguem o mesmo padrão no futuro incluem:

abbracciare	*abraçar*	bruciare	*queimar*
assaggiare	*experimentar (saborear)*	viaggiare	*viajar*
baciare	*beijar*		

Assaggerò molti dolci in Italia.	*Experimentarei muitos doces na Itália.*
Bruceremo la legna nel camino.	*Queimaremos a lenha na lareira.*

O Futuro dos Verbos Irregulares

Há muitos outros verbos que têm raízes irregulares no futuro. A terminação é a mesma para verbos irregulares e regulares. Alguns dos verbos mais comuns no futuro são:

Infinitivo	Raiz no Futuro	Conjugação
andare (*ir*)	andr-	andrò, andrai, andrà *etc.*
avere (*ter*)	avr-	avrò, avrai, avrà *etc.*
bere (*beber*)	berr-	berrò, berrai, berrà *etc.*
dare (*dar*)	dar-	darò, darai, darà *etc.*

Infinitivo	Raiz no Futuro	Conjugação
dovere (*dever*)	dovr-	dovrò, dovrai, dovrà *etc.*
essere (*ser*)	sar-	sarò, sarai, sarà *etc.*
fare (*fazer*)	far-	farò, farai, farà *etc.*
potere (*poder*)	potr-	potrò, potrai, potrà *etc.*
sapere (*saber*)	sapr-	saprò, saprai, saprà *etc.*
tenere (*manter*)	terr-	terrò, terrai, terrà *etc.*
vedere (*ver*)	vedr-	vedrò, vedrai, vedrà *etc.*
venire (*vir*)	verr-	verrò, verrai, verrà *etc.*
vivere (*viver*)	vivr-	vivrò, virai, vivrà *etc.*

Potremo sciare questo inverno?   *Poderemos esquiar neste inverno?*
Tu vedrai tutti i miei amici alla festa.   *Você verá todos os meus amigos na festa.*
Voi sarete molto stanche dopo il viaggio.   *Vocês estarão muito cansados depois da viagem.*
Farò tutti i compiti.   *Farei todo o dever de casa.*

Exercício 7.3

Traduza as frases para o italiano usando o futuro.

1. Beberei água mineral.

___

2. Você irá ao médico.

___

3. Ela comerá no restaurante.

___

4. Ele descansará a tarde toda.

___

5. Erica visitará sua amiga amanhã.

___

6. Falaremos ao telefone.

___

7. Vocês irão de barco.

___

110   Elementos da Sentença

8. Esperaremos pelo trem.

_____

9. Lucia estudará na Itália.

_____

10. Escreverei um livro de gramática.

_____

11. Ela tocará violino.

_____

12. Marco pagará a conta.

_____

Exercício 7.4

Complete as frases com a forma correta do futuro dos verbos entre parênteses.

1. Noi _____ per l'Italia mercoledì. (partire)

2. Noi _____ molti gialli. (leggere)

3. Roberto _____. (noleggiare)

4. Tu e Giorgio _____ di calcio. (parlare)

5. I genitori di Paola _____ fra due settimane. (arrivare)

6. Per quanto tempo (tu) _____ in Italia? (stare)

7. Io _____ a casa tutta la mattina. (stare)

8. Tu _____ al mare questa estate. (andare)

9. Il negoziante _____ tutta la merce. (vendere)

10. Voi _____ alla stazione. (arrivare)

11. Questo fine settimana noi _____ l'italiano. (studiare)

12. Noi _____ in un buon ristorante. (cenare)

Vocabulário-chave

Os verbos terminados em **-are** a seguir o ajudarão a se comunicar em italiano. Aprenda e pratique lendo-os em voz alta.

Verbos Terminados em -are

accettare	*aceitar*	marcare	*marcar*
appagare	*satisfazer*	marciare	*marchar*
arrangiare	*organizar*	necessitare	*precisar*
cambiare	*mudar/trocar*	piegare	*dobrar*
celebrare	*celebrar*	dipingere	*pintar*
disegnare	*desenhar*	preparare	*preparar*
fermare	*parar*	ripassare	*revisar*
firmare	*assinar*	spiegare	*explicar*
fruttare	*lucrar*	terminare	*terminar*
guidare	*dirigir*	tirare	*puxar*
incrociare	*atravessar*	usare	*usar*
indicare	*indicar*	tornare	*voltar*

 Exercício 7.5

Complete as frases com a forma correta do futuro dos verbos entre parênteses.

1. Molte persone _____ la metropolitana per andare a lavorare. (usare)
2. La ragazza _____ la maglia. (cambiare)
3. Loro _____ il contratto per la casa. (firmare)
4. Questa sera io _____ la lezione sui verbi. (spiegare)
5. La polizia _____ il ladro. (fermare)
6. Noi _____ il nostro anniversario in agosto. (celebrare)
7. La studentessa _____ la lezione di latino. (ripassare)
8. Lei _____ la macchina nuova. (guidare)
9. Tu _____ un bel quadro. (dipingere)
10. Voi _____ le valige. (preparare)

Palavras Úteis: *che* e *per*

O Pronome Relativo *che*

O **che** (*que*) é um pronome relativo muito comum. **Che** se refere a pessoas ou coisas, no singular ou plural.

Il programma che guardo alla *TV* è molto vecchio.	*O programa que assisto na TV é muito velho.*
Noi abbiamo degli amici che vivono a Firenze.	*Temos alguns amigos que vivem em Florença.*
Il vestito che compro è molto costoso.	*O vestido que estou comprando é muito caro.*

A Conjunção *che*

Uma das funções de uma conjunção é unir duas frases. O **che**, usado como uma conjunção, une orações principais a dependentes, formando uma nova no processo.

Mia sorella sa che noi veniamo con il treno.	*Minha irmã sabe que viemos de trem.*
Vedo che viaggi con la macchina nuova.	*Vejo que você está com seu carro novo.*

NOTA: Em italiano, o **che** nunca é omitido.

A Preposição *per*

Per tem dois usos diferentes.

- *Para*

La telefonata è per me.	*A ligação é para mim.*
Il vestito nuovo è per l'inverno.	*O vestido novo é para o inverno.*
Hai un messaggio per me?	*Você tem uma mensagem para mim?*

- *A fim de*

Lei cammina per mantenersi in forma.	*Ela caminha a fim de se manter em forma.*
Studio per andare bene agli esami.	*Estudo a fim de ir bem nas provas.*
Lavoriamo per vivere.	*Trabalhamos a fim de viver.*

Exercício 7.6

Complete as frases em italiano traduzindo as expressões entre parênteses.

1. Io so _____ (*que*) lei studia molto.
2. _____ (*para quem*) è la domanda?
3. La risposta è _____ (*para*) Maria.
4. Il libro _____ (*de que preciso*) è in macchina.
5. Il cappotto è _____ (*para*) l'inverno.
6. Noi sappiamo _____ (*que, a fim de*) vedere la partita, dobbiamo andare al bar.
7. Giulia studia medicina _____ (*a fim de*) fare la pediatra.
8. Avete una camera _____ (*para*) due persone?
9. _____ (*a fim de*) vivere qui, abbiamo bisogno di molti soldi.
10. So _____ (*que*) a voi piace molto viaggiare.

Vocabulário-chave

As palavras a seguir melhorarão sua capacidade de falar e entender italiano. Conforme as aprender, lembre-se de lê-las em voz alta.

Parti del corpo (**Partes do Corpo**)

la barba	*a barba*	i capelli	*os cabelos*
la bocca	*a boca*	la caviglia	*o tornozelo*
il braccio (pl., le braccia)	*o braço*	il ciglio (pl., le ciglia)	*o cílio*
il collo	*o pescoço*	il mento	*o queixo*
la colonna vertebrale	*a coluna vertebral*	la narice	*a narina*
		il naso	*o nariz*
il dito (pl., le dita) della mano	*o dedo da mão*	la nuca	*a nuca*
		l'occhio	*o olho*
		l'orecchio	*a orelha*

il dito del piede	*o dedo do pé*	la pelle	*a pele*
il dente	*o dente*	il petto	*o peito*
la fronte	*a testa*	il piede	*o pé*
la gamba	*a perna*	il pollice	*o polegar*
la gengiva	*a gengiva*	il polso	*o punho*
il ginocchio (pl., le ginocchia)	*o joelho*	la schiena	*as costas*
		il seno	*o peito*
la gola	*a garganta*	la spalla	*o ombro*
il labbro (pl., le labbra)	*o lábio*	il tallone	*o calcanhar*
		il teschio	*o crânio*
la lingua	*a língua*	la testa	*a cabeça*
la mano	*a mão*	la vita	*a cintura*

Dentro al corpo (Dentro do Corpo)

l'arteria	*a artéria*	il polmone	*o pulmão*
il cervello	*o cérebro*	il rene	*o rim*
la costola	*a costela*	il sangue	*o sangue*
il cuore	*o coração*	lo stomaco	*o estômago*
il fegato	*o fígado*	i tendini	*os tendões*
i muscoli	*os músculos*	le tonsille	*as amídalas*
le ossa	*os ossos*	la vena	*a veia*

Uso de Artigos com Partes do Corpo

Em italiano, os artigos definidos **il**, **lo**, **la**, **i**, **gli** e **le** são usados mais frequentemente com partes do corpo do que os possessivos, em comparação ao português.

Lui ha male al piede, e non può camminare.   *Ele está com o pé dolorido e não consegue andar.*
Mi fa male la testa.   *Estou com dor de cabeça.*

La famiglia (*A família*)

Os substantivos a seguir se referem a membros da família. Eles ampliarão seu vocabulário e sua habilidade para conversar. O plural fica no masculino quando incluir somente homens ou homens e mulheres, como no português.

I miei zii sono sempre allegri.	*Meus tios estão sempre felizes.*
Mia zia e mio zio sono ricchi.	*Meu tio e minha tia são ricos.*
Mio padre e mia madre sono ancora giovani.	*Meu pai e minha mãe ainda são jovens.*

Il padre (*o pai*) e **la madre** (*a mãe*) são *os pais*, que em italiano é expressado como **i genitori**. Para se referir a *parentes*, use **parenti**.

il cognato, la cognata	*o cunhado, a cunhada*
il cugino, la cugina	*o primo, a prima*
il figlio, la figlia	*o filho, a filha*
il figlioccio, la figlioccia	*o afilhado, a afilhada*
il fratello, la sorella	*o irmão, a irmã*
il genero, la nuora	*o genro, a nora*
i genitori	*os pais*
il marito, la moglie	*o marido, a mulher*
il nipote, la nipote	*o neto, a neta*
il nonno, la nonna	*o avô, a avó*
i nonni	*os avós*
il padre, la madre	*o pai, a mãe*
il padrino, la madrina	*o padrinho, a madrinha*
il/la parente, i parenti	*o/a parente, os parentes*
il patrigno, la matrigna	*o padrasto, a madrasta*
il suocero, la suocera	*o sogro, a sogra*
lo zio, la zia	*o tio, a tia*

Expressões de Tempo

Para perguntar *durante quanto tempo* alguém faz algo, o italiano usa o presente. Para indicar o tempo decorrido, comece a pergunta com **da**, significando *durante/há*: **da quanto tempo** + verbo no presente.

Da quanto tempo studi l'italiano?	*Há quanto tempo você estuda italiano?*
Da quanto tempo conosci mia sorella?	*Há quanto tempo você conhece minha irmã?*

Há duas maneiras de responder *durante quanto tempo* alguém faz algo. Você pode usar novamente a preposição **da**, na resposta, posicionando-a antes do tempo decorrido.

    Studio l'italiano **da** tre mesi.   *Estudo italiano há três meses.*
    Conosco tua sorella **da** tanti anni.   *Conheço sua irmã há muitos anos.*

Ou parafrasear a pergunta e usar a conjunção **che**, em vez da preposição **da**.

    Fanno tre mesi **che** studio l'italiano.   *Há três meses que estudo italiano.*
    Fanno tre anni **che** conosco tua sorella.   *Há três anos que conheço sua irmã.*

Exercício 7.7

Complete as frases com a forma e o tempo corretos dos verbos entre parênteses.

1. Io _____ al cinema con gli amici. (andare)

2. Noi _____ poco in classe. (parlare)

3. Voi _____ la musica tutta la sera. (ascoltare)

4. Tu non _____ mai la porta. (chiudere)

5. Lei _____ molto per la festa. (cucinare)

6. Da quanto tempo (voi) _____ in questo negozio? (lavorare)

7. Noi _____ una camera per due notti. (prenotare)

8. Noi _____ molto sport per le Olimpiadi. (fare)

9. So che (voi) _____ bere un caffè. (volere)

10. Vedo che loro _____ di lavorare tardi. (finire)

11. Domani (loro) _____ la partita di calcio. (vedere)

12. Lucia _____ la casa tutto il sabato pomeriggio. (pulire)

13. Enrico _____ in Sud America per tre anni. (abitare)

Andare e o Futuro

14. Noi _____ da casa alle otto. (uscire)

15. Voi non _____ mai le chiavi di casa. (perdere)

16. Da quanto tempo (voi) _____ in Italia. (vivere)

17. Che cosa (voi) _____ al bar? (bere)

18. C'è troppa gente, io non _____ niente. (sentire)

Exercício 7.8

Complete as frases com a parte adequada do corpo, em italiano.

1. Oggi non posso correre perchè ho male alla _____. (*ombro*)

2. I suoi _____ sono azzurri. (*olhos*)

3. L'uomo ha un _____ molto lungo. (*pescoço*)

4. Lei ha l'artrite nelle _____ delle mani. (*dedos*)

5. I suoi _____ sono pieni di fumo. (*pulmões*)

6. Deve dimagrire per aiutare il _____. (*coração*)

7. Porto i bambini dal dentista per controllare i _____ . (*dentes*)

8. Il suo _____ gli duole perchè gioca troppo al tennis. (*cotovelo*)

9. Eric è molto alto, le sue _____ sono lunghe. (*pernas*)

10. Lei non cammina molto perchè le fanno male le _____. (*joelhos*)

11. Lui non trova scarpe belle, perchè i suoi _____ sono molto lunghi. (*pés*)

12. Il _____ ci aiuta a pensare. (*cérebro*)

13. Il _____ è rosso. (*sangue*)

14. Da quanto tempo soffri di _____? (*coração*)

Exercício 7.9

Complete as frases com o membro da família adequado, em italiano.

1. I miei _____ vivono in Florida. (*pais*)
2. Enrico ha due _____. (*irmãos*)
3. La _____ si chiama Olivia. (*irmã*)
4. Il _____ di Maria si chiama Martino. (*filho*)
5. La _____ di Enrico vive a Firenze. (*mãe*)
6. Il _____ di Enrico si chiama Piero. (*sobrinho*)
7. La figlia di mia zia è mia _____.
8. La mamma di mio marito è mia _____.
9. Il padre di mio marito è mio _____.
10. Io ho molti _____. (*tios*)
11. Il marito di mia figlia è mio _____.
12. Io non ho _____ (*irmãs*), ho solo un _____. (*irmão*)
13. La sorella di mio padre è mia _____. Io ho tre _____. (*tias*)
14. La figlia della sorella di mio padre è mia _____.
15. Il padre di mio padre è mio _____.
16. La moglie di mio nonno è mia _____.

Exercício 7.10

*Complete as frases com **che**, **da** ou **per**.*

1. Io vado in Italia _____ vedere le mie nipotine.
2. So _____ tu vuoi andare a giocare a tennis.
3. Lui studia molto _____ essere promosso.
4. La signora _____ abita vicino a me, è molto bella.
5. Le città _____ voglio visitare sono lontane.
6. La vita _____ facciamo è molto stressante.

7. Ti ha dato un messaggio _____ me?
8. Devo telefonare _____ sapere come stanno.
9. La lettera _____ è arrivata oggi è _____ me?
10. _____ quanto tempo non vieni qui?
11. Io conosco Luigi _____ tanto tempo.
12. Lui sa _____ tu lo guardi dalla finestra _____ delle ore.

 ## Interpretação de Texto

L'appuntamento dal dentista

Oggi devo andare dal dentista. Ho l'appuntamento alle tre del pomeriggio. Il dentista ha l'ufficio nel centro della città ed è abbastanza lontano da casa mia. Il suo ufficio è molto grande e molto moderno. C'è una sala d'aspetto dove i pazienti attendono di essere chiamati. In questa saletta ci sono molte sedie e poltrone e tante riviste che la gente legge mentre aspetta. C'è una televisione con un mega schermo così i pazienti guardano i programmi e non si annoiano ad aspettare. Tutti sono molto silenziosi e aspettano pazientemente.

C'è una vetrata e dietro a questa, ci sono le segretarie che ricevono i pazienti e li accompagnano nell'ufficio del dentista, prendono gli appuntamenti, e accettano i pagamenti. Le segretarie hanno molto da fare. Vanno a lavorare alla mattina presto e ritornano a casa tardi.

Ci sono anche quattro assistenti che fanno la pulizia ai denti e anche loro sono molto impegnate. Quando finiscono di pulire i denti, danno ad ogni paziente uno spazzolino nuovo e il dentifricio, poi chiamano il dentista che controlla se ci sono carie o altri problemi alle gengive. Accompagnano poi i pazienti all'uscita dove prima di salutarli, fissano l'appuntamento per la prossima visita.

A nessuno piace molto andare dal dentista, ma è necessario andarci spesso per evitare complicazioni ai denti e alle gengive.

Nomi (Substantivos)

l'ambiente	*o ambiente*	il dentifricio	*a pasta de dente*
l'appuntamento	*o compromisso*	il dentista	*o dentista*
la carie	*a cárie*	il documento	*o documento*

la complicazione	*a complicação*	la gengiva	*a gengiva*
il modulo	*a forma*	la saletta	*a saleta*
il pagamento	*o pagamento*	lo schermo	*a tela*
il paziente	*o paciente*	la sedia	*a cadeira*
la poltrona	*a poltrona*	la segretaria	*a secretária*
il programma	*o programa*	lo spazzolino	*a escova de dentes*
la rivista	*a revista*	l'ufficio	*o consultório*
la sala d'aspetto	*a sala de espera*	la vetrata	*a janela*

Aggettivi (Adjetivos)

prossimo	*próximo*	silenzioso	*silencioso*
rilassante	*relaxante*		

Verbi (Verbos)

accettare	*aceitar*	compilare	*completar*
accompagnare	*acompanhar*	evitare	*evitar*
annoiarsi	*ficar entediado*	fissare	*marcar (um compromisso)*
attendere	*esperar*	ricevere	*receber*

Domande (Perguntas)

Depois de ler esta seleção, responda as perguntas em italiano e leia suas respostas em voz alta.

1. A che ora è l'appuntamento con il dentista, e dov'è il suo ufficio?

2. Com'è l'ufficio del dentista?

3. Che cosa fanno le segretarie?

4. Che cosa dà l'assistente del dentista prima di uscire?

5. Ti piace andare dal dentista?

8

Pronomes e Advérbios

Pronomes Possessivos

Um pronome possessivo concorda em gênero e número com o substantivo que modifica. Em italiano, o artigo definido normalmente o antecede, e ambos se repetem para cada substantivo: **la mia** casa, **il mio** giardino (*a minha casa, o meu jardim*). Os pronomes possessivos são os seguintes.

il mio, la mia, i miei, le mie *o meu, a minha, os meus, as minhas*

Il mio libro è nuovo.	*Meu livro é novo.*
La mia casa è grande.	*Minha casa é grande.*
I miei amici sono messicani.	*Meus amigos são mexicanos.*
Le mie scarpe sono nuove.	*Meus sapatos são novos.*

il tuo, la tua, i tuoi, le tue *o teu, a tua, os teus, as tuas*

Il tuo giornale è vecchio.	*O teu jornal é velho.*
La tua macchina è nuova.	*O teu carro é novo.*
I tuoi bambini sono belli.	*Os teus filhos são ótimos.*
Le tue amiche sono simpatiche.	*Os teus amigos são simpáticos.*

il suo, la sua, i suoi, le sue *o seu, a sua, os seus, as suas (terceira pessoa ou segunda formal)*

Em italiano, **il suo**, **la sua**, **i suoi** e **le sue** são ambíguos. Para solucionar essa ambiguidade, você pode substituí-los por **di lui** ou **di lei**. **Di lui** (*dele*) é usado para se referir a um possuidor masculino. **Di lei** (*dela*), a um feminino.

La macchina di Maria e di Carlo è vecchia.	O carro de Maria e Carlo é velho.
Guido la sua macchina.	Dirijo o seu carro.
La macchina di lui o di lei?	O carro é dele ou dela?
La macchina di lui.	O carro dele.
Le sue storie sono interessanti.	As suas histórias são interessantes.
Le storie di lui/di lei?	As histórias dele/dela?
Le storie di lei.	As histórias dela.
Le storie di lui.	As histórias dele.

il nostro, la nostra, i nostri, le nostre *nosso, nossa, nossos, nossas*

Il nostro divano è nuovo.	O nosso sofá é novo.
La nostra vita è bella.	A nossa vida é boa.
I nostri figli vivono lontani da noi.	Os nossos filhos vivem longe de nós.
Le nostre piante sono in fiore.	As nossas plantas floresceram.

il vostro, la vostra, i vostri, le vostre *o seu, a sua, os seus, as suas (plural informal)*

Il vostro amico è gentile.	O amigo de vocês é gentil.
La vostra amica è allegra.	A amiga de vocês é feliz.
I vostri genitori sono attivi.	Os pais de vocês são ativos.
Le vostre piante sono morte.	As plantas de vocês estão mortas.

il loro, la loro, i loro, le loro *o seu, a sua, os seus, as suas (terceira pessoa plural ou segunda plural formal)*

Il loro viaggio è lungo.	A viagem deles é longa.
La loro torta è deliziosa.	A torta deles é deliciosa.
I loro compiti sono difficili.	O dever de casa deles é difícil.
Le loro amiche sono belle.	Os amigos deles são bonitos.

 Exercício 8.1

Complete as frases com a forma correta dos pronomes possessivos entre parênteses.

1. _____ cappotto è nuovo. *(meu)*
2. _____ idee sono interessanti. *(tuas)*

3. _____ libri sono sulla scrivania. (*teus*)

4. _____ scarpe nuove sono strette. (*teus*)

5. _____ aereo è in ritardo. (*seu [dele]*)

6. _____ lezione è molto difficile. (*sua [dela]*)

7. _____ pranzo è finito. (*nosso*)

8. _____ televisione è moderna. (*nossa*)

9. _____ riviste sono vecchie. (*suas*)

10. _____ amici sono svizzeri. (*deles*)

11. _____ lavoro è interessante. (*meu*)

12. _____ case sono in Brasile. (tuas)

13. _____ libri sono grossi. (*nossos*)

14. _____ giacca è verde. (*minha*)

15. _____ gatto è molto timido. (*teu*)

16. _____ giardino è bello. (*deles*)

17. La piscina di _____ sorella è molto grande. (*tua*)

18. _____ vita è molto interessante. (*minha*)

19. _____ orologio è molto elegante. (*dela*)

20. _____ giacche non sono abbastanza pesanti. (*nossas*)

Artigos Definidos

Os artigos definidos são usados de muitas maneiras; entretanto, observe as exceções às regras que aprender.

- Artigos definidos não são usados antes de certos substantivos que se refiram a membros próximos da família no singular ou quando não estiverem modificados. Os artigos definidos são usados com aqueles substantivos que são variações das formas básicas, como **babbo** (*papai*), **mamma** (*mamãe*) e **fratellino** (*irmãozinho*).

mio padre	*meu pai*	il mio babbo	*o meu papai*
mia madre	*minha mãe*	la mia mamma	*a minha mamãe*

- Artigos definidos são usados, em vez de pronomes possessivos, com partes do corpo e artigos de vestuário quando o possuidor for óbvio. Nesse caso, a posse é expressa com um pronome oblíquo ou verbo reflexivo (veja os Capítulos 10 e 12, respectivamente).

Mi fa male la testa.	*Estou com dor de cabeça.*
Mi metto le scarpe.	*Estou colocando meus sapatos.*

- Artigos definidos não são usados com pronomes possessivos quando estiverem após um substantivo em expressões sobre fatos ou exclamações.

A casa mia ci sono molte persone.	*Há muitas pessoas na minha casa.*
Non è **colpa sua**.	*Não é culpa sua.*
È piacere mio conoscerti.	*É um prazer conhecer você.*
A mio parere questo film è orrendo.	*Na minha opinião, este filme é horrível.*
Dio mio, quante macchine ci sono!	*Meus Deus, quantos carros!*
Cara mia, devi maturare un po'!	*Minha querida, você precisa crescer um pouco!*
Mamma mia, come sono stanca!	*Minha nossa, como estou cansada!*

Falando de *il suo, la sua, i suoi* e *le sue*

Il suo e **la sua** expressam *seu* e *sua*. Como em português, seu gênero concorda com o objeto possuído por alguém, e não pelo possuidor.

il suo orologio	*o seu relógio*

Se houver incerteza sobre a identidade do possuidor, **di lui** ou **di lei** (*dele* ou *dela*) podem ser acrescentados, e o artigo definido não é usado.

Il suo orologio (L'orologio di lui) è molto costoso.	*O seu relógio (o relógio dele) é muito caro.*
Il suo orologio (L'orologio di lei) è nuovo.	*O seu relógio (o relógio dela) é novo.*

I suoi e **le sue** (*os seus* e *as suas*), da mesma forma, se referem ao plural dos objetos, não de seus possuidores.

i suoi libri	*os seus livros*
le sue macchine	*os seus carros*

Exercício 8.2

Traduza as frases para o italiano.

1. Sua (dele) irmã está na Itália.

2. Sua (dela) casa é muito grande.

3. Suas namoradas são muito gentis.

4. Seus (dele) carros são todos antigos.

5. Seus (dela) filhos não são bem-comportados.

6. Meu amigo sempre perde sua carteira.

7. Seus (dele) livros são muito difíceis de ler.

8. Suas (dela) palavras são muito gentis.

9. Seu (dela) irmão é muito bonito.

10. Suas (dele) razões parecem incompreensíveis.

11. Não vi seu (dela) novo anel de diamante.

12. Seus (deles) avós são muito velhos, mas muito ativos.

Pronomes Demonstrativos

Pronomes demonstrativos são usados para indicar uma pessoa ou objeto. Eles concordam em gênero e número com o substantivo a que se referem ou com que são usados.

- Próximo do falante:

	Masculino	Feminino	
SINGULAR	questo	questa	*este/esse/esta/essa*
PLURAL	questi	queste	*estes/esses/estas/essas*

- Distante do ouvinte e do falante:

	Masculino	Feminino	
SINGULAR	quel, quello, quell'	quella, quell'	*aquele/aquela*
PLURAL	quei, quegli	quelle	*aqueles/aquelas*

Questo ragazzo è intelligente.	*Este rapaz é inteligente.*
Questi studenti sono educati.	*Estes estudantes são educados.*
Quella signora è molto bella.	*Aquela senhora é muito bonita.*
Quelle signore sono molto eleganti.	*Aquelas senhoras são muito elegantes.*
Voglio andare a vedere quel bel paese.	*Quero visitar aquele belo país.*
Spero di mangiare in quel ristorante che tu hai suggerito.	*Espero comer naquele restaurante que você sugeriu.*

Questo (**-a**, **-i**, **-e**) indica algo ou alguém próximo de quem fala. Segue as regras dos adjetivos terminados em **-o**: antes de uma vogal, **questo** e **questa** se tornam **quest'**.

Ho comprato quest'orologio.	*Comprei este relógio.*
Ho ascoltato quest'opera.	*Ouvi esta ópera.*

A forma feminina de **questa** se torna **sta-** antes de alguns substantivos.

stamattina	*esta manhã*
stasera	*esta noite*
stanotte	*esta noite*
stavolta	*desta vez*

Quello (**-a**, **-e**, **quei**, **quegli**) indica algo ou alguém distante de quem fala. **Quello** e **quella** antes de uma vogal se tornam **quell'**.

Quell'orologio non funziona bene.	*Aquele relógio não funciona bem.*
Quell'oca vola molto lontano in inverno.	*Aquele ganso voa muito distante no inverno.*

Quello segue as mesmas regras já vistas para os artigos definidos. (**Quello** segue os mesmos padrões que o adjetivo **bello**, *belo/bonito*.)

quello scoiattolo (lo scoiattolo)	*aquele esquilo (o esquilo)*
quegli scoiattoli (gli scoiattoli)	*aqueles esquilos (os esquilos)*
quel libro (il libro)	*aquele livro (o livro)*
quei libri (i libri)	*aqueles livros (os livros)*

Os pronomes demonstrativos são repetidos antes de cada substantivo.

Leggete questo libro e fate quell'esercizio.	*Leiam este livro e façam aquele exercício.*

Para dar ênfase e evitar ambiguidades entre *este* e *aquele* ou *estes* e *aqueles*, **qui** e **qua** (*aqui*) ou **lì** e **là** (*lá*) podem acompanhar o substantivo.

Devo comprare questa giacca qui o quella giacca lì?	*Devo comprar esta jaqueta aqui ou aquela jaqueta lá?*

 Exercício 8.3

Traduza as frases para o italiano.

1. Este carro é novo.

2. Este computador é rápido.

3. Esta manhã jogarei tênis.

4. Aquele jardim tem muitas flores.

5. Estas garotas são muito felizes.

6. Estes rapazes são inteligentes.

7. Aquela casa é do meu irmão.

8. Aquele piano é velho.

9. Aquelas árvores são altas.

10. Aqueles livros são caros.

11. Aquela mochila é pesada.

12. Esta loja tem muitas coisas.

13. Estas lojas estão cheias de pessoas.

14. Aquelas flores são muito cheirosas.

Adjetivos de Nacionalidade

A maioria dos adjetivos de nacionalidade termina em **-o** e segue as mesmas regras que os outros adjetivos regulares terminados em **-o**. Alguns adjetivos de nacionalidade terminam em -**e** para o masculino e o feminino no singular, e levam -**i** no plural. Adjetivos de nacionalidade sempre concordam com o substantivo que modificam.

la signora italiana	*a senhora italiana*
le signore italiane	*as senhoras italianas*
il vocabolario tedesco	*o dicionário alemão*
i vocabolari tedeschi	*os dicionários alemães*
la rivista francese	*a revista francesa*
le scarpe francesi	*os sapatos franceses*

Pronomes e Advérbios

A seguir estão alguns adjetivos que indicam nacionalidade.

País	Nacionalidade	País	Nacionalidade
Arabia Saudita	arabo saudita	Marrocco	marrocchino
Argentina	argentino	Messico	messicano
Austria	austriaco	Norvegia	norvegese
Belgio	belga	Nuova Zelanda	nuovo zelandese
Bolivia	boliviano	Olanda	olandese
Brasile	brasiliano	Pachistan	pachistano
Canadà	canadese	Panama	panameno
Cile	cileno	Perù	peruviano
Cina	cinese	Polonia	polacco
Colombia	colombiano	Portogallo	portoghese
Corea	coreano	Porto Rico	portoricano
Costa Rica	costaricano	Russia	russo
Cuba	cubano	Salvador	salvadoreno
Danimarca	danese	Scozia	scozzese
Egitto	egiziano	Siria	siriano
Equador	equatoriano	Spagna	spagnolo
Finlandia	finlandese	Stati Uniti	statunitense
Francia	francese	Sudan	sudanese
Giappone	giapponese	Svezia	svedese
Grecia	greco	Svizzera	svizzero
India	indiano	Tailandia	tailandese
Inghilterra	inglese	Taiwan	taiuaiano
Iran	iraniano	Turchia	turco
Iraq	iracheno	Ungheria	ungherese
Irlanda	irlandese	Venezuela	venezuelano
Israele	israeliano	Yemen	yemenita
Italia	italiano		

Continente		Continente	
Africa	africano	Europa	europeo
Antartica	antartico	Nordamerica	nordamericano
Asia	asiatico	Sudamerica	sudamericano
Australia	australiano		

Exercício 8.4

Complete as frases com a forma correta dos adjetivos da lista a seguir. Cada adjetivo será usado apenas uma vez.

americano, brasileiro, chinês, francês, alemão, grego, indiano, japonês, italiano, mexicano, escocês, suíço

1. Il vino è _____.
2. L'opera è _____.
3. La signora è _____.
4. La seta è _____.
5. I suoi antenati sono _____.
6. Il marito di Maria è _____.
7. I turisti sono _____.
8. La studentessa è _____.
9. La mia cara amica è _____.
10. La bandiera è _____.
11. La sua automobile è _____.
12. Il nuovo aereo è _____.

Adjetivos que Antecedem um Substantivo

No Capítulo 1, você aprendeu que os adjetivos em italiano, na maioria das vezes, seguem o substantivo que descrevem.

Enrico è un ragazzo generoso.　　*Enrico é um rapaz generoso.*
A lei piace avere una casa pulita.　*Ela gosta de ter uma casa limpa.*

Agora, você aprenderá alguns adjetivos comuns que podem anteceder os substantivos modificados.

bello	*belo, bonito*	grande	*grande*
bravo	*bom*	lungo	*longo*
brutto	*feio*	nuovo	*novo*
buono	*bom*	piccolo	*pequeno*
caro	*querido*	stesso	*mesmo*
cattivo	*ruim*	vecchio	*velho*
giovane	*jovem*	vero	*verdadeiro*

Maria è una cara amica.	*Maria é uma amiga querida.*
Lei è una brava insegnante.	*Ela é uma boa professora.*

NOTA: Esses adjetivos devem ficar depois do substantivo para dar ênfase ou contraste, e quando são modificados por um advérbio, como **molto** (*muito*), **abbastanza** (o *bastante*), **piuttosto** (*em vez de*) ou **troppo** (*muitíssimo*).

È un cane **buono**.	*É um cachorro bom.*
Abitano in una casa molto **grande**.	*Eles vivem em uma casa muito grande.*

O Adjetivo *bello*

O adjetivo **bello** (*belo; bonito*) preserva sua forma quando fica depois do substantivo que modifica ou do verbo **essere**.

È un ragazza **bella**.	*Ela é uma moça bonita.*

Entretanto, quando **bello** precede o substantivo que modifica, sua forma pode mudar, conforme esse substantivo.

Masculino Singular	Masculino Plural	
bello	begli	antes de **s** + consoante ou **z**
bel	bei	antes de todas as outras consoantes
bell'	begli	antes de uma vogal

A San Diego c'è un bello zoo.	*Em San Diego há um lindo zoológico.*
Lei ha comprato un bel vestito.	*Ela comprou um belo vestido.*
Il marito le compra un bell'anello.	*O marido lhe compra um belo anel.*
Lei ha molti begli anelli.	*Ela tem muitos anéis bonitos.*
Nel giardino ci sono tanti bei fiori.	*No jardim há muitas flores belas.*

Feminino Singular	Feminino Plural	
bella	belle	antes de todas as consoantes
bell'	belle	antes de vogais

Quella bambina ha una bella bambola.	*Aquela garota tem uma bela boneca.*
Lucia ha delle belle scarpe.	*Lucia tem lindos sapatos.*
Comprerò una bell'orchidea.	*Comprarei uma bela orquídea.*

Exercício 8.5

Complete as frases com a forma correta dos adjetivos entre parênteses.

1. Il mio _____ cane è ammalato. (*belo*)
2. Questo è un _____ dolce. (*bom*)
3. Lei è una _____ ragazza. (*jovem*)
4. Maria è una _____ amica. (*verdadeira*)
5. Giovanni è un _____ ragazzo. (*querido*)
6. Lucia ha dei _____ occhi. (*belos*)
7. Erica è una _____ alunna. (*boa*)
8. Lui è un ragazzo _____. (*generoso*)
9. Loro sono _____ studenti. (*bons*)
10. Lei ha tre _____ bambini. (*bons*)
11. Queste sono _____ situazioni. (*ruins*)
12. Loro sono persone _____. (*educadas*)
13. Maria e Giovanna sono _____ ragazze. (*belas*)
14. Maria e Giovanna sono ragazze _____. (*inteligentes*)
15. Parigi e Roma sono due _____ città. (*belas*)

Adjetivos que Expressam Quantidade

molto, -a, -i, -e *muito, -a, -os, -as*

Loro non hanno **molto** lavoro.	Eles não têm muito trabalho.
Loro hanno **molti** amici.	Eles têm muitos amigos.
Loro hanno **molta** fame.	Eles têm muita fome.
Loro hanno **molte** borse.	Eles têm muitas malas.

poco, pochi, poca, poche *pouco, -os, -a, -as*

C'è **poco** spazio qui.	Há pouco espaço aqui.
Ci sono **pochi** bambini al parco.	Há poucos garotos no parque.
C'è **poca** gente nei negozi.	Há poucas pessoas nas lojas.
Ci sono **poche** scarpe nei negozi.	Há poucos sapatos nas lojas.

tutto, -a, -i, -e *todo, -a, -os, -as*

Giovanna legge **tutto** il giorno.	*Giovanna lê todos os dias.*
Io leggo **tutta** la lettera.	*Eu leio toda a carta.*
Io leggo **tutti** i libri che compro.	*Eu leio todos os livros que compro.*
Noi mangiamo **tutte** le paste.	*Nós comemos toda a massa.*

altro, -a, -i, -e *outro, -a,-os, -as*

Lui vuole un **altro** lavoro.	*Ele quer um outro trabalho.*
Lei vuole un'**altra** casa.	*Ela quer uma outra casa.*
Loro vogliono comprare **altri** libri.	*Eles querem comprar outros livros.*
Loro vogliono vedere **altre** borse.	*Eles querem ver outras malas.*

Adjetivos que Expressam Próximo, Único e Último

prossimo, -a, -i, -e *próximo, -a, -os, -as*

Andiamo in Italia il **prossimo** anno.	*Vamos à Itália no próximo ano.*
Studiamo i verbi la **prossima** settimana.	*Estudamos os verbos na próxima semana.*
Vado da mia sorella nei **prossimi** giorni.	*Vou a casa da minha irmã nos próximos dias.*
Le **prossime** settimane saranno molto intense.	*As próximas semanas serão muito intensas.*

ultimo, -a, -i, -e *último, -a, -os, -as*

Dicembre è l'**ultimo** mese dell'anno.	*Dezembro é o último mês do ano.*
Questa è l'**ultima** volta che ci vediamo.	*Esta é a última vez que nos vemos.*
Questi sono gli **ultimi** fiori che abbiamo.	*Estas são as últimas flores que temos.*
Queste sono le sue **ultime** parole.	*Estas são as suas últimas palavras.*

Exercício 8.6

Complete as frases com a forma correta dos adjetivos entre parênteses.

1. Io ho _____ lavoro. (*muito*)
2. Tu non hai _____ denari. (*muito*)
3. Lei non ha _____ pazienza. (*muita*)
4. Lui ha _____ bambini. (*muitos*)
5. Luigi vuole un'_____ macchina. (*outra*)
6. Ci sono _____ persone al mercato. (*muitas*)
7. Lui deve viaggiare _____ le settimane. (*toda*)
8. Io ho _____ fame, ma _____ sete. (*pouca, muita*)
9. Lui canta _____ le canzoni. (*todas*)
10. Andiamo in palestra _____ giorni. (*todos*)
11. Lei va a Parigi il _____ mese. (*próximo*)
12. Lei deve sempre avere l'_____ parola. (*última*)
13. Noi pensiamo spesso agli _____ giorni passati insieme. (*últimos*)
14. È l' _____ volta che vieni a casa mia. (*última*)
15. Sono i _____ libri che legge. (*primeiros*)
16. Loro hanno _____ amici. (*poucos*)

Pronomes Comparativos

O comparativo expressa *mais do que*, *menos do que* e *tanto quanto*.

Mais... do que, ou Comparativo de Superioridade

O comparativo de superioridade é expressado usando **più... di** ou **più... che** (*mais... do que*).

Più... di é usado quando dois objetos ou sujeitos diferentes são comparados, e antes de números.

Il tennis è **più** interessante **del** Calcio.	Tênis é mais interessante do que futebol.
Ci sono **più di** trenta bambini alla festa.	Há mais de trinta crianças na festa.

Più... che é usado quando a comparação é feita entre dois aspectos do mesmo sujeito ou ao se comparar dois adjetivos, advérbios, pronomes, substantivos ou infinitivos que dependem do mesmo verbo.

È **più** interessante leggere **che** guardare la TV.	*É mais interessante ler do que assistir TV.*
Il nonno è **più** saggio **che** vecchio.	*O vovô é mais sábio do que velho.*
Agli italiani piace **più** il caffè **che** il tè.	*Aos italianos agrada mais o café do que o chá.*

Menos... do que, ou Comparativo de Inferioridade

Comparativos de inferioridade são usados da mesma forma que os de superioridade, mas com as palavras comparativas **meno... di** ou **meno... che** (*menos... do que*).

Gli italiani spendono **meno degli** brasiliani.	*Os italianos gastam menos do que os brasileiros.*
La rivista è **meno** interessante **del** libro.	*A revista é menos interessante do que o livro.*
In classe ci sono **meno** ragazzi **che** ragazze.	*Há menos garotos do que garotas na classe.*

Igual a, ou Comparativo de Igualdade

Em português, um comparativo de igualdade é usado quando dois adjetivos comparados expressam as mesmas características. Onde o português usa *tanto... quanto* em uma frase, o italiano usa **così... come** ou **tanto... quanto**. As duas formas são intercambiáveis.

Maria è **così** bella **come** Giovanna.	*Maria é tão bonita quanto Giovanna.*
Maria è **tanto** bella **quanto** Giovanna.	*Maria é tão bonita quanto Giovanna.*

O comparativo de igualdade com substantivos é expressado com **tanto... quanto** (*tanto... quanto*). Nesse caso, **tanto** deve concordar em gênero e número com o substantivo que modifica.

Quanto não muda quando precede um pronome. Quando a comparação de igualdade é feita com adjetivos, **tanto** e **quanto** não se alteram.

Voi comprate **tanta** frutta **quanto** noi.   *Você comprou tantas frutas quanto nós.*

Roma è **tanto** bella **quanto** caotica.   *Roma é tão bela quanto caótica.*

 ## Exercício 8.7

Complete as frases com a forma correta das palavras comparativas entre parênteses.

1. La pallacanestro è _____ divertente _____ pallavolo. (*mais do que*)
2. Le case americane sono _____ grandi _____ case italiane. (*mais do que*)
3. L'aereo è _____ veloce _____ macchina. (*mais do que*)
4. Gli americani guidano _____ velocemente _____ italiani. (*menos do que*)
5. Gli italiani mangiano _____ formaggio _____ francesi. (*menos do que*)
6. Loro mangiano _____ verdura _____ frutta. (*tanto quanto*)
7. Mia sorella è _____ bella _____ educata. (*tão quanto*)
8. L'Ohio è _____ freddo _____ Michigan. (*menos do que*)
9. La mia macchina è _____ comoda _____ la tua. (*tão quanto*)
10. La mia macchina è _____ economica _____ sua macchina. (*menos do que*)
11. Io penso _____ _____ parlo. (*tanto quanto*)
12. Mi piacciono _____ i cervi _____ le oche. (*mais do que*)
13. La vita nelle grandi città è _____ caotica _____ paesi. (*mais do que*)
14. Questo inverno è caduta _____ neve _____ pioggia. (*menos do que*)

Pronomes e Advérbios

15. La casa rossa è _____ bella _____ casa bianca. (*mais do que*)

16. Le strade italiane sono _____ strette _____ strade americane. (*mais do que*)

17. Il vino italiano è _____ buono _____ il vino francese. (*tão quanto*)

18. Il padre è _____ alto _____ figlio. (*menos do que*)

19. Il ragazzo è _____ alto _____ sua sorella. (*mais do que*)

20. Il ragazzo è _____ alto _____ suo padre. (*tão quanto*)

Pronomes Superlativos

Como em português, há duas estruturas de superlativo em italiano: superlativo relativo e superlativo absoluto.

Os pronomes superlativos em italiano concordam em gênero e número com os substantivos que acompanham. Essa é uma das regras mais fáceis de sua gramática, que, inclusive, é idêntica ao português.

O superlativo relativo é formado usando artigo definido + substantivo + **più/meno** + adjetivo + **di** + o objeto sendo comparado. É igualzinho ao português.

Tu sei **la donna più ricca della città.**	*Você é a mulher mais rica da cidade.*
Tu sei la **donna meno fortunata della famiglia**.	*Você é a mulher menos sortuda da família.*

O superlativo absoluto é o equivalente ao português adjetivo + *íssimo* ou *érrimo*. Em italiano, pode ser expressado de várias maneiras.

- Colocando **molto**, **tanto**, **parecchio** ou **assai** na frente do adjetivo:

Il film è **molto** bello.	*O filme é **muito** bom.*
I fiori sono **molto** profumati.	*As flores são **muito** cheirosas.*

- Adicionando -**issimo**, -**a**, -**i**, -**e** no final do adjetivo:

L'inverno nel Michigan è **freddissimo**.	*O inverno em Michigan é geladíssimo.*
I verbi italiani sono **difficilissimi**.	*Os verbos do italiano são dificílimos.*

- Usando os prefixos **arci-**, **stra-**, **super-** ou **ultra**

Torna a casa **arcistanco**.	*Ele volta para casa cansadérrimo.*
Quel film è **stravecchio**.	*Aquele filme é antiquíssimo.*
Le macchine italiane sono **superveloci**.	*Os carros italianos são velocísssimos.*

- Com expressões especiais:

Il primo ministro d'Italia è **ricco sfondato**.	*O primeiro-ministro da Itália é podre de rico.*
Alla sera sono **stanca morta**.	*À noite fico morta de cansada.*
Lui é **innamorato cotto**.	*Ele está loucamente apaixonado.*
Luigi é **ubriaco fradicio**.	*Luigi está bebaço.*
Quando il cane è entrato era **bagnato fradicio**.	*Quando o cachorro entrou, estava encharcado.*

Superlativos Absolutos para Adjetivos Terminados em -co, -go, -ca e -ga

Ao formar o superlativo absoluto de adjetivos que terminam em **-co**, **-go**, **-ca** e **-ga**, adicione um **h** à terminação antes de **-issimo** para manter a consoante dura.

ricco	*rico*	ricchissimo	*riquérrimo*
largo	*largo*	larghissimo	*larguíssimo*
stanco	*cansado*	stanchissimo	*cansadérrimo*

Comparativos Irregulares e Superlativos

Muitos adjetivos têm comparativos irregulares e formas superlativas.

Adjetivo	Comparativo	Relativo Absoluto
alto (*alto*)	superiore (*mais alto*)	supremo/sommo (*altíssimo*)
basso (*baixo*)	inferiore (*mais baixo*)	infimo (*baixíssimo*)
buono (*bom*)	migliore (*melhor*)	ottimo (*boníssimo*)
cattivo (*ruim*)	peggiore (*pior*)	pessimo (*péssimo*)
grande (*grande*)	maggiore (*maior*)	massimo (*grandérrimo*)
piccolo (*pequeno*)	minore (*menor*)	minimo (*pequenérrimo*)

Exercício 8.8

Traduza as frases para o italiano.

1. Esportes são muito importantes na vida dos jovens.

2. Minha casa é novíssima.

3. Este romance é muito interessante.

4. Tenho dois cachorros muito pequenos.

5. Estes homens são muito importantes.

6. Elas são mulheres muito importantes.

7. Eles são as pessoas mais importantes aqui.

8. Fico muito cansado à noite.

9. Fico muito cansado toda noite.

10. Esta refeição é excelente.

11. Quando o cachorro entrou, estava encharcado.

12. Após o jogo, os jogadores estavam mortos de cansados.

13. O sorvete italiano é o melhor de todos.

14. O avião está muito cheio.

15. Perfumes franceses são os melhores de todos.

16. As praias brasileiras são muito grandes.

Não há superlativo para adjetivos que já expressam uma qualidade superlativa absoluta.

colossale	*colossal*	immenso	*imenso*
divino	*divino*	incantevole	*encantador*
eccellente	*excelente*	infinito	*infinito*
enorme	*enorme*	magnifico	*magnífico*
eterno	*eterno*	meraviglioso	*maravilhoso*

 ## Exercício 8.9

Complete as frases com a forma correta dos superlativos entre parênteses.

1. L'universo è _____. (*infinito*)
2. L'oceano è _____. (*imenso*)
3. I colori del tramonto sono _____. (*magnífico*)
4. Le Alpi sono _____. (*enorme*)
5. Le spiagge della Florida sono _____. (*maravilhoso*)
6. Loro sono studenti _____. (*excelente*)
7. Le piramidi d'Egitto sono _____. (*colossal*)
8. I parchi americani sono _____. (*encantador*)
9. La cioccolata calda italiana è _____. (*divino*)
10. Io credo nella vita _____. (*eterno*)

Advérbios

Advérbios modificam um adjetivo, um verbo ou outro advérbio. Em italiano, eles geralmente ficam após o verbo que modificam, mas também antecedem adjetivos. Adjetivos terminados em **-o** formam advérbios com o acréscimo de **-mente** à forma feminina singular do adjetivo, como em português. Além disso, ele também não se flexiona em número e gênero. O sufixo **-mente** corresponde ao português *-mente*.

Adjetivos	Advérbios
certo, certa (*certo, certa*)	certamente (*certamente*)
fortunato, fortunata (*sortudo, sortuda*)	fortunatamente (*felizmente*)
intimo, intima (*íntimo, íntima*)	intimamente (*intimamente*)
lento, lenta (*lento, lenta*)	lentamente (*lentamente*)
moderato, moderata (*moderado, moderada*)	moderatamente (*moderadamente*)
onesto, onesta (*honesto, honesta*)	onestamente (*honestamente*)
provvisorio, provvisoria (*temporário, temporária*)	provvisoriomente (*temporariamente*)
silenzioso, silenziosa (*silencioso, silenciosa*)	silenziosamente (*silenciosamente*)
sincero, sincera (*sincero, sincera*)	sinceramente (*sinceramente*)
ultimo, ultima (*último, última*)	ultimamente (*ultimamente*)

Há algumas exceções.

Adjetivos	Advérbios
altro (*outro*)	altrimenti (*por outro lado*)
leggero (*leve*)	leggermente (*levemente*)
violento (*violento*)	violentemente (*violentamente*)

Adjetivos terminados em **-e** também formam advérbios acrescentando--se **-mente**.

Adjetivos	Advérbios
dolce (*doce*)	dolcemente (*docemente*)
felice (*alegre*)	felicemente (*alegremente*)
frequente (*frequente*)	frequentemente (*frequentemente*)

Observe que o **-e** final cai antes do sufixo **-mente** se o adjetivo terminar em **-le**.

cordiale (*cordial*)	cordialmente (*cordialmente*)
facile (*fácil*)	facilmente (*facilmente*)
gentile (*gentil*)	gentilmente (*gentilmente*)

Alguns advérbios têm formas que diferem dos adjetivos.

Adjetivos	Advérbios
buono (*bom*)	bene (*bem*)
cattivo (*ruim*)	male (*gravemente*)
migliore (*melhor*)	meglio (*melhor*)
peggiore (*pior*)	peggio (*pior*)

Exercício 8.10

Traduza as frases para o italiano.

1. Certamente ligarei para você quando eu chegar.

2. A multidão ficou em silêncio após o jogo.

3. Estamos esperando silenciosamente.

4. Eles são muito sortudos.

5. Minha mãe é generosa.

6. Ela fala gentilmente comigo.

7. A comida é ruim.

8. Ele está se sentindo mal.

9. Ela vive alegremente.

10. Ela é feliz.

Alguns advérbios têm as mesmas formas dos adjetivos. Os adjetivos terminados em **-o** concordam em gênero e número com o substantivo que modificam. Advérbios são invariáveis, então não concordam.

abbastanza	*o bastante*	poco	*pouco*
assai	*(mais que) muito*	tanto	*tanto*
molto	*muito*	troppo	*muitíssimo*

Adjetivos	**Advérbios**
Luigi ha abbastanza soldi.	Lei è abbastanza bella.
Luigi tem dinheiro suficiente.	*Ela é muito bonita.*
Ho troppe scarpe.	Le scarpe mi fanno troppo male.
Tenho muitos sapatos.	*Os sapatos me machucam muito.*
Mangiano tante ciliege.	Le ciliege costano tanto.
(Eles) comem muitas cerejas.	*As cerejas são muito caras.*

Advérbios de Tempo

adesso	*agora*	mai	*nunca*
allora	*então*	oggi	*hoje*
ancora	*ainda*	ogni tanto	*de vez em quando*
appena	*há pouco*	ora	*agora*
domani	*amanhã*	ormai	*já*
dopo	*depois*	poi	*depois*
fino a	*até*	presto	*logo*
finora	*até agora*	raramente	*raramente*
frequentemente	*frequentemente*	sempre	*sempre*
già	*já*	spesso	*geralmente*
ieri	*ontem*	tardi	*tarde*

Falando de Advérbios

Advérbios de tempo (como **oggi**, *hoje*; **presto**, *logo*; e **tardi**, *tarde*), que expressam certeza (**certamente**, *certamente*; **sicuramente**, *seguramente*) ou dúvida (**forse**, *talvez*), geralmente antecedem o verbo. Em locuções, os advérbios de tempo (**oggi**, *hoje*; **ieri**, *ontem*) e localização (**dietro**, *atrás*; e **dove**, *onde*), ficam após o particípio passado. Alguns advérbios, como **affatto** (*absolutamente*), **ancora** (*ainda*), **appena** (*há pouco*), **già** (*já*), **mai** (*nunca*), **sempre** (*sempre*) também podem ficar entre o auxiliar e o particípio.

Domani andiamo al mercato.   *Amanhã iremos ao mercado.*
È nascosto **dietro** la porta.   *Está escondido atrás da porta.*
Non ho **ancora** mangiato.   *Ainda não comi.*

Advérbios de Localização

dappertutto	em toda parte	lì, là	lá
davanti	em frente	lontano	longe
dietro	atrás	ovunque	onde quer que esteja
dove	onde	qui, qua	aqui
fuori	fora	sotto	abaixo, embaixo
giù	baixo	su	acima
indietro	de volta/atrás	vicino	próximo

Observe que os advérbios de localização geralmente são posicionados antes do objeto direto.

Devo **spedire indietro** la lettera.   *Tenho que mandar a carta de volta.*

 ## Exercício 8.11

Complete as frases com os advérbios entre parênteses.

1. Io chiudo _____ le finestre alla sera. (*sempre*)
2. Lei non apre _____ le finestre. (*nunca*)
3. Loro vengono _____ a casa con i dolci. (*sempre*)
4. Il sabato dormiamo _____. (*muito*)
5. Carlo parla _____ l'italiano e lo spagnolo. (*bem*)
6. Voglio guardare _____ quel film. (*ainda*)
7. _____ ascoltami e sta zitto. (*agora*)
8. La scopa è _____ la porta. (*atrás*)
9. Ci sono formiche _____. (*em todo lugar*)
10. Io ritorno _____ a prendere i libri. (*de volta*)
11. _____ telefono alla mia amica. (*agora*)
12. Le oche sporcano _____. (*muito*)
13. Al gatto piace stare _____ il letto. (*embaixo*)
14. _____ fa freddo. (*hoje*)
15. La mia casa è _____ (*muito*) nuova, ma la tua è _____ interessante. (*muito*)

Pronomes e Advérbios

Aqui estão alguns dos advérbios mais usados.

anche	*também*	insieme	*junto*
ancora	*ainda*	insomma	*em suma*
appena	*há pouco*	intanto	*entretanto*
apposta	*de propósito*	neanche	*nem*
benchè	*embora*	nemmeno	*nem mesmo*
certo	*exato/certo*	neppure	*sequer*
come	*como*	piuttosto	*em vez de*
così	*assim*	pressapoco	*a respeito*
forse	*talvez*	proprio	*próprio*
infatti	*de fato*	pure	*também*
infine	*por fim*	quasi	*quase*
inoltre	*além de*	soprattutto	*sobretudo*

O italiano costuma usar expressões adverbiais com as preposições **a**, **di**, **da** e **in**.

in alto	*para cima*	in mezzo	*no meio*
in basso	*para baixo*	di nuovo	*de novo*
in breve	*em breve*	in orario	*em ponto*
di certo	*certamente*	di recente	*recentemente*
a destra	*à direita*	in ritardo	*atrasado*
a distanza	*à distância*	a sinistra	*à esquerda*
in generale	*em geral*	di solito	*geralmente*
da lontano	*de longe*	da vicino	*próximo*
a lungo	*em longo prazo*		

Exercício 8.12

Complete as frases com os advérbios entre parênteses.

1. Non vedo _____ nessuno. (*quase*)
2. È _____ che voi venite a casa nostra. (*seguramente*)
3. _____ posso parlare con tanta confusione? (*como*)
4. Domani saremo tutti _____ alla festa. (*junto*)
5. Ci sono _____ venti studenti. (*aproximadamente*)
6. Lui fa _____ i compiti. (*sempre*)

146 — Elementos da Sentença

7. Il cielo al tramonto è _____ bello! (*muitíssimo*)

8. Dovete andare _____ e _____ _____. (*à direita; depois, à esquerda*).

9. I due ragazzi sono _____ _____. (*sempre juntos*)

10. Gli uccelli volano _____. (*para cima*)

11. _____ arrivano andiamo a prendere un gelato. (*assim que*)

12. La mia vita è _____ felice. (*quase*)

13. Mio marito cucina _____. (*pouco*)

14. Io non penso _____ un momento alle feste natalizie. (*nem mesmo*)

NOTA: Alguns advérbios podem ser substituídos por **con** ou **senza** + substantivo. Os advérbios comuns mais usados incluem os seguintes:

con affetto	*com carinho* (não *carinhosamente*)
con cura	*com cuidado* (não *cuidadosamente*)
senza cura	*sem cuidado* (não *descuidadamente*)
con difficoltà	*com dificuldade*
senza difficoltà	*sem dificuldade*
con intelligenza	*com inteligência* (não *inteligentemente*)

Exercício 8.13

Traduza as frases para o italiano.

1. Todo ano no Natal cozinhamos e comemos muito.

   _____

2. Erica sempre perde seu cachecol.

   _____

3. Aprendemos muito nas aulas de italiano.

   _____

4. Ouvimos as mesmas músicas velhas todos os dias no carro.

   _____

5. O homem caminha rápido.

   _____

6. Os jovens comem muito.

7. Hoje, espero ir ao museu.

8. Seu irmão sempre chora quando assiste a um filme triste.

9. Seu cartão-postal chegou.

10. Ela fala muito gentilmente.

11. Eles falam muito rápido.

12. Hoje, a criança não está se sentindo bem.

13. Se for pela esquerda, você encontrará o museu.

14. Chego tarde ao trabalho quase todos os dias.

 Interpretação de Texto

Il cane e il gatto

Il cane e il gatto sono animali domestici. Il cane è l'amico dell'uomo. Il gatto non è amico di nessuno. Il gatto è un animale indipendente e gli piace stare vicino alla gente quando vuole lui. Se non vuole compagnia, bisogna lasciarlo stare da solo. Il gatto di solito dorme molto tutto il giorno e di notte gironzola per la casa alla ricerca di qualche cosa deliziosa, magari un topo, da mangiare. I gatti amano stare vicino al camino e dormire al calduccio. Sono molto carini quando fanno le fusa.

Il cane va sempre con il suo padrone e quando il padrone si assenta, è sempre contento di rivederlo. Salta, lo lecca, e gli fa tante feste. Anche se non vede il padrone da pochi minuti, è molto contento di rivederlo e glielo fa capire.

In casa mia non ci sono nè cani nè gatti, ma io preferisco i cani ai gatti. I cani grandi sono i miei preferiti. Mi piacciono molto i cani come Lassie. Il cane o il gatto diventano parte della famiglia e tutti gli sono molto attaccati e li trattano come un famigliare.

Spesso si trovano cani e gatti che sono trascurati, abbandonati, o abusati e fanno tanta pena. Per fortuna ci sono dei posti che li prendono e li accudiscono fino a quando trovano delle persone che li portano a casa e danno loro le attenzioni e l'affetto di cui necessitano.

Nomi (Substantivos)

l'affetto	*o afeto*	il famigliare	*o familiar*
l'attenzione	*a atenção*	le fusa	*o ruído*
il calduccio	*o calor*	il padrone	*o proprietário*
il camino	*a lareira*	il posto	*o lugar*
il cane	*o cachorro*	la razza	*a raça*
la compagnia	*a empresa*	il topo	*o rato*

Aggettivi (Adjetivos)

abusato	*abusado*	indipendente	*independente*
carino	*querido*	trascurato	*negligenciado*
delizioso	*delicioso*		

Verbi (Verbos)

accudire	*acudir*	gironzolare	*passear*
assentarsi	*ir embora*	leccare	*lamber*
bisognare	*ser necessário*	necessitare	*precisar*
diventare	*tornar-se*	saltare	*pular*
dormire	*dormir*	trattare	*tratar*

Espressioni (Expressões)

fare le feste	*fazer uma festa (cumprimentar com alegria)*
fare le fusa	*emitir ruído*
fare pena	*sentir pena*

Domande (Perguntas)

Depois de ler esta seleção, responda as perguntas em italiano e leia suas respostas em voz alta.

1. Quali sono le differenze fra il cane e il gatto?

2. Che cosa fa il gatto quando dorme vicino al camino?

3. Che cosa fa il cane quando vede il suo padrone?

4. Che cosa succede ai cani abbandonati e trascurati?

9

Palavras Negativas e Preposições

Palavras e Expressões Negativas

Você já sabe como tornar uma frase negativa colocando o **non** antes do verbo.

Io parlo.	*Eu falo.*
Io **non** parlo.	*Eu não falo.*
Io **non** voglio parlare.	*Eu não quero falar.*

A seguir, está uma lista de palavras que tornam uma frase negativa.

affatto (*absolutamente*) nessuno (*ninguém, nenhum*)
giammai (*jamais*) niente (*nada*)
mai (*nunca*) per niente (*por nada*)
neanche, nemmeno, neppure (*nem mesmo*)

O italiano, como o português, usa comumente a negativa dupla.

affatto *absolutamente*

O **non** antecede o verbo e o **affatto** o acompanha.

Non ci penso **affatto** ad andare a correre.   *Não penso absolutamente em ir correr.*

Negativas Duplas

Às vezes, há até mesmo mais de duas negativas. Elas reforçam a negação de uma frase.

mai, giammai *nunca, jamais*

O **non** antecede o verbo e o **mai** ou o **giammai** o acompanham. Ambos significam *nunca.*

Lei **non** esce **mai**; è molto pigra.	*Ela não sai nunca; é muito preguiçosa.*
Non la penso **giammai**.	*Não penso nela jamais.*

Tanto **mai** quanto **giammai** também antecedem o verbo; nesse caso, o **non** não é usado. O **mai** é usado mais frequentemente do que o **giammai** antes do verbo, e dá ênfase a uma frase.

Lui **mai** mi aiuta in casa!	*Ele nunca me ajuda em casa!*
Io **mai** mangio la trippa.	*Eu nunca como as tripas.*

neanche, nemmeno, neppure *nem mesmo*

Esses três são intercambiáveis. O **non** antecede o verbo e **neanche**, **nemmeno** e **neppure** o seguem. Todos os três também podem precedê-lo; nesse caso, o **non** não é usado.

Io **non** dico **neanche** una parola.	*Eu não digo nem mesmo uma palavra.*
Tu **non** studi **nemmeno** un'ora.	*Você não estuda nem mesmo uma hora.*
Non sai **neppure** una parola di italiano.	*Você não sabe nem mesmo uma palavra de italiano.*
Tu **neanche** mi chiami quando vieni qui.	*Você nem mesmo me chama quando vem aqui.*

nessuno *ninguém, nenhum*

O **non** antecede o verbo e o **nessuno** o acompanha. **Nessuno** é a única palavra negativa na lista que é um adjetivo, então concorda em gênero e número com o substantivo que modifica. **Nessuno** é reduzido para **nessun** antes de substantivos masculinos singulares que começam com consoantes diferentes de **z** ou **s** + uma consoante ou uma vogal. **Nessuno** não é usado no plural.

Non abbiamo **nessun** amico nel Brasile.	*Não temos amigo nenhum no Brasil.*
Non c'è **nessuna** casa nel deserto.	*Não há nenhuma casa no deserto.*
Non abbiamo **nessuno** zio in America.	*Não temos nenhum tio na América.*

niente *nada*

Para formar uma frase negativa significando *nada*, o **non** antecede o primeiro verbo e o **niente** o acompanha.

Non ho **niente** nel frigorifero. *Não tenho nada no refrigerador.*
Loro **non** imparano **niente**. *Eles não aprenderam nada.*

per niente *por nada*

Niente significa *nada*, mas usar **per niente** enfatiza a frase.

Non mi piace **per niente**. *Não gosto por nada.*

 ## Exercício 9.1

Responda as perguntas na forma negativa.

EXEMPLO: Capisci tutto? No, *non capisco niente*.

1. Vedi qualcuno oggi? No, _____.
2. Lui ascolta sempre le notizie? No, _____.
3. Lei parla con qualcuno? No, _____.
4. Hanno molti figli? No, _____.
5. Studiate sempre? No, _____.
6. Viaggi con le tue amiche? No, _____.
7. Hai qualche idea per Natale? No, _____.
8. Pensi a qualcuno? No, _____.

Mais Expressões Negativas

non... nè... nè... *não... nem...*

Loro **non** vengono **nè** per Natale **nè** per Capodanno. *Eles não vêm nem para o Natal nem para o Ano-novo.*
Lei **non** legge **nè** libri **nè** giornali. *Ela não lê nem livros nem jornais.*

Palavras Negativas e Preposições

non... più di... *nada... mais do que...*

Lui **non** lavora **più di** otto ore alla settimana.	*Ele não trabalha mais do que oito horas por semana.*

non più *não mais*

Lui **non** vuole **più** lavorare.	*Ele não quer mais trabalhar.*

quasi mai *quase nunca, dificilmente*

Lui gioca a calcio, ma **non** si allena **quasi mai**.	*Ele joga futebol, mas quase nunca pratica.*

adesso no *agora não*

Potete portare la macchina dal meccanico? **Adesso no**, non posso.	*Você pode levar o carro ao mecânico? Agora não, não posso.*

NOTA: Em italiano, quanto mais palavras negativas você usa, mais negativa e enfática a frase se torna.

Non ho **mai** ricevuto **niente** da **nessuno**.	*Nunca recebi nada de ninguém.*
Non chiede **mai** l'aiuto di **nessuno**.	*Ele nunca pede a ajuda de ninguém.*

✎ Exercício 9.2

Reescreva as frases na forma negativa.

EXEMPLO: Io mangio sempre. *Io non mangio mai.*

1. Studio sempre il sabato.

___

2. Vedo sempre il tramonto.

___

3. Vengono tutti.

___

4. Questo programma è sempre interessante.

_____

5. Vogliono sempre giocare.

_____

6. La ragazza è sempre pronta.

_____

7. Ho visto quella commedia molte volte.

_____

8. Mi sveglio presto tutte le mattine.

_____

9. Il treno arriva sempre in orario.

_____

10. Mangio sia pane che formaggio.

_____

11. Ho tante cose da mangiare.

_____

12. Compro tutto l'occorrente per tutti.

_____

13. Loro sciano tutti gli inverni.

_____

Preposições

Preposições ligam um substantivo ou pronome a outras palavras na frase para expressar tempo, localização, posse, causa, modo ou finalidade. Você já conhece as preposições mais usadas.

a (*a, para*)	in (*em*)
con (*com*)	per (*para, a fim de*)
di (*de*)	da (*de*)
su (*sobre*)	senza (*sem*)

Comumente, as preposições são seguidas por verbos no infinitivo, substantivos ou pronomes. Aqui estão as regras explicadas com exemplos.

Palavras Negativas e Preposições

- Preposições podem ser seguidas pelo infinitivo de um verbo.

Lei va all'università **per imparare**.　*Ela vai à universidade para aprender.*

Lui suona il pianoforte **senza guardare** la musica.　*Ele toca piano sem olhar a partitura.*

- Preposições podem ser seguidas por um substantivo.

Lei ha fatto la torta **per** suo marito.　*Ela fez uma torta para seu marido.*

- Preposições podem ser seguidas por um pronome.

La torta è **per** lui.　*A torta é para ele.*

Preposições Seguidas por Verbos ou Substantivos

prima di *antes*

Prima di andare a dormire, lei vuole leggere.　*Antes de ir dormir, ela quer ler.*

Prima degli esami, loro studiano molto.　*Antes das provas, eles estudam muito.*

invece di *em vez de*

Invece di studiare, lui vuole giocare.　*Em vez de estudar, ele quer jogar.*

Preposições Seguidas por Substantivos ou Pronomes

contro (*contra*)

durante (*durante*)

eccetto (*exceto*)

fino (*até*)

fra, tra (*entre*)

salve (*exceto*)

secondo (*segundo*)

sopra (*sobre*)

tranne (*exceto*)

verso (*para*)

Uso de *tra* e *fra*

As preposições **tra** e **fra** (*entre*) são intercambiáveis. Isto é, significam o mesmo, mas seu uso é determinado pelo som mais do que por regras precisas. Assim, é preferível dizer **tra le foglie** em vez de **fra le foglie** (*entre as folhas*) e **fra Trento e Trieste** em vez de **tra Trento e Trieste** (*entre Trento e Trieste*).

L'uccello é nascosto **tra** le foglie dell'albero.   O pássaro está escondido entre as folhas da árvore.

Sopra significa *sobre*, com a mesma ambiguidade que tem em português.

Metto la radio **sopra** la televisione.   *Coloco o rádio sobre a televisão.*
Questa lezione è **sopra** le preposizioni.   *Esta lição é sobre as preposições.*

Além das preposições simples, há muitas preposições compostas, seguidas por substantivos e pronomes. Na lista abaixo, você encontra ambos os tipos.

accanto a (*próximo a*)   fuori da (*fora*)
attorno a (*em volta de*)   in cima a (*acima de*)
davanti a (*em frente a*)   lontano da (*longe de*)
dentro a (*dentro de*)   prima di (*antes de*)
dietro a (*atrás de*)   sotto (*embaixo*)
dopo (*depois*)   sotto a (*abaixo de*)
di fianco a (*perto de*)   verso (*para*)
di fronte a (*em frente a*)   vicino a (*vizinho a*)

Preposições Seguidas por Pronomes

Você já aprendeu que os pronomes acompanham as preposições. Observe as expressões a seguir:

per me (*para mim*)   per noi (*para nós*)
per te (*para você*)   per voi (*para vocês*)
per lui (*para ele*)   per loro (*para eles*)
per lei (*para ela*)

Questo caffè è per te.   *Este café é para você.*
Il giornale è per lui.   *O jornal é para ele.*
La vita è difficile per loro.   *A vida é difícil para eles.*

Os Muitos Significados da Expressão *per*

Per tem muitos significados, tais como *através de*; *por causa de*; *fora de*; *sobre*; *em vez de*; *a fim de*; *para não*; e *para*. Os exemplos a seguir o ajudam a aprender esses diferentes significados.

- ### *Através de*

Passo **per** Roma con la mia famiglia.	*Passo por (através de) Roma com a minha família.*

- ### *Por causa de*

Lei è infelice **per** la pioggia.	*Ela está infeliz por causa da chuva.*

- ### *Em troca de, em vez de*

Pago molto **per** questo quadro.	*Pago muito por este quadro.*
Vado allo stadio **per** Maria.	*Vou ao estádio em vez de Maria.*
Devo pagare molto **per** questo appartamento.	*Tenho que pagar muito por este apartamento.*

- ### *A fim de, para não*

Per paura di perdere il treno va alla stazione molto presto.	*Para não perder o trem, ele vai para a estação bem cedo.*

- ### *Por*

Lui guadagna duemila dollari **al** mese.	*Ele ganha US$2 mil por mês.*
Kyria riceve 3 euro **alla** settimana.	*Kyria recebe €3 por semana.*

- ### *Para*

Ogni giorno, parlo al telefono **per** due ore.	*Todo dia, falo no telefone por duas horas.*
Ogni sera, leggo **per** un'ora.	*Toda noite, leio por uma hora.*

A lista a seguir mostra algumas das expressões mais comuns com **per**.

per adesso (*por agora*)	[al meno] (*pelo menos*)
per caso (*por acaso*)	per ora (*por agora*)
per conto mio, tuo, ecc. (*da minha parte [por si só, etc.]*)	per piacere (*por favor*)
per esempio (*por exemplo*)	per questo (*por isso*)
per favore (*por favor*)	
per la prima volta (*pela primeira vez*)	giorno per giorno (*dia após dia*)

NOTA: **Per** é usado para expressar um limite específico de tempo ou um prazo máximo no futuro. Nesse contexto, é traduzido como *por* ou *para*.

Voglio viaggiare **per** tre mesi. *Quero viajar por três meses.*
Il treno viaggia **per** due ore. *O trem viaja por duas horas.*
Luigi parte **per** il Marrocco. *Luigi está partindo para o Marrocos.*

Exercício 9.3

Complete as frases com as expressões entre parênteses.

1. Non mangiano _____ non ingrassare. (*para*)
2. Napoli è conosciuta _____ la sua musica. (*por*)
3. Avete visto il mio libro _____? (*por acaso*)
4. Vorrei una camera per due notti, _____. (*por favor*)
5. _____ non è una buona idea. (*da minha parte*)
6. Vai a comprare il giornale _____? (*por acaso*)
7. Hai chiamato il tuo capo _____? (*por acaso*)
8. _____ il freddo abbiamo alzato il calorifero. (*por causa de*)
9. Lavoriamo tutta la settimana _____ otto ore al giorno. (*por*)
10. Ti mando una lettera _____ posta. (*por*)
11. La mia famiglia parte domani _____ le vacanze. (*para*)
12. Il treno parte _____ Roma. (*para*)
13. Il ragazzo corre tutti i giorni _____ stare in forma. (*a fim de*)
14. _____ non dire niente a nessuno. (*por agora*)

Exercício 9.4

Traduza as frases para o italiano.

1. A escola é próxima do teatro.

2. O ônibus para em frente à escola.

3. Ele está sentado atrás de mim.

4. A igreja fica atrás do museu.

5. Me ligue antes de vir.

6. Minha casa fica próxima da estrada.

7. O teatro fica na frente do parque.

8. Estamos próximos da escola.

9. Nós jogamos todo dia depois da escola.

10. Para mim, é um grande sacrifício não falar.

11. As flores estão congeladas por causa do frio.

12. Para dirigir um carro, é necessário tirar a licença.

Exercício 9.5

Traduza as frases para o português.

1. Non andare contro il muro.

2. Durante la lezione, bisogna spegnere il telefonino.

3. Rimango qui fino a domani.

4. Fra te e me non ci sono discussioni.

5. Secondo loro, la terra non è abusata.

6. Noi andiamo verso casa.

7. Lovoro tutti i giorni salve il sabato e la domenica.

8. Tranne io e te, gli altri parlano troppo.

9. Gli uccelli stanno sopra il tetto.

10. Sono l'uno contro l'altro.

11. Il cerbiatto dorme tra i cespugli.

12. Andiamo fino alla fine della strada.

Exercício 9.6

Complete as frases com as preposições adequadas. Mais de uma resposta é possível.

1. Io rimango qui _____ tre giorni.
2. Tu porti la valigia _____ Maria.
3. _____ non ho fame.
4. Ci parliamo _____.
5. Gioco al tennis _____ Giovanna.
6. Vado all'aeroporto presto, _____ non perdere l'aereo.
7. Noi abitiamo _____ dal centro.
8. Voi abitate _____ noi.
9. Noi studiamo _____ tre ore ogni sera.
10. Il ladro passa _____ la finestra.

 ## Interpretação de Texto

Il treno

Il treno è un mezzo di trasporto molto efficiente e molto usato in Italia. Viene usato da tutti. Gli studenti lo prendono per andare a scuola se non hanno l'autobus o se abitano lontano dalla scuola che frequentano.

Molti lavoratori, chiamati «pendolari», usano il treno per andare a lavorare alla mattina e per ritornare a casa dopo il lavoro.

Il treno è usato anche dagli uomini d'affari. Viaggiano con il computer e appena salgono sul treno, lo accendono e lavorano fino a quando arrivano a destinazione. Scelgono il treno anzichè la macchina, perchè vogliono evitare le autostrade spesso intasate e non devono cercare e pagare il parcheggio quando arrivano sul posto di lavoro.

Il treno è usato anche dai turisti che non hanno o non vogliono noleggiare la macchina e che preferiscono viaggiare in treno.

Il treno è usato anche dai tifosi del calcio. Alla domenica ci sono treni speciali per trasportare i tifosi nelle città dove vengono giocate le partite. Quando questi treni arrivano alla stazione, c'è molta polizia, perchè ogni tanto i tifosi sono violenti, e la polizia protege il pubblico.

Ci sono tanti tipi di treni: il rapido che è molto veloce e fa pochissime fermate. Si ferma solo nelle stazioni principali. Per viaggiare sul rapido, è obbligatorio fare la prenotazione. Quando si fa il biglietto, uno può scegliere fra prima e seconda classe.

Un altro treno, chiamato «Inter City», è un treno veloce ma si ferma più spesso del rapido. Anche per questo treno è necessario fare la prenotazione. C'è poi l'espresso, meno veloce degli altri due, e fa anche più fermate e non è necessario fare la prenotazione.

Adesso stanno costruendo la ferrovia per il treno ad alta velocità. Dovrebbe iniziare il servizio entro i prossimi anni. Questo treno accorcerà i tempi di viaggio fra una città e l'altra e sarà molto importante per le persone che viaggiano per lavoro e hanno bisogno di raggiungere la loro meta nel tempo più breve possibile.

Nelle stazioni delle grandi città italiane come Roma, Milano, Torino e Bologna, c'è sempre molta gente che va e che viene a tutte le ore del giorno.

Nelle stazioni spesso si trovano ristoranti, negozi ed edicole, e ci sono anche sale d'aspetto dove i viaggiatori possono rilassarsi prima di mettersi in viaggio.

A me piace molto viaggiare in treno. Mi rilasso, leggo, dormo, ammiro il panorama fuori dal finestrino, e parlo con i passeggeri seduti vicino a me. Incontro spesso persone molto interessanti, che viaggiano in tutto il mondo e che conoscono le culture e le lingue di tanti paesi. Si parla del più e del meno. Quando si arriva a destinazione, si è quasi amici, ma si scende dal treno, ed ognuno va per la sua strada e non ci si rivede più.

Nomi (Substantivos)

gli affari	*os negócios*
la carrozza	*o carro*
la destinazione	*o destino*
l'edicola	*a banca de jornal*
la ferrovia	*a ferrovia*
il finestrino	*a janela*
l'impiegato	*o empregado*
il lavoratore	*o trabalhador*
il mezzo di trasporto	*o meio de transporte*
il negozio	*a loja*
gli operai	*os operários*
il pendolare	*usuário de transporte público*
la prenotazione	*a reserva*
la sala d'aspetto	*a sala de espera*
il servizio	*o serviço*

il tifoso	o fã
il trasporto	o transporte
la velocità	a velocidade

Verbi (Verbos)

accendere	acender/ligar	proteggere	proteger
accorciare	encurtar	raggiungere	alcançar
ammirare	admirar	rilassarsi	relaxar
costruire	construir	salire	subir
evitare	evitar	scegliere	escolher
fermarsi	parar	scendere	descer
iniziare	começar	trasportare	transportar
prendere	pegar	usare	usar

Espressioni (Expressões)

| fare il biglietto | comprar um ingresso |
| fare la prenotazione | fazer uma reserva |

Aggettivi (Adjetivos)

efficiente	eficiente	modesto	modesto
intasato	entupido	violento	violento
interessante	interessante		

Domande (Perguntas)

Depois de ler esta seleção, responda as perguntas em italiano e leia suas respostas em voz alta.

1. Chi usa il treno in Italia?

2. Che cos'è il rapido?

3. Che cosa bisogna fare per viaggiare sul rapido?

4. Che cosa farà il treno ad alta velcità?

5. Che cosa si trova nelle stazioni?

6. Ti piace viaggiare in treno? perchè?

Vocabulário-chave

Conhecer as palavras a seguir melhorará sua habilidade de se comunicar.

Natura (**Natureza**)

l'alba	*o amanhecer*	la nebbia	*a neblina*
il cielo	*o céu*	la neve	*a neve*
la collina	*a colina*	la nuvola	*a nuvem*
il deserto	*o deserto*	l'oceano	*o oceano*
il fiume	*o rio*	la pioggia	*a chuva*
la grandine	*o dilúvio*	il sole	*o sol*
l'inondazione	*a inundação*	la tempesta	*a tempestade*
il lago	*o lago*	la terra	*a Terra*
il lampo	*o relâmpago*	il terremoto	*o terremoto*
la luna	*a lua*	la tormenta	*a tormenta*
il mare	*o mar*	la tromba d'aria	*o tornado*
la montagna	*a montanha*	il tuono	*o trovão*

Tempo (**Clima**)

Che tempo fa? *Como está o tempo?*
Fa bel tempo. *O tempo está bom.*
Fa brutto tempo. *O tempo está fechado.*

Fa caldo.	*Faz calor.*	Ci sono le stelle.	*Há estrelas.*
Fa freddo.	*Faz frio.*	C'è la luna.	*Há a lua.*
Fa fresco.	*Está fresco.*	C'è la nebbia.	*Está com neblina.*
C'è il sole.	*Tem sol.*	È nuvoloso.	*Está nublado.*
C'è vento.	*Está ventando.*	C'è la brina.	*Há geada.*
Ci sono lampi.	*Está relampejando.*	Tuona.	*Está trovejando.*
Piove.	*Chove.*	Nevica.	*Neva.*

Exercício 9.7

Responda as perguntas em voz alta, em italiano.
1. Noi ritorniamo dal lavoro alle sette. A che ora ritornate voi?
2. A che ora cenate?
3. Vivete in un appartamento o in una casa?
4. Preferite viaggiare all'estero o nel vostro paese?
5. Se avete fame che cosa mangiate? Se avete sete che cosa bevete?
6. Lei va alla spiaggia in estate?
7. Che cosa rispondete quando un amico vi telefona?
8. Quali libri leggi?
9. Quale giorno vai a fare la spesa?
10. Preferisci il mare o la montagna?

 ## Exercício 9.8

Verbos regulares e irregulares. *Complete as frases com a conjugação correta dos verbos entre parênteses.*

1. Lui non _____ bene l'italiano, perchè non _____ mai. (*falar, estudar*)
2. Tutta la famiglia _____ in Italia tutti gli anni. (*ir*)
3. Che cosa (tu) _____ durante il giorno? (*fazer*)
4. Linda _____ il violino, Luisa e Maria _____ il flauto. (*tocar*)
5. La lezione _____ alle nove. (*terminar*)
6. Noi _____ di casa alle sette tutte le mattine. (*sair*)
7. Dove (voi) _____ quando andate in Florida? (*ficar*)
8. Lei deve _____ e _____ per suo marito. (*passar [a ferro], cozinhar*)
9. Dove _____ le chiavi della macchina? (*estar*)

166 Elementos da Sentença

10. Oggi tutti i parenti _____ a pranzo a casa mia. (*vir*)

11. Mi _____ il tuo numero di telefono? (*dar*)

12. I due amici _____ a giocare al tennis. (*ir*)

13. Lui _____ andare a vedere la partita. (*poder*)

14. Questa sera le stelle _____ nel cielo. (*brilhar*)

15. Domani io _____ la torta. (*fazer*)

16. A noi _____ molto sciare. (*gostar*)

Exercício 9.9

Preposições e verbos. *Complete as frases com a forma correta dos verbos e preposições entre parênteses.*

1. Per arrivare alle otto, noi _____ prendere la metropolitana delle sette. (*ter que*)

2. Loro _____ il giornale _____ andare _____ lavorare. (*ler, antes, a*)

3. _____ andare al parco, (voi) _____ a casa _____ leggere. (*em vez de, ir, para*).

4. Lei _____ viaggiare _____ sei mesi. (*querer, por*)

5. Noi _____ Roma quando _____ in Italia. (*visitar, vir*)

6. Ho bisogno di una camera _____ due persone _____ tre notti. (*para, por*)

7. Io _____ in Italia _____. (*ir, pela primeira vez*)

8. Noi non _____ _____ alla scuola. (*viver, próximo*)

9. La nostra casa è _____ centro della città. (*longe de*)

10. _____ non ho bisogno di niente. (*por agora*)

11. Il treno _____ Zurigo parte ogni ora, ma lui _____ andare _____ aereo. (*para, preferir, por*)

12. _____ quel film non è molto interessante. (*da minha parte*)

Exercício 9.10

Números, horas, advérbios, preposições e comparações. *Complete as frases com a versão italiana das palavras entre parênteses.*

1. Mi piace molto la _____ strada di New York. (*quinta*)
2. Lei guarda la mappa _____ camminare per _____ isolati. (*antes, dois*)
3. Io _____ con l'aereo alle _____. (*chegar, vigésimo terceiro*)
4. C'è un buon ristorante sulla _____ strada? (*terceira*)
5. Io _____ leggo _____ il giornale _____ andare in ufficio. (*nunca, antes*)
6. La domenica noi dormiamo _____. (*até as 10h*)
7. Noi ritorniamo _____ dalla festa. (*tarde*)
8. Le strade in Italia sono _____ delle strade in America. (*mais estreitas*)
9. Il salmone è _____ del tonno. (*melhor*)
10. Mia zia è la donna _____ d'Italia. (*mais velha*)
11. Qual'è il film _____ che hai visto? (*pior*)
12. Suo marito è _____ marito di Giovanna. (*mais alto do que*)
13. Mi piace _____ il gelato italiano. (*muitíssimo*)
14. Non vedo _____ bambino giocare fuori di casa. (*nenhum*)

Exercício 9.11

Traduza as frases para o italiano.

1. Minha neta vai fazer dezesseis anos na próxima semana.

   _____

2. A lição começa às sete em ponto. Precisamos estar lá a tempo.

   _____

Elementos da Sentença

3. Preciso caminhar todos os dias para ficar em forma.

4. Aquela casa é velha. É muito mais velha do que a próxima.

5. Luigi é muito inteligente.

6. Lisa e Kyria são boas garotas.

7. Nesta casa ninguém gosta de cozinhar.

8. Lisa precisa fazer aulas de direção a fim de poder dirigir um carro.

9. Tenho medo de ir ao dentista.

10. Minha amiga passa muito tempo em lojas, mas nunca compra nada.

11. Agora, tenho que ir comprar presentes para todas as crianças.

12. Elena e sua irmã comem mais do que os rapazes.

13. Você precisa estudar italiano todos os dias para poder falar.

14. Há furacões no Brasil?

Exercício 9.12

Em uma folha de papel à parte, escreva a tradução dos seguintes infinitivos da Parte I.

1. abitare	29. chiedere	57. incontrare	85. ripetere
2. accendere	30. chiudere	58. inghiottire	86. rispondere
3. accettare	31. cominciare	59. iniziare	87. rompere
4. accompagnare	32. compilare	60. lavare	88. sapere
5. accorciare	33. comprare	61. lavorare	89. scoprire
6. accudire	34. costare	62. leggere	90. scrivere
7. alzare	35. costruire	63. mangiare	91. seguire
8. ammirare	36. credere	64. mentire	92. sentire
9. andare	37. dare	65. mettere	93. servire
10. apparire	38. dimagrire	66. morire	94. spedire
11. applaudire	39. dipingere	67. nascere	95. spegnere
12. aprire	40. dire	68. nuotare	96. starnutire
13. arrivare	41. diventare	69. nutrire	97. stirare
14. ascoltare	42. domandare	70. ordinare	98. strisciare
15. assentarsi	43. dormire	71. pagare	99. suonare
16. assentire	44. dovere	72. partire	100. svegliarsi
17. assorbire	45. entrare	73. passare	101. tagliare
18. attendere	46. essere	74. perdere	102. tossire
19. avere	47. evitare	75. piacere	103. studiare
20. avviare	48. fare	76. piangere	104. ubbidire
21. bere	49. fermare	77. potere	105. uscire
22. bisognare	50. finire	78. pranzare	106. vedere
23. camminare	51. fissare	79. preferire	107. vendere
24. cantare	52. giocare	80. preparare	108. venire
25. capire	53. girare	81. pulire	109. viaggiare
26. cenare	54. guadagnare	82. restituire	110. vivere
27. cercare	55. guardare	83. ricevere	111. volare
28. chiamare	56. impedire	84. ridere	112. volere

Interpretação de Texto

La visita

Quasi ogni domenica la famiglia Fortina fa un viaggio. Fortina è il cognome di Marco e Cristina. Marco ha la mamma, la sorella, il fratello e la zia a Vercelli, una città a circa un'ora da Milano. Vanno spesso a visitare i parenti, specialmente la mamma di Marco che vive con il fratello di Marco. Vanno in macchina con le loro tre bambine, perchè la nonna vuole vedere tutta la famiglia. Durante il viaggio le bambine dormono o guardano la bella campagna o ascoltano la musica.

Alle bambine non piace molto viaggiare in macchina ma quando arrivano a casa della nonna sono contente. Di solito la nonna prepara il tè con tanti dolcetti deliziosi per tutti i suoi nipoti.

Prima di prendere il tè, aspettano la sorella di Marco con i suoi tre figli che hanno circa la stessa età delle bambine. I cuginetti sono molto felici di rivedersi e cominciano a fare paragoni con la scuola, i compiti e gli amici.

Vicino a casa della nonna c'è un grande parco con alberi secolari, e con molto spazio. I bambini dopo aver bevuto il tè e aver mangiato tutti i dolcetti escono di corsa per andare a giocare. Nel parco possono correre, saltare e divertirsi con i cugini.

Quando arriva la sera, devono lasciare la nonna e tutti gli altri parenti e ritornare a casa. Salutano tutti e salgono in macchina. Durante il viaggio di ritorno dormono.

Quando arrivano a casa le bambine aiutano la mamma a preparare la cena. In breve tempo possono sedersi a tavola. Parlano del bel pomeriggio passato con i cugini. Sono stanche, ma prima di andare a letto devono fare il bagno, e controllare se hanno finito tutti i compiti. Preparano i libri, li mettono negli zaini per il giorno dopo, perchè alla mattina devono uscire molto presto per andare a scuola e non c'è tempo per preparare lo zaino.

Nomi (Substantivos)

la campagna	*o campo*	il paragone	*a comparação*
i dolcetti	*os doces*	i parenti	*os parentes*
l'età	*a idade*	il viaggio	*a viagem*
i nipoti	*os netos*		

Aggettivi (Adjetivos)

felice	*feliz*	secolare	*secular*

Verbi (Verbos)

controllare	*verificar*	salutare	*cumprimentar*
salire	*subir*	visitare	*visitar*
saltare	*saltar*		

Domande (Perguntas)

Depois de ler esta seleção, responda as perguntas em italiano e leia suas respostas em voz alta.

1. Dove va la famiglia Fortina alla domenica?

2. Che cosa prepara la mamma di Marco?

3. Chi abita a Vercelli?

4. Che cosa fanno i bambini dopo aver bevuto il tè?

5. Che cosa fanno al parco?

6. Quando ritornano a casa che cosa fanno?

7. Che cosa fanno dopo cena?

II

Objetos, Verbos Reflexivos e o Presente do Subjuntivo

10

O Objeto Indireto

Piacere e o Objeto Indireto

Piacere significa *se agradar com* e é usado para expressar a ideia de *gostar de* em italiano.

Mi piace e mi piacciono

Mi é o pronome oblíquo que significa *a mim*. Em português, você diz que alguém gosta de alguém ou algo. Em italiano, o mesmo sentido é expressado de forma diferente.

Substantivos no Singular como Sujeito

CONSTRUÇÃO EM PORTUGUÊS *Eu gosto deste livro.*

CONSTRUÇÃO EM ITALIANO **Mi piace** questo libro. (Literalmente: *A mim agrada este livro.*)

- **Questo libro** é um substantivo no singular — o sujeito.
- **Piace** é o verbo, e concorda com o sujeito no singular.
- **Mi** é o pronome oblíquo — a pessoa a quem a ação agrada.

Mi piace la pasta.	*Gosto de macarrão.*
Mi piace il film.	*Gosto de filmes.*
Mi piace questa lezione.	*Gosto desta lição.*
Mi piace la birra.	*Gosto de cerveja.*
Mi piace il gelato.	*Gosto de sorvete.*

NOTA: Na construção em italiano, os sujeitos mantêm seus artigos (**il**, **lo**, **la**, **i**, **gli**, **le**), mesmo quando a tradução para o português não o faz; por exemplo, **il gelato**. (Em português, nos contextos anteriores, *sorvete*, não *o sorvete*.)

Pratique *mi piace*

É muito importante praticar **mi piace** oralmente e todas as outras formas correspondentes. Quanto mais praticar, mais natural será falar.

Substantivos no Plural como Sujeito

Se o sujeito da frase for um substantivo no plural, **piace** se torna **piacciono** para concordar com ele.

CONSTRUÇÃO EM PORTUGUÊS   *Eu gosto de livros.*
CONSTRUÇÃO EM PORTUGUÊS   **Mi piacciono** i libri. (*A mim agradam livros.*)

- **I libri** é um substantivo no plural — o sujeito.
- **Piacciono** é o verbo, e concorda com o sujeito no plural.
- **Mi** é o pronome oblíquo — a pessoa a quem a ação agrada.

Mi piacciono le mele.   *Gosto de maçãs.*
Mi piacciono gli sport.   *Gosto de esportes.*
Mi piacciono i fiori.   *Gosto de flores.*

Verbos como Sujeito

Mi piace também é usado quando o sujeito é um verbo. A forma verbal é o infinitivo. Quando um infinitivo é o sujeito, a forma singular, **piace**, é usada.

CONSTRUÇÃO EM PORTUGUÊS   *Eu gosto de ler.*
CONSTRUÇÃO EM ITALIANO   **Mi piace** leggere. (*A mim agrada ler.*)

Mi piace viaggiare.   *Gosto de viajar.*
Mi piace ballare.   *Gosto de dançar.*
Mi piace andare a teatro.   *Gosto de ir ao teatro.*
Mi piace cucinare e ricamare.   *Gosto de cozinhar e bordar.*

NOTA: **Piace** permanece no singular mesmo que seja seguido por uma série de verbos.

As únicas formas de **piacere** que você usará são as da terceira pessoa do singular, **piace**, e do plural, **piacciono**. Para tornar uma frase negativa, coloque o **non** antes do pronome oblíquo.

Non mi piacciono i topi.   *Não gosto de ratos.*
Non mi piace nuotare.   *Não gosto de nadar.*

Revisão

- Se o sujeito da frase for um substantivo no singular ou verbo, use **piace**.

  Mi piace il mare.   *Gosto do mar.*
  Mi piace insegnare.   *Gosto de ensinar.*

- Se o sujeito for um substantivo no plural, use **piacciono**.

  Mi piacciono le feste.   *Gosto de festas.*

- Se a frase for negativa, coloque o **non** antes do objeto indireto.

  Non mi piacciono gli zucchini.   *Não gosto de abobrinha.*

Ti piace e *ti piacciono*

Ti é o pronome oblíquo que significa *a você*. Quando usa **ti**, você está falando na forma coloquial do **tu**.

CONSTRUÇÃO EM PORTUGUÊS   *Você gosta de sua casa.*
CONSTRUÇÃO EM ITALIANO   **Ti piace** la tua casa.

Substantivos no Singular como Sujeito

Ti piace la mia macchina.   *Você gosta do meu carro.*
Ti piace la frutta?   *Você gosta de fruta?*
Ti piace il teatro?   *Você gosta de teatro?*
Ti piace l'Italia?   *Você gosta da Itália?*

Substantivos no Plural como Sujeito

Ti piacciono le rose?   *Você gosta de rosas?*
Ti piacciono le paste?   *Você gosta de massas?*
Ti piacciono i bambini?   *Você gosta de crianças?*

Verbos como Sujeito

Ti piace cantare.   Você gosta de cantar.
Ti piace dormire.   Você gosta de dormir.
Ti piace studiare e scrivere.   Você gosta de estudar e escrever.

Le piace e *le piacciono*

Le é o pronome oblíquo que significa *a ela* ou *ao Sr./Sra.*

CONSTRUÇÃO EM PORTUGUÊS	Ela/Sr./Sra. gosta de salada.
CONSTRUÇÃO EM ITALIANO	**Le piace** l'insalata. (*A ela/a você agrada salada*)

Le piace il cane.   Ela/Sr./Sra. gosta de cachorro.
Le piace ballare.   Ela/Sr./Sra. gosta de dançar.
Le piacciono le caramelle?   Ela/Sr./Sra. gosta de doces?

Le Formal e *Lei*

Ao usar a construção formal, os pronomes **le** e **lei** são capitalizados.

Le parlo domani.   *Falo com ela amanhã.*
Le parlo domani.   *Falo com o Sr./Sra./ela amanhã*
La sente **Lei** sua sorella?   *O Sr./Sra. está escutando sua irmã?*
Ha comprato il biglietto **Lei**?   *O Sr./Sra. comprou o ingresso?*

Gli piace e *gli piacciono*

Gli é o pronome oblíquo que significa *a ele*, *a elas* e *a eles*.

CONSTRUÇÃO EM PORTUGUÊS	*Ele gosta do mar.*
CONSTRUÇÃO EM ITALIANO	**Gli piace** il mare. (*A ele/a elas/a eles agrada o mar.*)

Quando uma frase em português começa com nomes próprios e substantivos, em italiano, uma frase preposicional deve ser usada e nenhum pronome é necessário.

A Mario piace sciare.   *Mario gosta de esquiar.*
A Maria piace ballare.   *Maria gosta de dançar.*
A Giacomo piacciono le macchine.   *Giacomo gosta de carros.*

Substantivos no singular podem ser inseridos em frases preposicionais.

Alla donna piace il vestito. *Mulheres gostam de vestidos.*
Al ragazzo piace giocare al calcio. *Os rapazes gostam de jogar futebol.*

Nos exemplos anteriores, os pronomes **gli** e **le** foram substituídos pelas frases preposicionais impessoais **alla donna** e **al ragazzo**.

Ci piace e ci piacciono

Ci é o pronome oblíquo que significa *a nós*.

CONSTRUÇÃO EM PORTUGUÊS *Gostamos de estudar italiano.*
CONSTRUÇÃO EM ITALIANO **Ci piace** studiare l'italiano. *(A nós agrada estudar italiano.)*

Ci piace andare alla spiaggia. *Gostamos de ir à praia.*
Ci piace il gelato italiano. *Gostamos de sorvete italiano.*
Ci piacciono i nostri cani. *Gostamos de nossos cachorros.*

Vi piace e vi piacciono

Vi é o pronome oblíquo que significa *a vocês* (informal).

CONSTRUÇÃO EM PORTUGUÊS *Vocês gostam de falar italiano.*
CONSTRUÇÃO EM ITALIANO **Vi piace** parlare italiano.

Vi piace l'estate. *Vocês gostam do verão.*
Vi piacciono le rose. *Vocês gostam de rosas.*
Vi piace comprare i regali. *Vocês gostam de comprar presentes.*

A loro piace e a loro piacciono

A loro é o pronome oblíquo que significa *a elas*, *a eles* e *a vocês* (*formal*). Obrigatoriamente, **a loro** é capitalizado quando usado de maneira formal.

CONSTRUÇÃO EM PORTUGUÊS *Elas/eles/vocês gostam de Roma.*
CONSTRUÇÃO EM ITALIANO **A loro** piace Roma. *(A elas/eles/vocês agrada Roma.)*

Exercício 10.1

Pronuncie os exemplos abaixo em voz alta, para que se familiarize com os sons.

Sujeito no Singular	Sujeito no Singular	Sujeito no Plural
Mi piace la casa.	Mi piace camminare.	Mi piacciono le fragole.
Ti piace la lezione.	Ti piace correre.	Ti piacciono i fiori.
Gli piace l'italiano.	Gli piace studiare.	Gli piacciono le patate.
Le piace il profumo.	Le piace parlare.	Le piacciono i vestiti.
Ci piace la pasta.	Ci piace mangiare.	Ci piacciono gli spaghetti.
Vi piace l'olio d'oliva.	Vi piace riposare.	Vi piacciono i mandarini.
A loro piace il ristorante.	A loro piace pulire.	A loro piacciono i cibi italiani.
Gli piace il ristorante.	Gli piace pulire.	Gli piacciono i cibi italiani.

Como **a loro**, o italiano usa as expressões **a me**, **a te**, **a lui**, **a lei**, **a noi** e **a voi** além de **mi**, **ti**, **gli**, **le**, **ci**, **vi** e **gli**. Elas são intercambiáveis, mas não podem ser usadas juntas. São usadas com **piace** e **piacciono**.

Mi piace il caffè.
A me piace il caffè. } *Gosto de café.*

Mi piacciono le rose.
A me piacciono le rose. } *Gosto de rosas.*

 gli, Não *a loro*

No italiano atual, você comumente ouve falantes nativos substituindo **a loro** por **gli** para o plural masculino ou feminino. Isso se tornou amplamente aceitável.

Exercício 10.2

*Complete as frases escolhendo o pronome oblíquo correto, como indicado pelas palavras entre parênteses, junto à forma correta de **piacere**. Você pode usar uma ou ambas as formas do pronome oblíquo.*

EXEMPLO: Mi piace il vestito.   Gosto do vestido.   A me piace il vestito.

1. _____ il prato verde. (*eu*)
2. _____ la casa nuova. (*eu*)
3. _____ i pomodori. (*você*)
4. Non _____ le melanzane. (*vocês*)
5. _____ giocare al calcio. (*ele*)
6. _____ il dolce. (*ele*)
7. _____ le scarpe italiane. (*ela*)
8. _____ scrivere le lettere. (*ela*)
9. _____ visitare la famiglia. (*nós*)
10. _____ le pesche. (*nós*)
11. _____ parlare italiano. (*vocês*)
12. _____ gli spettacoli di varietà. (*vocês*)
13. _____ la vita comoda. (*eles*)
14. _____ non _____ i fichi. (*elas*)
15. _____ Maria _____ il tè verde.
16. _____ Marcello _____ le macchine americane.
17. _____ nostri figli _____ telefonare.
18. _____ Zach _____ i capelli lunghi.
19. _____ mangiare in un buon ristorante. (*eles*)
20. _____ miei amici _____ le vacanze.

Verbos como *piacere*

Você acabou de aprender um verbo muito importante. **Piacere** não só expressa a ideia de *gostar*, como também funciona como modelo para outros verbos impessoais. Os verbos a seguir atuam como **piacere** e também são usados com objetos indiretos.

O Objeto Indireto

accadere *acontecer*

Che cosa ti accade?	*O que está acontecendo com você?*
Mi accadono molte belle cose.	*Muitas coisas lindas estão acontecendo comigo.*

affascinare *fascinar*

La sua bellezza mi affascina.	*A beleza dela me fascina.*
Le lingue straniere mi affascinano.	*As línguas estrangeiras me fascinam.*

bastare *bastar, ser suficiente*

I soldi non mi bastano.	*O dinheiro não me basta.*
Ti basta questa carta?	*Este papel lhe basta?*

bisognare *ser necessário*

Bisogna parlare con il capo.	*É necessário falar com o chefe.*
Bisogna rispettare le regole.	*É necessário respeitar as regras.*

dispiacere *desagradar*

Mi dispiace sentire che non stai bene.	*Me desagrada sentir que você não está bem.*
Ci dispiace il suo atteggiamento.	*Nos desagrada o seu comportamento.*

dolere *sofrer*

Mi duole la testa.	*Minha cabeça dói.*
Le dolgono i piedi.	*Os pés dela doem.*

importare *importar*

Non ci importa affatto.	*Isso não faz a menor diferença para nós.*
Mi importano molto i miei figli.	*Me importo muito com meus filhos.*

interessare *interessar*

Le interessa viaggiare.	*Viajar interessa a ela.*
Non ci interessano le cattive notizie.	*As notícias ruins não nos interessam.*

182 Objetos, Verbos Reflexivos e o Presente do Subjuntivo

occorrere *precisar*

| Gli occorrono due ore per l'esame. | Eles precisam de duas horas para a prova. |
| Mi occorre un sacco di farina. | Preciso de um saco de farinha. |

rincrescere *lamentar*

| Ci rincresce che non venite da noi. | Lamentamos que não venha conosco. |
| Gli rincrescono tutti i ritardi. | Ele lamenta todos os atrasos. |

sembrare *parecer*

| Mi sembra un bravo ragazzo. | Ele me parece um bom rapaz. |
| Mi sembrano persone intelligenti. | Eles me parecem pessoas inteligentes. |

servire *servir, precisar*

| Ti serve il mio aiuto? | Minha ajuda lhe é útil? |
| Ci servono dei piatti. | Precisamos de pratos. |

succedere *acontecer*

| Che cosa succede? | O que está acontecendo? |
| Sono successe tante cose. | Há muitas coisas acontecendo. |

Exercício 10.3

Complete as frases com as formas corretas das frases preposicionais entre parênteses. Use ambas as formas, se possível.

1. _____ piacciono tutti gli sport. (*a ele*)

2. _____ piace giocare al tennis. (*a você*)

3. _____ piace leggere, ma mi affascina scrivere un libro. (*a mim*)

4. _____ piace andare alle feste. (*a eles*)

5. _____ interessa andare a visitare i musei. (*a nós*)

6. _____ sembra che le piaccia cucinare. (*a mim*)

7. _____ amici piacciono gli alberghi di lusso. (*aos meus*)

8. _____ italiani piace il prosciutto. (*aos*)

9. _____ affascinano le macchine italiane. (*a você*)

O Objeto Indireto 183

10. _____ succede sempre qualche cosa. (*a vocês*)

11. _____ piace vivere in Cina. (*a eles*)

12. _____ sembra di avere l'influenza. (*a mim*)

Exercício 10.4

Reescreva as frases no plural, certificando-se de que o sujeito concorde com o verbo. O pronome oblíquo não sofrerá alteração.

1. Mi piace la tua pianta.

_____

2. Ti piace il programma.

_____

3. Gli piace il melone.

_____

4. Le affascina quello strumento musicale.

_____

5. Gli interessa il giornale.

_____

6. Le duole la gamba.

_____

7. Ci serve il bicchiere.

_____

8. Vi basta il panino.

_____

9. A loro occorre la palla.

_____

10. Mi interessa il museo.

_____

Exercício 10.5

Traduza as frases para o português.

1. Ti piace guardare il film.

2. Mi fa male la testa.

3. Gli occorre un bicchiere.

4. Perchè non ti piace sciare?

5. Ci affascinano i pesci tropicali.

6. Vi interessano le notizie giornaliere.

7. A loro interessa andare a fare la spesa?

8. A Mario non piace guidare con la nebbia.

9. A Erica serve la matita.

10. Non accade mai niente qui.

11. Tutti hanno bisogno del computer.

12. Ai giovani piace la musica moderna.

13. Ai giovani piacciono le canzoni nuove.

14. A loro piace viaggiare.

O Objeto Indireto 185

Exercício 10.6

Responda as perguntas em voz alta em italiano.

1. Ti piace il vino?
2. Quanti libri sono necessari per il corso?
3. Vi interessa la politica?
4. Perchè volete studiare l'Italiano?
5. Gli piacciono le macchine grandi?
6. Ti piace questa macchina bianca?
7. A loro affascina la tecnologia moderna?
8. A chi piace ballare?
9. Quanta benzina è necessaria per il viaggio?
10. Gli interessa leggere il giornale?

Pronomes Oblíquos

Revise os seguintes pronomes oblíquos.

mi	*a mim/para mim*
ti	*a você/para você (informal)*
gli	*a ele/para ele*
le	*a ela/para ela*
Le	*ao Sr./Sra./para o Sr./Sra.*
ci	*a nós/para nós*
vi	*a vocês/para vocês (informal)*
loro	*a eles/a elas/para eles/para elas*

Falando Mais de *gli*

Atualmente, como dissemos, o **gli** tem sido usado em vez do **loro**. Ele é usado para o singular masculino e para os plurais masculinos e femininos.

Até aqui, você aprendeu os pronomes oblíquos com verbos como **piacere**. Agora, vai aprender o que são objetos indiretos e como são usados. Por exemplo, *Dei-lhe o livro*. Nessa frase, *lhe* é o pronome oblíquo, equivalente ao objeto indireto.

O objeto indireto recebe indiretamente a ação do verbo. Pronomes oblíquos respondem à pergunta **a chi?** (*a quem?*) ou **per chi?** (*para quem?*)

Estrutura dos Pronomes Oblíquos

As estruturas do italiano e do português para pronomes oblíquos têm algumas diferenças, então leve o tempo que precisar para entendê-las e pratique o máximo possível.

O verbos a seguir comumente requerem objetos indiretos:

assomigliare *assemelhar-se*	
io assomiglio	noi assomigliamo
tu assomigli	voi assomigliate
lui/lei/Lei assomiglia	loro assomigliano

chiedere *perguntar/pedir*	
io chiedo	noi chiediamo
tu chiedi	voi chiedete
lui/lei/Lei chiede	loro chiedono

dare *dar*	
io do	noi diamo
tu dai	voi date
Lei/lui/lei/ dà	loro danno

dire *dizer*	
io dico	noi diciamo
tu dici	voi dite
Lei/lui/lei/ dice	loro dicono

domandare *perguntar*	
io domando	noi domandiamo
tu domandi	voi domandate
Lei/lui/lei domanda	loro domandano

donare *doar*	
io dono	noi doniamo
tu doni	voi donate
Lei/lui/lei dona	loro donano

imprestare *emprestar*	
io impresto	noi imprestiamo
tu impresti	voi imprestate
Lei/lui/lei impresta	loro imprestano

insegnare *ensinar*	
io insegno	noi insegniamo
tu insegni	voi insegnate
Lei/lui/lei insegna	loro insegnano

mandare *enviar*	
io mando	noi mandiamo
tu mandi	voi mandate
Lei/lui/lei manda	loro mandano

portare *levar*	
io porto	noi portiamo
tu porti	voi portate
Lei/lui/lei porta	loro portano

rispondere *responder*	
io rispondo	noi rispondiamo
tu rispondi	voi rispondete
Lei/lui/lei risponde	loro rispondono

scrivere *escrever*	
io scrivo	noi scriviamo
tu scrivi	voi scrivete
Lei/lui/lei scrive	loro scrivono

telefonare *telefonar*		**vendere** *vender*	
io telefono	noi telefoniamo	io vendo	noi vendiamo
tu telefoni	voi telefonate	tu vendi	voi vendete
Lei/lui/lei telefona	loro telefonano	Lei/lui/lei vende	loro vendono

volere bene a *querer bem a*	
io voglio bene	noi vogliamo bene
tu vuoi bene	voi volete bene
Lei/lui/lei vuole bene	loro vogliono bene

Os verbos anteriores comumente usam a preposição **a** depois do verbo quando seguidos por um substantivo, um nome próprio ou uma frase preposicional.

Lui assomiglia a suo padre.	*Ele se parece com seu pai.*
Io chiedo a Maria di uscire con me.	*Pedi à Maria para sair comigo.*
Scrivo una lunga lettera **a lei**.	*Escrevo uma longa carta para ela.*
Vendiamo la casa **ai nostri figli**.	*Vendemos a casa para os nossos filhos.*
Riccardo **vuole bene alla nonna**.	*Riccardo quer bem à sua avó.*

Posição dos Pronomes Oblíquos

O pronome oblíquo pode ser posicionado em dois locais em uma frase.

Pronomes Oblíquos Posicionados Diretamente Antes do Primeiro Verbo

Nessa primeira opção, o pronome oblíquo é colocado *diretamente antes do primeiro verbo* em uma declaração ou pergunta.

Luigi **mi telefona** tutti i giorni.	*Luigi me telefona todos os dias.*
Luigi **ti telefona** tutti i giorni.	*Luigi lhe telefona todos os dias.*
Io **le telefono** tutti i giorni.	*Eu lhe telefono todos os dias.*
Io **Le telefono** tutti i giorni.	*Eu lhe telefono todos os dias. (formal)*
Luigi **ci telefona** tutti i giorni.	*Luigi nos telefona todos os dias.*
Luigi **vi telefona** tutti i giorni.	*Luigi lhes telefona todos os dias.*
Io **gli telefono** tutti i giorni.	*Eu lhes telefono todos os dias. (formal)*

Um substantivo também pode ser inserido em uma frase preposicional.

Liliana **telefona a sua sorella**. *Liliana telefona para sua irmã.*
Liliana **le telefona**. *Liliana lhe telefona.*

Liliana **telefona a mio padre**. *Liliana telefona para o meu pai.*
Liliana **gli telefona**. *Liliana lhe telefona.*

Lui **telefona ai suoi fratelli**. *Ele telefona para seus irmãos.*
Lui **gli telefona (a loro)**. *Ele lhes telefona.*

Embora as preposições *a* e *para* sejam intercambiáveis em português na maioria dos casos, com os verbos **comprare** e **fare**, a tradução dos pronomes oblíquos é *para mim, para você, para ele/ela, para nós, para vocês, para eles/elas.*

Roberto **mi compra** i fiori. *Roberto compra flores para mim.*
Io **le compro** i fiori. *Eu compro flores para ela.*
Ti faccio un favore. *Eu faço um favor para você.*

 ## Exercício 10.7

Complete as frases com a forma correta dos pronomes oblíquos entre parênteses.

1. _____ scrivo tutte le settimane. (*a ele*)

2. Lui _____ parla. (*a ele*)

3. _____ mando un regalo. (*a ela*)

4. Tu _____ telefoni ogni giorno. (*a ele*)

5. _____ mando un invito. (*a ela*)

6. _____ mandiamo un regalo. (*a ele*)

7. Carlo _____ risponde. (*a ela*)

8. Il professore _____ fa una domanda. (*a eles*)

9. Tu _____ scrivi spesso. (*a ele*)

10. Giovanni _____ parla tutte le settimane. (*a ela*)

11. Luisa non _____ risponde. (*a mim*)

12. _____ scrivo per sapere a che ora vieni. (*a você*)

O Objeto Indireto

13. _____ parlo tutti i giorni. (*a ela*)
14. Luisa _____ scrive due lettere alla settimana. (*a nós*)
15. Elena _____ dice sempre che vuole andare in Brasile. (*a mim*)
16. Io _____ compro un anello. (*a você*)

 ## Exercício 10.8

Complete as frases com a forma correta dos pronomes oblíquos e verbos entre parênteses. Observe que essas frases têm dois verbos. Lembre-se: o pronome oblíquo deve ser posicionado antes do primeiro verbo.

EXEMPLO: Loredana <u>*mi vuole telefonare*</u> stasera. (*querer telefonar/para mim*)

1. Luisa _____ un regalo. (*querer dar/a mim*)
2. Mio marito _____ una macchina nuova. (*querer comprar/para mim*)
3. Lei _____ ottime direzioni. (*querer dar/a mim*)
4. Lucia _____ alla domenica sera. (*querer telefonar/para nós*)
5. Il professore _____ il francese. (*querer ensinar/para vocês*)
6. Chi _____ portoghese? (*poder ensinar/para nós*)
7. La professoressa _____ portoghese. (*poder ensinar/a você*)
8. Giovanni _____ la cena. (*ter que trazer/para nós*)
9. Loro _____ un favore. (*querer perguntar/a eles*)
10. Mio cugino _____ un cane. (*querer comprar/para mim*)

Pronomes Oblíquos Anexados ao Infinitivo

Na segunda opção, o pronome oblíquo é anexado ao infinitivo (se houver) na frase.

Se houver infinitivo na frase, mas nenhuma outra forma verbal, o pronome oblíquo *deve* ser anexado ao infinitivo, e o infinitivo perde o **-e** final antes do pronome.

Voglio telefonarti, invece di scriverti una lettera.
Quero lhe telefonar, em vez de lhe escrever uma carta.

Prima di darti i soldi, devo telefonare a Guido.
Antes de lhe dar o dinheiro, devo telefonar para o Guido.

Há vezes em que as frases incluem mais de um verbo, sendo um deles um infinitivo. Você pode anexar um pronome oblíquo a um infinitivo nesta situação.

Voglio insegnarle a giocare a tennis.
Quero lhe ensinar a jogar tênis.

Lei **vuole darci** un cappuccino.
Ela quer nos dar um cappuccino.

Exercício 10.9

Complete as frases anexando o pronome oblíquo aos infinitivos, usando a forma correta das palavras entre parênteses.

1. Luisa _____ la storia della sua vita. (*querer dizer/me*)

2. Noi _____ la nostra casa. (*querer vender/lhes*)

3. Lui _____ la penna. (*querer emprestar/lhe*)

4. Maria _____. (*ter que escrever/lhe*)

5. La mamma _____ la cena. (*ter que preparar/lhe*)

6. Io _____ un regalo. (*querer enviar/lhe*)

7. Voi _____ dei soldi. (*querer emprestar/me*)

Exercício 10.10

Complete as frases com a forma correta dos verbos e pronomes oblíquos entre parênteses.

1. Marcella _____ a cucinare. (*querer ensinar/nos*)

2. Se hai freddo, io _____ una coperta. (*dar/lhe*)

3. Noi _____ spesso. (*escrever/lhe*)

4. Tu _____ spesso dei regali. (*querer enviar/me*)

5. Io _____ un cane. (*querer comprar/lhes*)

Revisão: Pronomes Oblíquos

Reveja as posições dos pronomes oblíquos.

- Diretamente antes do primeiro verbo
- Anexado ao infinitivo

Independentemente de o pronome oblíquo ser posicionado diretamente antes do primeiro verbo ou anexado ao infinitivo, o significado é exatamente o mesmo. Pratique pronomes oblíquos o máximo que puder. É um conceito difícil de dominar.

Io **voglio spedirti** un pacco.
Io **ti voglio spedire** un pacco.
} *Eu quero lhe enviar uma encomenda.*

Vogliono raccontarci una storia.
Ci vogliono raccontare una storia.
} *Eles querem nos contar uma história.*

Devi dirmi la verità.
Mi devi dire la verità.
} *Você deve me dizer a verdade.*

Exercício 10.11

Traduza as frases para o português.

1. Mi puoi dire perchè non vuoi andare con noi?

2. Il mio amico deve imprestarmi quattro sedie.

3. Lucia vuole dargli un bicchierino di liquore.

4. Mi interessa molto imparare a suonare il pianoforte.

5. Il dottore vuole parlarmi.

6. Mando un regalo ai bambini.

7. Voglio mandare un regalo.

8. Non ho voglia di parlargli.

9. Le devo telefonare.

10. Il professore gli fa una domanda.

11. Hai telefonato a Giovanni? Sì, gli ho telefonato.

12. Voglio telefonarle appena posso.

13. A Maria non piace il caffè, ma le piace il cappuccino.

14. Il cameriere le porta una bottiglia di acqua minerale.

15. Le devo dire che legge molto bene.

Exercício 10.12

Escreva as respostas completas em italiano. Substitua os objetos indiretos por pronomes oblíquos quando possível, prestando atenção à posição.

1. Ti piace questa lezione?
   Sì, _____.
2. Ti piace andare al mare?
   Sì, _____.
3. Gli piace andare a ballare?
   No, _____.

O Objeto Indireto

4. Devo portarle dei fiori, perchè è il suo compleanno?

No, ma _____.

5. Mandi l'invito al tuo professore?

Sì, _____.

6. Vuoi farle una sorpresa?

Sì, _____.

7. Vuoi scrivergli una lettera?

Sì, _____.

8. Hai detto a Marco di studiare?

Sì, _____.

9. Vuoi imprestare il tuo libro a Giovanni?

Sì, _____.

10. Vuoi farmi una domanda?

Sì, _____.

11. Gli dici che deve ritornare a casa presto?

Sì, _____.

12. Devo imprestarti dei soldi?

Sì, _____.

13. Vuoi che ti insegni a dipingere?

No, _____.

14. Ti piace cucinare?

No, _____.

Exercício 10.13

Traduza as frases para o italiano.

1. Ele lhe dá um anel de diamantes todos os anos.

_____

2. Luisa nunca me diz nada.

_____

3. Nós lhe emprestaremos nossos livros.

_____

4. Vou lhe trazer vinho e você me traz cerveja.

5. Quero lhe trazer macarrão.

6. Ele quer lhe dizer muitas coisas.

7. Quando você vai me responder a carta?

8. Os deveres de casa me parecem muito difícil.

9. Amo meus filhos.

10. Digo a você que o trem está no horário.

11. Por que você não responde minhas perguntas?

12. Maria me diz que quer ir à Veneza.

13. Maria quer me dizer aonde ela quer ir.

14. Tenho que me preparar.

15. A garota se parece com seu pai.

Interpretação de Texto

Andare a fare spese

Io e le mie amiche siamo molto contente quando possiamo andare a fare compere. Ci affascina andare nei centri commerciali e guardare la merce esposta. Ci piace anche comprare qualche vestito anche se non ne abbiamo bisogno.

Ci fermiamo sempre davanti ai banchi dei profumi. Guardiamo e proviamo i profumi. Le commesse ci chiedono se abbiamo bisogno di qualche cosa. Ci chiedono di provare i profumi e alla fine non sappiamo quale scegliere. Ci sembrano tutti uguali.

Quando siamo stanche e abbiamo fame, decidiamo dove vogliamo andare a mangiare un boccone in fretta.

Guardiamo il menù e chiediamo al cameriere che cosa ci suggerisce. Il cameriere ci dice che la specialità del ristorante è il pesce. Siamo contente, perchè il pesce ci piace molto.

Dopo aver finito di mangiare, ritorniamo nei negozi e continuiamo a fare compere.

Vogliamo portare un regalo ai bambini. Scegliamo un libro e un giocattolo. Ci dispiace quando dobbiamo ritornare a casa. Telefoniamo ai nostri mariti per dire che stiamo ritornando.

Vocabolario (Vocabulário)

andare a fare compere	*ir às compras*
il banco	*o balcão*
il centro commerciale	*o shopping center*
la commessa	*a vendedora*
esposta	*exposta*
in fretta	*rapidamente*
il giocattolo	*o brinquedo*
mangiare un boccone	*comer um pouco*
la merce	*a mercadoria*
il profumo	*o perfume*
provare	*experimentar*
scegliere	*escolher*
la specialità	*a especialidade*
suggerire	*sugerir*

Domande (Perguntas)

Depois de ler esta seleção, responda as perguntas em italiano e leia suas respostas em voz alta.

1. Dove vanno le amiche e perchè?
   _____
   _____

2. Dove si fermano nei negozi?
   _____
   _____

3. Che cosa fanno quando si fermano al banco dei profumi?
   _____
   _____

4. Dove vanno quando sono stanche?
   _____
   _____

5. Prima di ritornare a casa che cosa fanno?
   _____
   _____

 Interpretação de Texto

La spiaggia

Mi piace molto andare in spiaggia alla mattina presto, per vedere l'alba e il sorgere del sole e alla sera per vedere il tramonto. Di solito alla mattina non c'è molta gente. Dormono ancora tutti. Quelli come me che vanno in spiaggia così presto, sono lì per correre, camminare, per fare camminare il loro cane. Spesso vedo persone sedute, con gli occhi chiusi che meditano. Mi piace camminare sul bordo del mare, cercare le conchiglie che sono venute sulla spiaggia spinte dalle onde durante la notte, e bagnarmi i piedi sulla riva del mare. Alla mattina l'acqua è fredda e ci sono pochissimi bagnanti. Solo pochi coraggiosi.

    Quando il sole comincia a sorgere è come una grossa palla rossa, sospesa sull'acqua. Qualche volta, il cielo si riempie di raggi rossi. In poco tempo il sole è alto nel cielo ed è chiaro. Il giorno è cominciato. La gente lascia la spiaggia per andare a compiere il dovere giornaliero.

Durante il giorno non vado in spiaggia. È troppo caldo, c'è troppa gente, e non fa molto bene stare al sole.

Ritorno in spiaggia alla sera all'ora del tramonto. Non fa più tanto caldo. Non c'è più tanta gente. Ci sono solo le persone che vogliono godersi la natura, osservare la fine di un'altra giornata, e ammirare il saluto serale del sole che spesso è spettacolare. Qualche volta, il cielo si riempie di nuvole rosse e arancioni. Tutto il cielo è come un quadro meraviglioso che dura solo pochi istanti, ma che si ripete ogni sera.

Dopo che il sole è tramontato, e la terra è circondata da oscurità, comincia un altro miracolo. Il cielo si riempie di migliaia di stelle che scintillano. La luna brilla sulla terra e la spiaggia si riempie di mistero.

Nomi (Substantivos)

l'alba	*o amanhecer*	il mistero	*o mistério*
il bagnante	*o banhista*	la natura	*a natureza*
il bordo	*a borda*	la nuvola	*a nuvem*
il cielo	*o céu*	l'onda	*a onda*
la conchiglia	*a concha*	l'oscurità	*a escuridão*
il dovere	*o dever*	il raggio	*o raio*
la gente	*as pessoas*	la riva	*a costa*
l'istante	*o instante*	il saluto	*o cumprimento*
la luna	*a lua*	il sorgere	*a subida*
il mare	*o mar*	la spiaggia	*a praia*
il miracolo	*o milagre*	il tramonto	*o pôr do sol*

Verbi di espressioni (Expressões Verbais)

ammirare	*admirar*	durare	*durar*
andare	*ir*	godere	*aproveitar*
bagnare	*banhar-se*	meditare	*meditar*
brillare	*brilhar*	osservare	*observar*
cercare	*procurar*	riempire	*preencher*
cominciare	*começar*	ripetere	*repetir*
compiere	*fazer*	scintillare	*faiscar*
correre	*correr*	sorgere	*subir*
dormire	*dormir*	tramontare	*colocar*

Aggettivi (Adjetivos)

altro	*outro*	meraviglioso	*maravilhoso*
chiaro	*claro*	serale	*noturno*
coraggioso	*corajoso*	sospeso	*suspenso*
giornaliero	*cotidiano*	spettacolare	*espetacular*
grosso	*gordo*		

Espressioni (Expressões)

Non fa bene stare al sole.	*Não faz bem estar ao sol.*
Godersi la natura.	*Aproveitar a natureza.*

Participi Passati (Particípios Passados)

circondata	*cercada*	tramontato	*colocado*

Domande (Perguntas)

Depois de ler esta seleção, responda as perguntas em italiano e leia suas respostas em voz alta.

1. A che ora è meglio andare alla spiaggia?

_____

_____

2. Chi c'è sulla spiaggia alla mattina?

_____

_____

3. Che cosa si vede la mattina dalla spiaggia?

_____

_____

4. Che cosa si vede alla sera dalla spiaggia?

_____

_____

5. Quando cade l'oscurità che cosa c'è nel cielo?

_____

_____

11

O Objeto Direto

Verbos Transitivos e o Objeto Direto

O objeto direto recebe a ação do verbo e pode ser uma pessoa ou uma coisa.

*Eu li **o livro**.*
*Eu vi **a mulher**.*

Um verbo que recebe objetos diretos é chamado de transitivo; eles respondem à pergunta *quem?* ou *quê?*

A tradução para o português dos verbos transitivos indiretos em italiano pode incluir uma preposição. Nesse caso, o verbo permanece transitivo direto em italiano, mas é indireto em português.

Io ascolto la musica.   ***Eu escuto** a música.*
Tu aspetti gli amici.   ***Você espera** os amigos.*

A seguir estão conjugações de verbos transitivos usados com frequência.

abbracciare *abraçar*	
io abbraccio	noi abbracciamo
tu abbracci	voi abbracciate
Lei/lui/lei abbraccia	loro abbracciano

accompagnare *acompanhar*	
io accompagno	noi accompagniamo
tu accompagni	voi accompagnate
Lei/lui/lei accompagna	loro accompagnano

aiutare *ajudar*	
io aiuto	noi aiutiamo
tu aiuti	voi aiutate
Lei/lui/lei aiuta	loro aiutano

amare *amar*	
io amo	noi amiamo
tu ami	voi amate
Lei/lui/lei ama	loro amano

ascoltare *escutar*

io ascolto	noi ascoltiamo
tu ascolti	voi ascoltate
Lei/lui/lei ascolta	loro ascoltano

aspettare *esperar*

io aspetto	noi aspettiamo
tu aspetti	voi aspettate
Lei/lui/lei aspetta	loro aspettano

chiamare *chamar*

io chiamo	noi chiamiamo
tu chiami	voi chiamate
Lei/lui/lei chiama	loro chiamano

guardare *olhar*

io guardo	noi guardiamo
tu guardi	voi guardate
Lei/lui/lei guarda	loro guardano

incontrare *encontrar*

io incontro	noi incontriamo
tu incontri	voi incontrate
Lei/lui/lei incontra	loro incontrano

invitare *convidar*

io invito	noi invitiamo
tu inviti	voi invitate
Lei/lui/lei invita	loro invitano

portare *levar*

io porto	noi portiamo
tu porti	voi portate
Lei/lui/lei porta	loro portano

raccogliere *recolher*

io raccolgo	noi raccogliamo
tu raccogli	voi raccogliete
Lei/lui/lei raccoglie	loro raccolgono

salutare *cumprimentar*

io saluto	noi salutiamo
tu saluti	voi salutate
Lei/lui/lei saluta	loro salutano

trovare *encontrar*

io trovo	noi troviamo
tu trovi	voi trovate
Lei/lui/lei trova	loro trovano

vedere *ver*

io vedo	noi vediamo
tu vedi	voi vedete
Lei/lui/lei vede	loro vedono

visitare *visitar*

io visito	noi visitiamo
tu visiti	voi visitate
Lei/lui/lei visita	loro visitano

Exercício 11.1

Complete as frases com a forma correta do que está entre parênteses.
EXEMPLO: Noi *visitiamo i nostri amici*. (*visitar nossos amigos*)

1. Prima di uscire di casa, lei _____. (*beijar seu marido*)
2. Lei _____ prima di uscire di casa. (*telefonar para sua amiga*)
3. In primavera noi _____ nei campi. (*recolher flores*)
4. Io non _____ mai la televisione. (*assistir*)
5. In classe noi _____. (*escutar o professor*)
6. Tu _____ ad attraversare la strada. (*ajudar a tia*)
7. Lei mi _____. (*trazer um copo de chá*)
8. Roberto _____ a casa sua. (*convidar os amigos*)
9. Lui non capisce la lezione perchè non _____. (*escutar o professor*)
10. Roberto _____ alla festa. (*convidar todos os seus amigos*)
11. Noi _____ l'autobus tutte le mattine. (*esperar*)
12. Voi _____ Pietro. (*conhecer bem*)
13. Lei _____ sulla spiaggia. (*ver muitos pássaros*)
14. Maria _____. (*ajudar a senhora*)
15. La mamma _____ a scuola. (*acompanhar as crianças*)
16. Loro _____ del prete. (*escutar o sermão*)

Pronomes Oblíquos

Os pronomes oblíquos de objeto direto **mi**, **ti**, **ci** e **vi** têm a mesma forma dos oblíquos de objeto indireto **mi**, **ti**, **ci** e **vi**. As novas formas são **lo**, **li**, **la** e **le**.

mi	*me*	ci	*nos*
ti	*te, se, si*	vi	*vos*
lo	*o*	li	*os*
la	*a*	le	*as*

Certifique-se de saber qual é o objeto direto e os pronomes oblíquos em todos os casos. Revise o seguinte.

Eu leio o livro.
Eu vejo o menino.

- Nessas frases, *o livro* e *o menino* são objetos diretos.
- Os pronomes oblíquos substituem o objeto direto.

Eu leio o livro. Eu o leio.
Eu vejo o menino. Eu o vejo.

Revisão: Pronomes Oblíquos

Os pronomes oblíquos de objeto direto:

- Substituem um objeto direto
- Referem-se a pessoas ou coisas
- Recebem diretamente a ação do verbo
- Respondem questões sobre o que ou quem recebe a ação

Posição dos Pronomes Oblíquos de Objeto Direto

Os pronomes oblíquos de objeto direto, como os do indireto, podem ocupar duas posições na frase.

Pronomes Oblíquos Posicionados Diretamente Antes do Primeiro Verbo

Nessa primeira opção, o pronome oblíquo é colocado diretamente antes do primeiro verbo em uma declaração ou pergunta.

Lei **mi** chiama.	*Ela me chama.*
I bambini **ti** guardano.	*As crianças o olham.*
Loro **ci** vedono.	*Eles nos veem.*
Vi possiamo aspettare?	*Podemos lhes esperar?*

Pronomes Oblíquos Anexados ao Infinitivo

Na segunda opção, o pronome oblíquo é anexado ao infinitivo. Em qualquer caso, o significado da frase não muda.

Lei vuole **visitarmi** in Italia.	*Ela quer me visitar na Itália.*
Vogliamo **invitarlo** a cena.	*Queremos convidá-lo para o jantar.*

Devo **chiamarlo**.	*Devo chamá-lo.*
Chi vuole **chiamarlo?**	*Quem quer chamá-lo?*
Vuoi **aspettarla?**	*Você quer esperá-la?*
Puoi **chiamarla?**	*Você pode chamá-la?*

Pronomes Oblíquos e o Infinitivo

Como acontece com os pronomes oblíquos de objeto indireto, quando o direto é anexado ao final do verbo no infinitivo, perde o **-e** final antes do pronome.

| Voglio **vederla**. | *Quero vê-la.* |

Pronomes Oblíquos como uma Pessoa

Pronomes oblíquos de objeto direto não precisam de esclarecimentos. É óbvio que **lo** só pode significar *o*; **la**, *a*; **li**, *os*; e **le**, *as*.

| lo | *o* | li | *os* |
| la | *a* | le | *as* |

Luisa **lo** guarda.	*Luisa o olha.*
Carla **la** chiama.	*Carla a chama.*
Li vedo domani.	*Eu os vejo amanhã.*
Io **le** conosco bene.	*Eu as conheço bem.*

Para tornar uma frase negativa, o **non** é posicionado antes do pronome oblíquo.

Non lo vedo.	*Não o vejo.*
Non la conosco.	*Não a conheço.*
Tu **non** la baci.	*Você não a beija.*

Quando o pronome oblíquo está anexado ao infinitivo, o **non** é posicionado antes do primeiro verbo.

Non voglio vederlo.	*Não o quero ver.*
Non vuoi aspettarla.	*Não a quero esperar.*
Non posso cantarla.	*Não a posso cantar.*

Exercício 11.2

Complete as frases com as formas corretas do verbo e pronomes oblíquos.

1. Luisa _____ tutte le domeniche. (*esperá-lo*)
2. Io non _____. (*lembrá-lo*)
3. Dov'è il gatto? Io non _____. (*vê-lo*)
4. Tu _____. (*conhecê-la*)
5. Marco _____ molto. (*amá-la*)
6. Domani andiamo a _____. (*visitá-los*)
7. Loro _____. (*escutá-la*)
8. Voi _____. (*escutá-los*)
9. Lui _____. (*beijá-la*)
10. Io _____ sempre. (*pensar nela*)
11. _____ a pranzo. (*convidá-lo*)
12. Dov'è tua sorella? Non _____. (*sabê-lo*)
13. Noi _____ al cinema. (*acompanhá-los*)
14. Conoscete Luisa? Sì, _____. (*conhecê-la*)
15. Decidiamo di _____. (*ajudá-lo*)
16. Non voglio _____. (*querer vê-la*)

Exercício 11.3

Traduza as frases para o português.

1. Il ragazzo sembra ammalato. Dobbiamo aiutarlo.

_____

2. Quando la vedi, devi abbracciarla.

_____

3. Maria arriva sempre tardi e noi non la aspettiamo più.

_____

4. Chiamiamo i nostri genitori e li avvisiamo che andiamo a visitarli.

_____

5. Voglio invitare Mario e Nadia a cena. Li chiamo questa sera.

_____

Pronomes Oblíquos como uma Coisa

Carlo compra **lo stereo**. *Carlo compra o **som estéreo**.*
Carlo **lo** compra. *Carlo **o** compra.*

Vamos revisar o que aprendemos sobre os oblíquos de objeto direto.

- Substituem o objeto direto.
- São posicionados diretamente antes do primeiro verbo ou anexado ao final do infinitivo.

Carlo compra lo stereo. *Carlo compra o som estéreo.*
Carlo **lo** compra. *Carlo o compra.*

Io canto la canzone. *Eu canto a música.*
Io **la** canto. *Eu a canto.*

Compriamo i piselli. *Nós compramos as ervilhas.*
Li compriamo. *Nós as compramos.*

Lei legge le riviste. *Ela lê as revistas.*
Lei **le** legge. *Ela as lê.*

Deve prendere il treno alle nove. *Ela deve pegar o trem às nove.*
Deve prender**lo** alle nove. *Ela deve pegá-lo às nove.*

Io non capisco la matematica. *Eu não entendo matemática.*
Devo studiar**la** per capir**la**. *Devo estudá-la para entendê-la.*

 ## Exercício 11.4

Complete as frases com as formas corretas dos verbos e pronomes oblíquos.

1. Dove sono le riviste? Io _____ sempre nel cestino, ma adesso non _____. (*colocá-los, vê-los*)

2. La sua camera è sporca, ma Carlo non _____. (*querer limpá-la*)

3. La mia macchina è rotta. Io non _____. Forse _____. (*poder usá-la, vendê-la*)

4. Il vestito è pieno di macchie. Io _____ in lavanderia. (*ter que pegá-lo*)

5. Io ho tanti bei libri a casa mia. Io _____. (*querer lê-los*)

6. Vogliamo andare nei negozi e comprare i regali. Noi _____ oggi perchè _____. (*ter que comprá-los, ter que enviá-los*)

7. Loro non capiscono la lezione. È necessario _____ per _____. (*estudá-la, entendê-la*)

8. In inverno la gente prende il raffreddore. _____ spesso. (*pegar uma friagem*)

9. Vuoi leggere il libro? Sì, _____ ma non ho tempo. (*querer lê-lo*)

10. Domani invito gli amici di Maria. _____ per una festa. (*querer convidá-los*)

Revisão da Tabela de Pronomes Oblíquos de Objetos Indiretos e Diretos

Pronome Reto	Pronome Oblíquo Indireto	Pronome Oblíquo Direto
io	mi	mi
tu	ti	ti
lui	gli	lo
Lei/lei	Lei/le	la
noi	ci	ci
voi	vi	vi
loro (*m.*)	gli (a loro)	li
loro (*f.*)	gli (a loro)	le

Exercício 11.5

Complete as frases com os pronomes oblíquos indiretos ou diretos corretos posicionando-os na frente do primeiro verbo ou anexando-os ao infinitivo.

1. Conosci bene l'Italia? Sì, _____ conosco. (*ela*)
2. Dov'è la rivista? _____ vedi? (*ela*)
3. Lui compra i dolci per la festa. _____ compra. (*eles*)
4. Voglio aiutare mia sorella in cucina. _____ voglio aiutare. (*ela*)
5. Noi diamo i regali ai bambini. _____ diamo i regali. (*eles*)
6. Prima di incontrar _____ va al cinema. (*eles*)
7. Quando _____ scrivi? Io _____ scrivo domani. (*ele, ele*)
8. Io capisco l'italiano. Tu non _____. (*entender ele*)
9. Invece di _____ a casa, _____ al ristorante. (*convidar ele, levar ele*)
10. Io _____ una lunga lettera, ma lei non _____ trova. (*escrever ela, encontrar ela*)
11. Tu _____ al telefono, ma io non _____. (*falar eu, entender você informal*)
12. La bambina _____ di _____ un bacio. (*perguntar eu, dar ela*)
13. Io _____ le scarpe, ma lei non _____, perchè _____ male ai piedi. (*comprar ela, querer eles, machucar ela*)
14. Lei _____ tutti i giorni, ma non _____ mai. (*chamar eu, encontrar eu*)
15. Lui non _____ quando lei _____ parla. (*escutar ela, ele*)
16. Noi _____ un invito. (*enviar ele*)
17. Il professore _____ fa una domanda, ma loro non _____ rispondono. (*ele, ele*)
18. Vediamo Maria tutti i giorni, ma non _____ parliamo. (*ela*)
19. Voi _____ portate il pacco. (*ela*)
20. Mia mamma compra i fiori tutti i giorni. _____ compra al mercato. (*eles*)

Exercício 11.6

*Revise **piacere** e pronomes oblíquos de objeto indireto, então responda as perguntas em voz alta.*

1. Che cosa vi piace fare alla domenica?
2. Che cosa piace ai bambini?
3. A chi piace viaggiare e andare in vacanza?
4. A chi piace andare a sciare?
5. Perchè vi piace andare al cinema?

 ## Exercício 11.7

Traduza as frases para o italiano.

1. Lisa espera seus irmãos, que sempre chegam atrasado.

2. Vamos ao cinema todas as semanas. Gostamos de assistir a filmes.

3. Verbos em italiano são difíceis, mas nós os estudamos e aprendemos.

4. Você (informal) quer acompanhá-lo ao jogo de futebol? Ele não gosta de ir sozinho.

5. Quando ele a vê, ele a abraça, a beija e fala com ela por muito tempo.

6. Eu lhe perguntei quanto os ingressos custam, mas ele não sabe.

7. Eles comem pizza o tempo todo. Eu não como porque não gosto.

8. Eles gostam de praia. Eu não gosto porque é muito cheia.

9. Ela tem uma roupa de banho nova, mas nunca a veste.

10. Você fala com ela o tempo todo? Você a vê com frequência?

 ## Interpretação de Texto

Gli svaghi degli italiani

Agli italiani piace mangiare. Ma agli italiani piace soprattutto mangiare in compagnia degli altri. Sia per grandi banchetti in occasione di ricorrenze importanti, o piccole feste con amici e parenti la cena fuori al ristorante o in trattoria, è un passatempo perfetto e uno svago ideale.

Agli italiani non piace organizzare raduni con tanto anticipo. Agli italiani piace organizzare gite, pranzi, feste, all'ultimo momento. Se alla domenica mattina fa bel tempo, non sono stanchi, contattano gli amici o i parenti e in poco tempo sono pronti per andare a divertirsi.

Lo spazio pubblico della piazza è il salotto degli italiani dove si incontrano con gli amici. Nelle piazze italiane, a qualsiasi ora, si vedono gruppi di uomini o di ragazzi che parlano, gesticolano, ridono e a volte fanno pensare che stiano litigando tanto sono agitati e urlano. Stanno solo parlando di politica o di sport, mentre seguono con ammirazione le giovani passanti.

Nelle piazze italiane di solito si trovano ristoranti e bar con tavolini all'esterno dove la gente può sedersi e ordinare qualche cosa da mangiare o da bere e dove possono rimanere quanto vogliono. Nessuno li manda via.

Un altro svago italiano è il calcio. Gli italiani amano guardare, giocare, parlare del calcio. Tutti hanno una squadra favorita che seguono con passione. Tutti sono esperti e sanno tutto sulla squadra che preferiscono. Molti uomini italiani vanno alle partite domenicali o le seguono alla televisione.

Agli italiani piace vivere bene e svagarsi con gli amici e i parenti.

Nomi (Substantivos)

il banchetto	*o banquete*	il passante	*a passagem*
la compagnia	*a empresa*	il passatempo	*o passatempo*
la gita	*o passeio*	il raduno	*a reunião*
la partita	*o jogo*	la ricorrenza	*a festividade*
l'occasione	*a ocasião*	lo spazio	*o espaço*

Aggettivi (Adjetivos)

agitato	*agitado*	ideale	*ideal*
esperto	*expert*	importante	*importante*
grande	*grande*	perfetto	*perfeito*

Verbi (Verbos)

gesticolare	*gesticular*	organizzare	*organizar*
incontrarsi	*encontrar-se*	ridere	*rir*
litigare	*discutir*	seguire	*seguir*
mandare	*enviar*	urlare	*gritar*

Domande (Perguntas)

Depois de ler esta seleção, responda as perguntas em italiano e leia suas respostas em voz alta.

1. Dove piace mangiare agli italiani?

   _____

   _____

2. Che cosa piace organizzare agli italiani?

   _____

   _____

3. Dove si incontrano gli italiani?

   _____

   _____

4. Che cosa si vede nelle piazze italiane?

   _____

   _____

5. Qual'è un altro svago italiano?

   _____

   _____

6. Con chi si svagano gli italiani?

   _____

   _____

12

Verbos Reflexivos

Um verbo é chamado de reflexivo quando o sujeito e o objeto se referem à mesma pessoa. Em outras palavras, o sujeito e o objeto são o mesmo dentro de uma frase. Verbos reflexivos são fáceis de reconhecer porque acrescentam o pronome reflexivo **si** (*se*) à forma infinitiva do verbo, substituindo o **-e** final do infinitivo.

Eu me despertei.

Sujeito	Verbo	Objeto
Eu	*despertei*	*me.*

Pronomes Reflexivos

Os pronomes reflexivos são objetos.

mi	*me*	ci	*nos*
ti	*te*	vi	*vos*
si	*se*	si	*se*

Para conjugar um verbo reflexivo, retire o **-si** do infinitivo e posicione o pronome reflexivo antes do verbo conjugado. O reflexivo sempre tem um pronome reflexivo.

svegliarsi *despertar-se*		**lavarsi** *lavar-se*	
mi sveglio	*me desperto*	**ci** laviamo	*nos lavamos*
ti svegli	*se desperta*	**vi** lavate	*se lavam*
si sveglia	*se desperta*	**si** lavano	*se lavam*

Compare os verbos reflexivos com os não reflexivos.

| REFLEXIVOS | Io **mi** sveglio. | *Eu me acordo.* |
| NÃO REFLEXIVOS | Io sveglio **il bambino**. | *Eu acordo o menino.* |

Verbos Reflexivos Frequentemente Usados

abituarsi *acostumar-se*	
mi abituo	ci abituiamo
ti abitui	vi abituate
si abitua	si abituano

chiamarsi *chamar-se*	
mi chiamo	ci chiamiamo
ti chiami	vi chiamate
si chiama	si chiamano

chiedersi *perguntar-se*	
mi chiedo	ci chiediamo
ti chiedi	vi chiedete
si chiede	si chiedono

dimenticarsi *esquecer-se*	
mi dimentico	ci dimentichiamo
ti dimentichi	vi dimenticate
si dimentica	si dimenticano

divertirsi *divertir-se*	
mi diverto	ci divertiamo
ti diverti	vi divertite
si diverte	si divertono

domandarsi *perguntar-se*	
mi domando	ci domandiamo
ti domandi	vi domandate
si domanda	si domandano

prepararsi *preparar-se*	
mi preparo	ci prepariamo
ti prepari	vi preparate
si prepara	si preparano

presentarsi *apresentar-se*	
mi presento	ci presentiamo
ti presenti	vi presentate
si presenta	si presentano

Falando de Verbos Reflexivos

Não é necessário usar o pronome reto e o reflexivo simultaneamente, exceto na terceira pessoa do singular. A terceira pessoa do plural também não precisa, porque a terminação verbal indica quem executa a ação. De agora em diante, pronomes retos são omitidos.

Mais Verbos Reflexivos em que os Equivalentes em Português Não São Necessariamente Reflexivos

A seguir estão mais verbos reflexivos comumente usados. Eles são excelentes para melhorar sua capacidade de se expressar sobre atividades cotidianas.

addormentarsi _dormir_	
mi addormento	ci addormentiamo
ti addormenti	vi addormentate
si addormenta	si addormentano

alzarsi _levantar-se_	
mi alzo	ci alziamo
ti alzi	vi alzate
si alza	si alzano

ammalarsi _adoentar-se_	
mi ammalo	ci ammaliamo
ti ammali	vi ammalate
si ammala	si ammalano

riposarsi _descansar_	
mi riposo	ci riposiamo
ti riposi	vi riposate
si riposa	si riposano

sedersi _sentar-se_	
mi siedo	ci sediamo
ti siedi	vi sedete
si siede	si siedono

Posição do Pronome Reflexivo

Os pronomes reflexivos podem ocupar duas posições na frase.

- Na primeira opção, ele é posicionado diretamente antes do verbo conjugado.

Mi sveglio presto.	_Me levanto cedo._
Ti svegli alle otto.	_Você se levanta às 8h._

- Na segunda, ele é anexado ao infinitivo. Como com os pronomes oblíquos anexados ao infinitivo, o **-e** final cai.

Lei vuole vestir**si** da sola.	_Ela quer se vestir sozinha._
Vogliamo veder**ci** al più presto.	_Queremos nos ver o mais rápido possível._

Exercício 12.1

Complete as frases com a forma correta dos verbos reflexivos entre parênteses.

1. Anna _____ molto tardi il sabato. (*levantar-se*)
2. I bambini _____ presto ai cambiamenti. (*acostumar-se*)
3. Quando _____ devo fare subito il caffè. (*levantar-se*)
4. Lavoriamo tutta la settimana e _____ il fine settimana. (*divertir-se*)
5. Mia nipote ha un bel nome. _____ Kyria. (*chamar-se*)
6. Se volete _____, andate nel salotto. (*sentar-se*)
7. Loro vogliono _____ bene per l'esame. (*preparar-se*)
8. Se non finisco il mio lavoro non _____ facilmente. (*dormir*)
9. Tu _____ sempre di scrivermi una cartolina. (*esquecer-se*)
10. Mi piace _____ per mezz'ora nel pomeriggio. (*descansar*)

Verbos Reflexivos com Partes do Corpo e Roupas

O italiano não usa pronomes possessivos quando fala de partes do corpo ou roupas. Em vez disso, utiliza artigos definidos.

farsi il bagno/la barba/la doccia *tomar banho; fazer a barba; tomar uma ducha*	
mi faccio	ci facciamo
ti fai	vi fate
si fa	si fanno

mettersi *colocar* (roupas)	
mi metto	ci mettiamo
ti metti	vi mettete
si mette	si mettono

spazzolarsi (i denti, i capelli) *escovar (dentes, cabelos)*	
mi spazzolo	ci spazzoliamo
ti spazzoli	vi spazzolate
si spazzola	si spazzolano

svestirsi *despir-se* (roupas)	
mi svesto	ci svestiamo
ti svesti	vi svestite
si sveste	si svestono

truccarsi *maquiar-se*	
mi trucco	ci trucchiamo
ti trucchi	vi truccate
si trucca	si truccano

vestirsi *vestir-se*	
mi vesto	ci vestiamo
ti vesti	vi vestite
si veste	si vestono

Verbos Reflexivos que Expressam Emoções ou Movimento

Esta lista mostra os verbos reflexivos que expressam emoções e movimento.

Emoções

arrabbiarsi	*enraivecer-se*	rallegrarsi	*realegrar-se*
calmarsi	*acalmar-se*	spaventarsi	*apavorar-se*
irritarsi	*irritar-se*	tranquillizarsi	*tranquilizar-se*
preoccuparsi	*preocupar-se*		

Movimento

alzarsi	*levantar-se*
fermarsi	*parar*
muoversi	*mover-se*

 ## Exercício 12.2

Complete as frases com a forma correta dos verbos reflexivos entre parênteses.

1. Fa freddo e lei _____ una maglia pesante. (mettersi)
2. Piove, non vogliamo _____ sotto un albero. (fermarsi)
3. Se vedo un topo _____. (spaventarsi)
4. Io _____ quando ritorni a casa tardi. (preoccuparsi)
5. Loro _____ tardi alla mattina. (alzarsi)
6. A Lara piace _____ quando va con le amiche. (truccarsi)
7. Prima di andare a letto, io _____ sempre i denti. (spazzolarsi)
8. Tutte le mattine mio marito _____ la barba. (farsi)
9. Quando ritorno a casa _____. (rilassarsi)
10. L'autobus _____ davanti a casa. (fermarsi)
11. Io _____ quando vedo i nipotini. (rallegrarsi)
12. Il gatto _____ quando ci vede. (spaventarsi)
13. A lei piace _____ il vestito nuovo. (mettersi)
14. I giovani oggi giorno non _____ mai. (pettinarsi)

Verbos Reflexivos Seguidos por Preposição

Em italiano, preposições que acompanham um verbo reflexivo não podem ser omitidas, mesmo que a tradução para o português o faça.

approfittarsi (di) *aproveitar-se (de)*	
mi approfitto	ci approfittiamo
ti approfitti	vi approfittate
si approfitta	si approfittano

bruciarsi (con) *queimar-se*	
mi brucio	ci bruciamo
ti bruci	vi bruciate
si brucia	si bruciano

burlarsi (di) *implicar (com)*	
mi burlo	ci burliamo
ti burli	vi burlate
si burla	si burlano

fidarsi (di) *confiar (em)*	
mi fido	ci fidiamo
ti fidi	vi fidate
si fida	si fidano

incontrarsi (con) *encontrar-se (com)*	
mi incontro	ci incontriamo
ti incontri	vi incontrate
si incontra	si incontrano

lamentarsi (di) *lamentar-se*	
mi lamento	ci lamentiamo
ti lamenti	vi lamentate
si lamenta	si lamentano

Lui si approfitta di tutti. *Ele se aproveita de todos.*
Mi brucio con la candela. *Me queimo com a vela.*
Lei non si fida di nessuno. *Ela não confia em ninguém.*
Ci lamentiamo del prezzo della benzina. *Nos lamentamos pelo preço da gasolina.*
Mi rendo conto di come è bella l'Italia. *Percebo o quão bela a Itália é.*
Lui non si ricorda di te. *Ele não se lembra de você.*

 ## Exercício 12.3

Complete as frases com a forma correta dos verbos entre parênteses.

1. A mezzanotte io _____ a pulire la cucina. (*começar*)

2. Lei non _____ dello sbaglio che fa. (*perceber*)

3. Lei _____ con la pentola calda. (*queimar*)

4. La nonna _____ di tutti. (*lembrar-se*)

5. Io non _____ di nessuno. (*confiar*)

6. Giovanni _____ di tutti. (*divertir-se*)

7. Oggi non lavora perchè non _____. (*sentir-se bem*)

8. Devi _____ di mandare gli auguri alla zia. (*lembrar-se*)

9. Lui _____ a studiare sempre troppo tardi. (*começar*)

10. Le donne italiane _____ sempre di tutto. (*reclamar*)

11. Il bambino _____ con i fiammiferi. (*queimar-se*)

12. Noi _____ di non poter vedere tutta l'Italia in due settimane. (*perceber*)

13. Tu _____ di tutto. (*reclamar*)

14. Noi _____ tutte le settimane. (*conhecer*)

15. I ragazzi _____ con gli amici dopo la scuola. (*conhecer*)

16. Io _____ di te. (*confiar*)

Revisão de Pronomes Oblíquos e Reflexivos

Pronome Reto	Pronome Oblíquo de Objeto Indireto	Pronome Oblíquo de Objeto Direto	Pronome Reflexivo
io	mi	mi	mi
tu	ti	ti	ti
lui	gli	lo	si
lei	le	la	si
noi	ci	ci	ci
voi	vi	vi	vi
loro (*m.*)	gli (a loro)	li	si
loro (*f.*)	gli (a loro)	le	si

NOTA: Lembre-se de que no italiano atual o **gli** é comumente usado no lugar de **loro**. Ele é usado para os pronomes oblíquos masculino singular e masculino e feminino plural.

Gli ho chiesto di uscire con me.	*Pedi a ele para sair comigo.*
Ho chiesto **loro** di venire con noi.	*Pedi a eles para virem conosco.*
Gli ho chiesto di venire con noi.	*Pedi a eles para virem conosco.*

Verbos Reflexivos com Significados Recíprocos

Como no português, às vezes, em italiano, verbos reflexivos são usados no plural para expressar a ideia de *reciprocidade*. Aqui estão alguns dos reflexivos mais usados.

aiutarsi	*ajudar-se*	parlarsi	*falar-se*
amarsi	*amar-se*	scriversi	*escrever-se*
capirsi	*entender-se*	vedersi	*ver-se*
conoscersi	*conhecer-se*		

Maria e Luisa si vedono tutti i giorni.	*Maria e Luisa se veem todos os dias.*
Paolo e Lucia si amano molto.	*Paolo e Lucia se amam muito.*
Si aiutano ad allacciarsi le scarpe.	*Eles se ajudam a calçar os sapatos.*
Ci parliamo tutti giorni per telefono.	*Nos falamos todos os dias ao telefone.*
Vi scrivete ogni settimana.	*Nos escrevemos toda semana.*
Non si capiscono bene.	*Não nos entendemos bem.*
Ci conosciamo da tanto tempo.	*Nos conhecemos há muito tempo.*

Si e Expressões Impessoais

Expressões com **si** são usadas quando o verbo é impessoal.
As terceiras pessoas do singular ou plural são usadas nessas frases.

CONSTRUÇÃO EM PORTUGUÊS	*Como se diz "bom dia" em italiano?*
CONSTRUÇÃO EM ITALIANO	Come si dice «bom dia» in italiano?

Qui **si parla** portoghese.	*Aqui se fala português.*
In Italia **si vive** bene.	*Na Itália se vive bem.*
Si sa che sono bravi ragazzi.	*Sabe-se que são bons rapazes.*

Exercício 12.4

Complete a história preenchendo as lacunas com as formas corretas dos verbos entre parênteses.

Roberto (1) _____ (*levantar-se*) molto presto tutte le mattine. (2) _____ (*vestir-se*) e va in palestra per un'ora. Quando ritorna a casa (3) _____ (*despir-se*), (4) _____ (*tomar uma ducha*), (5) _____ (*barbear-se*), and (6) _____ (*preparar-se*) per andare a lavorare. Prima di andare a lavorare, fa colazione con la sua famiglia. Quando arriva al lavoro vede i suoi colleghi e (7) _____ (*cumprimentar-se*). Roberto va nel suo ufficio per telefonare ai clienti. Alle nove (8) _____ (*ele encontra*) con i colleghi e i direttori della ditta nella sala delle riunioni. Loro (9) _____ (*sentar-se*) in comode e ampie poltrone e per due o tre ore stanno lì e (10) _____ (*trocar*) le idee per il progresso della ditta. Qualche volta Roberto (11) _____ (*entediar-se*) e (12) _____ (*perguntar-se*) se è veramente necessario (13) _____ (*juntar-se*) così spesso.

Interpretação de Texto

Il saluto e l'educazione

Gli italiani, specialmente le persone anziane, di solito sono molto formali. Quando si incontrano, si salutano e si danno la mano. Agli amici, membri della famiglia, bambini e in generale con chi si conosce molto bene si dà del tu. Alle persone che non si conoscono molto bene, si dà del Lei sia agli uomini che alle donne. Se si parla a più di una persona, si usa il Loro. In passato, oltre al Loro si usava anche il voi sia con le persone che non si conoscevano molto bene che con quelle che si conoscevano bene.

Quando due amici si incontrano, specialmente se non si vedono da tanto tempo, si baciano su entrambi le guance.

In Italia i titoli—dottore, avvocato, ecc.—si usano molto. Il titolo di dottore o dottoressa si usa non solo per salutare un medico, ma anche chiunque abbia una laurea universitaria.

Infine, per essere cortesi e per attenuare una richiesta, gli italiani al posto del presente indicativo, usano il condizionale. Così, anzichè dire: puoi aiutarmi, mi sai dire, voglio un/una…, preferiscono dire: Potresti aiutarmi? Potresti dirmi? Vorrei un/una, ecc.

Nomi (Substantivos)

l'avvocato	*o advogado*	il membro	*o membro*
il condizionale	*a condicional*	il passato	*o passado*
l'educazione	*a educação*	la richiesta	*o pedido*
la guancia	*a bochecha*	il saluto	*o cumprimento*
la laurea	*a graduação*		

Aggettivi (Adjetivos)

anziano	*ancião*	formale	*formal*
cortese	*cortês*	universitaria	*universitária*

Verbi (Verbos)

attenuare	*atenuar*	potere	*poder*
baciarsi	*beijar-se*	salutare	*cumprimentar*

Espressioni (Expressões)

darsi la mano	*dar-se as mãos*
darsi del tu	*usar o **tu***

Domande (Perguntas)

Depois de ler esta seleção, responda as perguntas em italiano e leia suas respostas em voz alta.

1. Che cosa fanno gli italiani quando si incontrano?

   _____

2. Che cosa si dà alle persone che non si conoscono bene?

   _____

3. Che cosa fanno gli amici quando si incontrano dopo tanto tempo?

   _____

4. A chi si danno i titoli di dottore e avvocato?

   _____

5. Che cosa usano gli italiani per attenuare una richiesta?

   _____

Interpretação de Texto

I mezzi di trasporto pubblici

La maggior parte delle grandi città italiane è ben servita da un'ottima rete di trasporti pubblici, come gli autobus, la metropolitana e i tassì.

Prima di salire sull'autobus, la gente deve acquistare i biglietti dalla macchinetta automatica, dall'edicola o dal tabaccaio. Se uno è sprovvisto di biglietto e viene il controllore, deve pagare una multa molto salata, oltre che provare molta vergogna per farsi vedere senza biglietto da tutti gli altri passeggeri.

I passeggeri di solito salgono sull'autobus dalla porta posteriore e scendono dalla porta centrale dell'autobus. Prima di scendere devono premere un pulsante che manda un messaggio al conduttore per chiedergli di fermarsi alla prima fermata a cui arriva.

I passeggeri devono stampare il loro biglietto appena salgono sull'autobus per validarlo, nella macchinetta che si trova nella parte posteriore dell'autobus. Una corsa sull'autobus, non è molto costosa, ma spesso gli autobus sono gremiti di gente, specialmente durante le ore di punta. Quando fa caldo, non è molto piacevole essere sull'autobus con tante persone attaccate l'una all'altra, senza aria condizionata.

Si può anche prendere un tassì. I tassì aspettano in posti designati, oppure si chiamano con il telefono. Di solito, c'è un costo aggiuntivo dopo le 10:00 di sera, alla domenica e durante le feste. Si paga un po' di più anche per i bagagli, se sono pesanti o se sono numerosi.

A Roma e a Milano c'è anche la metropolitana. I biglietti si comprano nelle edicole e dal tabaccaio e devono essere validati dalle macchinette all'entrata della stazione prima di salire sulla metropolitana.

Ci sono altri autobus, più precisamente chiamati pullman della SITA (Società Italiana di Trasporti) che attraversano l'Italia andando da una città all'altra o da un paese all'altro. Sono moderni, comodi e hanno l'aria condizionata. Questi pullman vanno in località dove non arrivano gli altri mezzi di trasporto dando così la possibilità alla gente in zone remote di spostarsi con una certa facilità.

Nomi (Substantivos)

il costo	*o custo*	la rete	*a rede*
l' edicola	*banca de jornais*	il tabaccaio	*a tabacaria*

la macchinetta	*a máquina*	il trasporto	*o transporte*
la multa	*a multa*	la vergogna	*a vergonha*
il pulsante	*o botão*		

Aggettivi (Adjetivos)

aggiuntivo	*adicional*	gremito	*cheio*
centrale	*central*	piacevole	*prazeroso*
comodi	*cômodo*	posteriore	*posterior*
designato	*designado*	remoto	*remoto*

Verbi (Verbos)

acquistare	*adquirir*	scendere	*apagar*
attraversare	*atravessar*	spostarsi	*mover*
premere	*empurrar*	stampare	*estampar*
salire	*subir*	validare	*validar*

Espressioni (Expressões)

essere sprovvisto	*estar desprovido*
multa salata	*multa rígida*
essere gremito	*estar muito cheio*

Domande (Perguntas)

Depois de ler esta seleção, responda as perguntas em italiano e leia suas respostas em voz alta.

1. Quali trasporti pubblici ci sono nelle città?

2. Dove si comprano i biglietti per l'autobus?

3. Dove si sale e dove si scende dall'autobus?

4. Dove si valida il biglietto dell'autobus?

5. Come si chiamano gli autobus che vanno da una città all'altra?

6. Come si viaggia su questi mezzi di trasporto e perchè?

13

O Presente do Subjuntivo

O presente do subjuntivo é um modo do presente muito usado em italiano. Até agora estudamos o presente no modo indicativo, o mais usado no idioma. Este capítulo apresenta o presente do subjuntivo. É importante aprendê-lo agora para você se expressar com confiança e livremente no presente.

O presente do subjuntivo nunca é usado de forma independente, e comumente é antecedido por uma oração principal conectada por **che**: oração principal + **che** + oração dependente.

Io credo che lei studi legge. *Acredito que ela estude leis.*

O subjuntivo normalmente é necessário depois dos seguintes elementos:

- Certas expressões impessoais
- Certos verbos
- Certas conjunções
- Certas orações adjetivas dependentes (subordinadas)
- Certas expressões

Formação do Presente do Subjuntivo

Tenha estas regras em mente ao usar o presente do subjuntivo no italiano.

- Ele é formado acrescentando-se a terminação de subjuntivo à raiz do verbo.
- Verbos irregulares no presente do indicativo também o são no do subjuntivo.
- Para criar o modo subjuntivo, o **-o** conjugado do presente na primeira pessoa do singular (forma do **io**) é substituído pela terminação do presente do subjuntivo.

223

Verbos Terminados em -*are*

A fim de conjugar os verbos regulares e irregulares terminados em -**are** no presente do subjuntivo, comece com a forma do **io** do presente do indicativo. Retire o -**o** e acrescente à raiz a terminação do presente do subjuntivo: **-i, -i, -i, -iamo, -iate, -ino**.

Infinitivo	Forma do *io*	Presente do Subjuntivo	
ballare	ballo	io balli	noi balliamo
		tu balli	voi balliate
		Lei/lui/lei balli	loro ballino
cantare	canto	io canti	noi cantiamo
		tu canti	voi cantiate
		Lei/lui/lei canti	loro cantino
pensare	penso	io pensi	noi pensiamo
		tu pensi	voi pensiate
		Lei/lui/lei pensi	loro pensino
ricordare	ricordo	io ricordi	noi ricordiamo
		tu ricordi	voi ricordiate
		Lei/lui/lei ricordi	loro ricordino

Observe que a primeira, segunda e terceira pessoas do singular são idênticas no presente do subjuntivo.

-*care* e -*gare*

Verbos terminados em -**care** e -**gare** adicionam um -**h**- antes da terminação em todas as formas do presente do subjuntivo.

Infinitivo	Forma do *io*	Presente do Subjuntivo	
giocare	gioco	io giochi	noi giochiamo
		tu giochi	voi giochiate
		Lei/lui/lei giochi	loro giochino
pagare	pago	io paghi	noi paghiamo
		tu paghi	voi paghiate
		Lei/lui/lei paghi	loro paghino

Falando do Presente do Subjuntivo

O presente do subjuntivo é formado a partir da conjugação da primeira pessoa do singular do presente. Se o sujeito na oração **che** for o mesmo da principal, o infinitivo + **di** é usado em vez de **che** + subjuntivo.

Penso che tu ritorni tardi.	*Acredito que você retorne tarde.*
Io penso di ritornare tardi.	*Acredito que eu retorne tarde.*

Verbos Terminados em *-ere* e *-ire*

A fim de conjugar os verbos regulares e irregulares terminados em **-ere** e **-ire** no presente do subjuntivo, retire o **-o** da primeira pessoa do singular do presente do indicativo e acrescente **-a**, **-a**, **-a**, **-iamo**, **-iate**, **-ano** à raiz.

Verbos Terminados em *-ere*

Infinitivo	Forma do *io*	Presente do Subjuntivo	
chiedere	chiedo	io chieda	noi chiediamo
		tu chieda	voi chiediate
		Lei/lui/lei chieda	loro chiedano
chiudere	chiudo	io chiuda	noi chiudiamo
		tu chiuda	voi chiudiate
		Lei/lui/lei chiuda	loro chiudano
scrivere	scrivo	io scriva	noi scriviamo
		tu scriva	voi scriviate
		Lei/lui/lei scriva	loro scrivano
vedere	vedo	io veda	noi vediamo
		tu veda	voi vediate
		Lei/lui/lei veda	loro vedano

Verbos Terminados em *-ire*

Infinitivo	Forma do *io*	Presente do Subjuntivo	
aprire	apro	io apra	noi apriamo
		tu apra	voi apriate
		Lei/lui/lei apra	loro aprano
dormire	dormo	io dorma	noi dormiamo
		tu dorma	voi dormiate
		lei/lui/lei dorma	loro dormano
sentire	sento	io senta	noi sentiamo
		tu senta	voi sentiate
		Lei/lui/lei senta	loro sentano
soffrire	soffro	io soffra	noi soffriamo
		tu soffra	voi soffriate
		Lei/lui/lei soffra	loro soffrano

-isc-

Verbos terminados em **-ire** que adicionam **-isc-** ao presente do indicativo também o acrescentam ao subjuntivo.

Infinitivo	Forma do *io*	Presente do Subjuntivo	
capire	capisco	io capisca	noi capiamo
		tu capisca	voi capiate
		Lei/lui/lei capisca	loro capiscano
finire	finisco	io finisca	noi finiamo
		tu finisca	voi finiate
		Lei/lui/lei finisca	loro finiscano
preferire	preferisco	io preferisca	noi preferiamo
		tu preferisca	voi preferiate
		Lei/lui/lei preferisca	loro preferiscano

Verbos Terminados em *-ere* e *-ire* com *-g-* e *-c-* na Forma do *io*

No presente do subjuntivo, alguns verbos terminados em **-ere** e **-ire** carregam a irregularidade da primeira pessoa do singular pelas outras conjugações (exceto na primeira pessoa do plural, ou a forma **noi**, e na segunda do plural, ou a forma **voi**). Nenhum verbo terminado em **-are** tem essa irregularidade.

Infinitivo	Forma do *io*	Presente do Subjuntivo	
conoscere	conosco	io conosca	noi conosciamo
		tu conosca	voi conosciate
		Lei/lui/lei conosca	loro conoscano
dire	dico	io dica	noi diciamo
		tu dica	voi diciate
		Lei/lui/lei dica	loro dicano
porre	pongo	io ponga	noi poniamo
		tu ponga	voi poniate
		Lei/lui/lei ponga	loro pongano
rimanere	rimango	io rimanga	noi rimaniamo
		tu rimanga	voi rimaniate
		Lei/lui/lei rimanga	loro rimangano
salire	salgo	io salga	noi saliamo
		tu salga	voi saliate
		Lei/lui/lei salga	loro salgano
tenere	tengo	io tenga	noi teniamo
		tu tenga	voi teniate
		Lei/lui/lei tenga	loro tengano

venire	vengo	io venga	noi veniamo
		tu venga	voi veniate
		Lei/lui/lei venga	loro vengano

Verbos Irregulares

Há apenas cinco verbos cujo presente do subjuntivo não é formado pela primeira pessoa do singular, ou forma do **io**. Por isso que são considerados irregulares.

Infinitivo	Forma do *io*	Presente do Subjuntivo	
avere	ho	io abbia	noi abbiamo
		tu abbia	voi abbiate
		Lei/lui/lei abbia	loro abbiano
dare	do	io dia	noi diamo
		tu dia	voi diate
		Lei/lui/lei dia	loro diano
essere	sono	io sia	noi siamo
		tu sia	voi siate
		Lei/lui/lei sia	loro siano
sapere	so	io sappia	noi sappiamo
		tu sappia	voi sappiate
		Lei/lui/lei sappia	loro sappiano
stare	sto	io stia	noi stiamo
		tu stia	voi stiate
		Lei/lui/lei stia	loro stiano

Verbos com Mudanças Ortográficas

Verbos com mudanças ortográficas não são irregulares. Elas mantêm a sonoridade da forma do **io**. Algumas das mais comuns são as seguintes.

- Verbos que terminam em -**care** adicionam um -**h**- depois do **c**.
- Verbos que terminam em -**gare** adicionam um -**h**- depois do **g**.

Infinitivo	Forma do *io*	Presente do Subjuntivo	
buscare	busco	io buschi	noi buschiamo
		tu buschi	voi buschiate
		Lei/lui/lei buschi	loro buschino

giocare	gioco	io giochi	noi giochiamo
		tu giochi	voi giochiate
		Lei/lui/lei giochi	loro giochino
impiegare	impiego	io impieghi	noi impieghiamo
		tu impieghi	voi impieghiate
		Lei/lui/lei impieghi	loro impieghino
legare	lego	io leghi	noi leghiamo
		tu leghi	voi leghiate
		Lei/lui/lei leghi	loro leghino
pagare	pago	io paghi	noi paghiamo
		tu paghi	voi paghiate
		Lei/lui/lei paghi	loro paghino
toccare	tocco	io tocchi	noi tocchiamo
		tu tocchi	voi tocchiate
		Lei/lui/lei tocchi	loro tocchino

Usos do Presente do Subjuntivo

O modo subjuntivo expressa desejos, dúvidas, pensamentos e possibilidades, não algo certo. Tenha em mente esses usos específicos do presente do subjuntivo.

Depois de Certas Expressões Impessoais

Uma frase pode consistir em uma oração principal e uma dependente conectadas pela conjunção **che**.

A frase a seguir é formada como esse modelo, no modo indicativo.

Oração principal	Lui sa
Oração dependente	che io guido bene.

Se a oração principal for uma expressão impessoal, como **È possibile**, a dependente irá para o subjuntivo.

È dubbioso che io **scriva** una lettera. *É improvável que eu escreva uma carta.*

Estas são as expressões impessoais mais comumente usadas.

basta che…	*basta que…*
bisogna che…	*se faz necessário que…*
è bene che…	*é bom que…*
è difficile che…	*é difícil que…*
è facile che…	*é fácil que…*
è giusto che…	*é justo que…*
è importante che…	*é importante que…*
è male che…	*é ruim que…*
è meglio che…	*é melhor que…*
è necessario che…	*é necessário que…*
è opportuno che…	*é conveniente que…*
è peccato che…	*é uma pena que…*
è possibile che…	*é possível que…*
è probabile che…	*é provável que…*
è raro che…	*é raro que…*
è urgente che…	*é urgente que…*
non importa che…	*não é importante que…*

È importante che voi **veniate** a casa.	*É importante que vocês venham para casa.*
È impossibile che tu **studi** alla sera.	*É impossível que você estude à noite.*
È probabile che **nevichi** domani.	*É provável que neve amanhã.*
È meglio che voi le **telefoniate**.	*É melhor que vocês lhes telefonem.*

Expressões impessoais são seguidas pelo infinitivo em vez do subjuntivo se o sujeito não for expressado.

È necessario che **tu studi**.	*É necessário que você estude.*
È necessario **studiare** per imparare.	*É necessário estudar para aprender.*

Quando as expressões impessoais indicam certeza, o indicativo é usado no lugar do subjuntivo. As seguintes expressões requerem o indicativo.

è certo che…	*é certo que…*
è chiaro che…	*é claro que…*
è evidente che…	*é evidente…*
è ovvio che…	*é óbvio que…*

Exercício 13.1

Complete as frases com a forma correta dos verbos entre parênteses.

1. È probabile che loro _____ con noi. (venire)
2. È necessario che tu _____ bene le finestre. (chiudere)
3. È possibile che lui non _____ bene le direzioni. (sapere)
4. È meglio che voi _____ per gli esami. (studiare)
5. È difficile che lei _____ zitta. (stare)
6. È difficile che tu mi _____ una risposta. (dare)
7. È urgente che lui _____ dal dottore. (andare)
8. È possibile che loro _____ una pianta al professore. (portare)
9. È difficile che Maria _____ presto. (arrivare)
10. È probabile che loro _____ una macchina. (comprare)
11. Basta che lei _____ una lettera. (scrivere)
12. È possibile che tu _____ fame. (avere)
13. È difficile che loro _____ la lezione. (capire)
14. È meglio che io _____ i verbi. (spiegare)

Depois de Certos Verbos

Expressando Desejos ou Preferências

Verbos que expressam desejos na oração principal têm o subjuntivo na dependente. O sujeito na principal deve ser diferente do da dependente.

desiderare	*desejar*
preferire	*preferir*
volere	*querer*

Aqui está uma oração principal e uma subordinada no modo indicativo.

ORAÇÃO PRINCIPAL	Lei sa
ORAÇÃO DEPENDENTE	che io studio.

O Presente do Subjuntivo

Se a oração principal de uma frase contiver um dos verbos anteriores, como **volere**, a dependente precisa usar o subjuntivo.

Lui vuole che io **parta**.   *Ele quer que eu parta.*

Se houver somente um sujeito para os dois verbos em uma frase, não há oração dependente nem subjuntiva.

Io voglio **partire**.   *Eu quero partir.*
Vogliamo **dormire**.   *Queremos dormir.*
Loro preferiscono **riposare**.   *Eles preferem descansar.*

Expressando Esperança, Felicidade, Tristeza e Arrependimento

Verbos que expressam esperança, felicidade, tristeza e arrependimento a outras pessoas na oração principal vão usar o subjuntivo na dependente.

avere paura	*ter medo*	piacere a uno	*aprazer*
dispiacere	*desculpar-se*	rallegrarsi di	*alegrar-se com*
essere contento	*estar feliz*	sperare	*esperar*
essere triste	*estar triste*	temere	*temer*

Mi rallegro che lui **stia** meglio.   *Estou feliz que ele esteja melhor.*
Speriamo che voi **andiate** in vacanza.   *Esperamos que vocês saiam de férias.*
Siete contenti che **veniamo**?   *Vocês estão contentes que viemos?*
Temo che loro **perdano** la partita.   *Temo que eles percam a partida.*
Mi piace che tu **sia** vicina a me.   *Gosto que você esteja próxima de mim.*
L'allenatore ha paura che la squadra   *O treinador tem medo que a equipe*
   perda la partita.   *perca a partida.*

Se o sujeito for o mesmo para os dois verbos em uma frase, não há oração dependente ou subjuntivo. O segundo verbo permanecerá no infinitivo.

Siamo contenti di essere qui.   *Estamos felizes por estar aqui.*
Mi piace parlare con le mie amiche.   *Gosto de falar com as minhas amigas.*
Lei ha paura di volare.   *Ela tem medo de voar.*

Expressando Ordens, Pedidos ou Conselhos

Verbos que expressam ordens, pedidos ou conselhos na oração principal requerem o subjuntivo na dependente.

chiedere	*pedir*	ordinare	*ordenar*
consigliare	*aconselhar*	permettere	*permitir*
dire	*dizer*		
insistere	*insistir*	proibire	*proibir*
lasciare	*deixar*	suggerire	*sugerir*

Ti suggerisco che tu **vada** a casa subito.
Sugiro que você vá para casa logo.

Loro insistono che voi **rimaniate** da noi.
Eles insistem que vocês fiquem conosco.

Ordino al cane che non **salti** troppo.
Ordeno ao cachorro que não pule muito.

Lasciare, **permettere**, **proibire** e **ordinare** podem ser usados de duas maneiras.

Lascio che **aspettino**.
Li lascio **aspettare**.
Eu os deixo esperar.

Permetto che tu **dorma** qui.
Ti permetto di **dormire** qui.
Eu lhe permito dormir aqui.

Proibisco che **fumino** in casa.
Gli proibisco di **fumare** in casa.
Proíbo que fumem em casa.

Ti ordino che tu **mangi** tutto.
Ti ordino di **mangiare** tutto.
Ordeno que você coma tudo.

Dire é usado para relatar um fato. Essa ideia é expressada pelo indicativo.

Carlo non dice niente.
Carlo não diz nada.

Lei mi dice che le piace leggere.
Ela me diz que gosta de ler.

Entretanto, quando **dire** é usado para *dar uma ordem*, o subjuntivo é exigido na oração dependente.

Le dico che **stia** a letto.
Digo a ela para que fique na cama.

Le dico che **vada** a letto subito.
Digo a ela para ir para a cama logo.

Vi dice che **stiate** attenti.
Ela lhes disse que ficassem atentos.

Expressando Dúvida ou Incerteza

Verbos que expressam dúvida ou incerteza na oração principal exigem o uso do subjuntivo na dependente.

dubitare	*duvidar*
non credere	*desacreditar*
non pensare	*não pensar*

Io dubito che tu **parli** il francese. — *Eu duvido que você fale francês.*
Non crediamo che voi **arriviate** presto. — *Não acreditamos que vocês cheguem cedo.*
Tu dubiti che loro **vengano**. — *Você duvida que eles venham.*

 ## Exercício 13.2

Complete as frases com a forma correta do subjuntivo dos verbos entre parênteses.

1. Che cosa vuoi che io le _____? (dire)
2. Spero che tu _____ la musica. (ascoltare)
3. Vogliamo che voi _____ molto. (studiare)
4. Luisa spera che tua mamma _____ bene. (stare)
5. Maria dubita che ci _____ molto traffico oggi. (essere)
6. Non voglio che loro mi _____ troppo. (aspettare)
7. Non credo che Alessia _____ la lezione. (sapere)
8. Le suggerisco che _____ sua sorella. (chiamare)
9. Io dubito che ci (loro) _____ domani. (vedere)
10. Lei vuole che suo marito _____ il conto. (pagare)
11. Tu credi che io _____ tutto il giorno? (viaggiare)
12. Mi rallegro che non _____ niente di grave. (essere)
13. Il dottore non vuole che io _____ ginnastica. (fare)
14. Io credo che voi _____ la casa. (potere)

Exercício 13.3

Escreva as frases em português, reescrevendo as frases indicativas conforme o subjuntivo exigir. Escolha os verbos apropriados que as orações no subjuntivo precisarem nas dependentes e depois também as escreva em português.

EXEMPLO: So che **mangia** molto.   *Sei que ela come muito.*
Penso che **mangi** molto.   *Penso que ela coma muito.*

1. Lei si diverte molto. _____

2. Luisa mi compra i fiori. _____

3. Silvia è polacca. _____

4. So che tu hai molti figli. _____

5. A mia sorella piace viaggiare. _____

6. Tu vedi la figlia di Paola. _____

7. Non abbiamo la classe martedì. _____

8. Sono sicuro che loro vengono. _____

9. Vi piace la macchina rossa. _____

10. Sappiamo che vivono negli Stati Uniti. _____

Exercício 13.4

Complete as frases com a forma correta (indicativo ou subjuntivo) dos verbos entre parênteses.

EXEMPLOS: So che lei **ama** la musica. *Sei que ela ama música.*
Spero che le piaccia la musica. *Espero que ela ame música.*

1. Cristina preferisce che noi la _____ in marzo. (visitare)
2. È importante che le _____ al telefono. (noi parlare)
3. So che lei _____ bene l'italiano. (capire)
4. Spero che lei _____ la lezione. (capire)
5. Credo che quella torta _____ deliziosa. (essere)
6. So che quella torta _____ deliziosa. (essere)
7. Loro viaggiano sempre. Credo che loro _____ sempre. (viaggiare)
8. So che Carlo _____ Maria. (amare)
9. Credo che Carlo _____ Maria. (sposare)
10. Loro _____ negli Stati Uniti. (vivere)

 Exercício 13.5

Complete a história com a forma e modo corretos (indicativo, subjuntivo ou infinitivo) dos verbos da lista (os verbos podem ser usados mais de uma vez, desde que todos sejam usados).

andare, dovere, essere, imparare, mangiare, parlare, piacere, preparare

Luisa (1) _____ alzarsi presto alla mattina, perchè vuole fare molte cose mentre i figli (2) _____ a scuola e il marito (3) _____ al lavoro. Quando si alza, (4) _____ la colazione per la famiglia e insiste che tutti (5) _____ molto e bene prima di andare a scuola o al lavoro. Oggi, la figlia più piccola di Luisa (6) _____ al museo con la sua classe. Luisa spera che il museo (7) _____ alla bambina. Luisa spera che la bambina (8) _____ qualche cosa di nuovo. Spera che quando la bambina ritorna a casa (9) _____ molto della sua prima visita al museo.

Depois de Certas Conjunções

O subjuntivo acompanha imediatamente alguma das conjunções ou locuções a seguir quando a oração principal tem um sujeito diferente da dependente.

affinchè	*a fim de que*	fino a quando	*até*
benchè	*embora*	malgrado	*embora*
così che	*de modo que*	nel caso che	*no caso*
dopo che	*depois de*	prima che	*antes de*
finchè non	*até*	senza che	*sem*

Aqui há uma frase somente com um sujeito.

Lei mangia **prima di studiare**. *Ela come antes de estudar.*

Na frase a seguir, há dois sujeitos conectados pela conjunção **che**.

Lei mangia **prima che** lui **studi**. *Ela come antes que ele estude.*

Essas distinções do italiano são similares às do português. Observe a frase acima e você vai reparar que há dois sujeitos diferentes: *ela* e *ele*.

Io aspetto **fino a quando** tu **arrivi**. *Eu espero até que você chegue.*
Lei finisce il lavoro **senza che tu lo aiuti**. *Ela acaba o trabalho sem que você a ajude.*

Se houver apenas um sujeito na frase, um infinitivo acompanha a preposição.

Lui lavora **per mangiare**. *Ele trabalha para comer.*
Luisa parla **senza pensare**. *Luisa fala sem pensar.*

Algumas conjunções de tempo exigem o subjuntivo independente de haver um ou dois sujeitos.

a meno che	*a menos que*
allorchè	*quando, se*
purchè	*desde que*

Vado fuori **purchè** non abbia il raffreddore. *Vou sair desde que não esteja resfriado.*
Vado a camminare **allorchè** non piova. *Vou caminhar se não chover.*
Ti chiamo **a meno che** il telefono non funzioni. *Telefono para você a menos que o telefone não funcione.*

Exercício 13.6

Complete as frases com a forma correta dos verbos e conjunções entre parênteses.

1. Io non vado _____ tu _____ con me. (*a menos que, vir*)
2. Io lo aiuto _____ lui _____ a leggere. (*de modo que, aprender*)
3. Oggi andiamo al parco _____ non _____. (*a menos que, chover*)
4. Puoi venire a casa mia _____ io ti _____. (*sem, convidar*)
5. _____ loro _____ , vanno a sciare. (*a menos que, estar frio*)
6. Ti impresto i soldi _____ tu _____ comprare i regali ai bambini. (*de modo que, poder*)
7. Ti vengo a prendere _____ tu _____ andare da solo. (*a menos que, querer*)
8. Vado a visitarla _____ lei mi _____. (*sem, convidar*)
9. Loro bevono il caffè _____ _____ troppo forte. (*embora, ser*)
10. La donna pulisce la sua casa _____ _____ gli ospiti. (*antes, chegar*)

Em Certas Orações Adjetivas Dependentes

O modo subjuntivo é usado em uma oração dependente se o objeto ou a pessoa na principal forem indefinidos ou inexistentes. Nas frases a seguir, os objetos e pessoas descritos nas orações principais são desconhecidos.

Cerco **una macchina** che **sia** bella ed economica. *Procuro um carro que seja bonito e econômico.*

Conosci **qualcuno** che **sappia** l'italiano? *Você conhece alguém que saiba italiano?*

C'è **nessuno** qui che **sappia** nuotare? *Tem alguém que saiba nadar?*

Depois da Expressão *per quanto*

Per quanto lei **studi**, non prende buoni voti.
Não importa o quanto ela estude, não tira boas notas.

Per quanto leggiate non vi ricordate molto.
Não importa o quanto vocês leiam, não se lembram muito.

Depois de *benché*

Benché abbiano ospiti, lui va a dormire.
Embora tenha hóspedes, ele vai dormir.

Benché lei **viaggi** molto, non le piace stare negli alberghi.
Embora ela viaje muito, não gosta de ficar em hotéis.

Depois de Compostos com *-unque*

Chiunque venga a casa nostra, deve togliersi le scarpe.
Quem quer que venha à nossa casa, tem que tirar os sapatos.

Dovunque lui **sia**, io lo seguo.
Aonde quer que ele vá, eu o sigo.

Qualunque cosa tu **faccia**, va bene.
O que quer que você faça, dá certo.

 ## Exercício 13.7

Complete as frases com a forma correta dos verbos entre parênteses.

1. Voglio affittare un appartamento che _____ bello e spazioso. (essere)
2. Ovunque loro _____ io li aspetto. (essere)
3. Chiunque _____ bene, mandi una cartolina. (scrivere)
4. La famiglia necessita di una casa che _____ vicina all'ufficio. (essere)
5. Il padrone vuole che voi _____ la casa per un anno. (affittare)
6. Non conosco nessuno che mi _____ al telefono. (chiamare)
7. Chiunque _____ viaggiare deve essere paziente. (volere)
8. Lei cerca un ragazzo che _____ intelligente. (essere)
9. Talvolta penso che voi non la _____. (ascoltare)

O Presente do Subjuntivo 239

10. Noi abbiamo bisogno di una casa che _____ grande e luminosa. (essere)

11. Chiunque _____ piante, deve annaffiarle. (comprare)

12. Dovunque voi _____ vi prego di ritornare presto. (andare)

Exercício 13.8

Complete as frases com a forma correta dos verbos (subjuntivo ou indicativo) entre parênteses.

1. È importante che voi _____ bene. (ascoltare)

2. È sicuro che voi _____. (studiare)

3. Noi sappiamo che la macchina _____ nuova. (essere)

4. Noi speriamo che la macchina _____ nuova. (essere)

5. Sappiamo che a loro non _____ mangiare la minestra. (piacere)

6. Penso che tu _____ troppo. (parlare)

7. So che lei _____ troppo. (parlare)

8. Quando Maria e Carlo vanno in vacanza, _____ molto. (dormire)

9. Penso che quando i miei amici vanno in vacanza _____ molto. (dormire)

10. Io so che tu _____ a casa mia fra una settimana. (venire)

11. Desidero che tu _____ a casa mia fra una settimana. (venire)

12. Sappiamo che tu _____ dal dentista spesso. (andare)

13. Ti consiglio che tu _____ dal dentista spesso. (andare)

14. Tu pensi che io _____ bisogno di una macchina nuova. (avere)

15. La mamma insiste che i ragazzi _____ i compiti. (fare)

16. La maestra sa che lei _____ sempre i compiti. (fare)

17. Ci sembra che lei _____ troppo. (lavorare)

18. Il capo sa che voi _____ molto. (lavorare)

Exercício 13.9

Subjuntivo, indicativo ou infinitivo? *Complete as frases com a forma correta dos verbos entre parênteses.*

1. Loro sono innamorati e vogliono _____. (sposarsi)
2. Io spero che loro _____ la macchina. (vendere)
3. Loro sperano di _____ una macchina nuova. (comprare)
4. Alla bambina piace molto _____. (leggere)
5. È possibile che voi _____ in Italia? (andare)
6. So che voi _____ in Italia. (andare)
7. Pensiamo di _____ in Italia. (andare)
8. È importante _____ bene. (mangiare)
9. È importante che voi _____ bene. (mangiare)
10. Siamo felici quando noi _____. (imparare)
11. Speriamo di _____. (imparare)
12. Speriamo che loro _____ i verbi italiani. (imparare)
13. Io preferisco che voi _____ il libro italiano. (leggere)
14. Io preferisco _____ le novelle storiche. (leggere)
15. Io so che vi _____ leggere. (piacere)
16. Tu proibisci a Maria di _____ la cioccolata. (mangiare)
17. Tu non vuoi che Maria _____ la cioccolata. (mangiare)
18. Io so che tu _____ molta cioccolata. (mangiare)
19. Luisa mi dice che i guanti _____ di pelle. (essere)
20. Voglio che tu _____ i guanti di pelle. (comprare)
21. Penso che i guanti _____ di pelle. (essere)
22. Spero di _____ i guanti di pelle. (comprare)

Exercício 13.10

Passe as frases para o modo subjuntivo quando necessário. Use as palavras entre parênteses para introduzir sua resposta.

1. Lei porta i dolci a suo marito. (è contenta)

2. Voi venite da noi la prossima settimana. (spero)

3. Lei è contenta che voi venite. (spera)

4. Fa bel tempo. (pensiamo)

5. Il film è bello. (speriamo)

6. Il treno arriva in ritardo. (penso)

7. I miei amici stanno bene. (so)

8. I miei amici stanno bene. (spero)

9. Voi siete bravi studenti. (io so)

10. Voi siete bravi studenti. (io penso)

11. Qualche volta l'aereo arriva in ritardo. (Maria dice)

12. Maria dice che qualche volta il treno arriva in ritardo. (pensa)

13. Le fotografie sono belle. (Giovanni spera)

14. Giovanni è contento che le fotografie sono belle. (essere)

Exercício 13.11

Traduza as frases para o italiano.

1. Espero que esteja se sentindo melhor.

   _____

2. Christine insiste que Lara vista seu casaco.

   _____

3. Mario espera que você goste de vinho italiano.

   _____

4. Estou feliz em conhecê-lo.

   _____

5. Pode me ligar ao chegar em casa?

   _____

6. Ela espera que a comida esteja boa.

   _____

7. Esperamos que não neve no sábado.

   _____

8. Sabemos que você vai viajar para a Itália na próxima sexta-feira.

   _____

 Exercício 13.12

Em uma folha de papel à parte, escreva a tradução em português dos seguintes infinitivos da Parte II.

1. abbracciare	8. aprire	15. buscare
2. abituarsi	9. assomigliare	16. calmarsi
3. accadere	10. bagnare	17. cancellare
4. accompagnare	11. ballare	18. capire
5. affascinare	12. bisognare	19. cercare
6. ammalarsi	13. bruciarsi	20. chiedere
7. approfittarsi	14. burlarsi	21. chiedersi

22. conoscere
23. consigliare
24. continuare
25. correre
26. costruire
27. credere
28. cucinare
29. dimenticare
30. dolere
31. donare
32. dovere
33. dubitare
34. durare
35. evitare
36. fermare
37. fidarsi
38. gesticolare
39. giocare
40. guardare
41. guidare
42. impiegare
43. importare
44. incontrare
45. indossare
46. insegnare
47. insistere
48. interessare
49. invitare
50. lavarsi
51. legare
52. litigare

53. mandare
54. meditare
55. mettere
56. modificare
57. muoversi
58. nevicare
59. occorrere
60. organizzare
61. osservare
62. permettere
63. piacere
64. piovere
65. porre
66. prendere
67. preoccuparsi
68. preparare
69. prepararsi
70. proibire
71. proteggere
72. pulire
73. raccogliere
74. raccontare
75. rallegrarsi
76. regalare
77. ridere
78. riempire
79. rimanere
80. rincrescere
81. ripetere
82. riposare
83. rispondere

84. salire
85. salutare
86. sapere
87. scegliere
88. scendere
89. scherzare
90. sciare
91. scintillare
92. sedere
93. seguire
94. sentire
95. servire
96. sorgere
97. spaventarsi
98. spazzolarsi
99. spedire
100. succedere
101. suggerire
102. svegliarsi
103. svestirsi
104. telefonarsi
105. temere
106. tenere
107. toccare
108. tramontare
109. tranquillizzare
110. trasportare
111. truccarsi
112. urlare

Interpretação de Texto

Lo sport in Italia

In Italia, come in altri paesi, lo sport ha un ruolo molto importante nella vita della gente. Lo sport preferito degli italiani è il calcio. Altri sport molto seguiti in Italia sono le corse automobilistiche, il ciclismo, il tennis, il pugilato, lo sci e la pallacanestro.

Negli ultimi dieci o quindici anni, sono cominciati ad essere conosciuti e seguiti anche altri sport, in gran parte provenienti dall'America, come il baseball, il football e l'hockey.

Le squadre di calcio di solito portano il nome delle città che rappresentano, come il Milan, il Napoli, la Roma, il Torino, il Bologna, ecc. Le partite di calcio, generalmente, si giocano la domenica pomeriggio. Ogni squadra ha una divisa diversa che consiste in una maglietta con i colori scelti per la squadra e pantaloncini corti. I giocatori di calcio, come pure gli atleti di altri sport, che giocano nelle squadre nazionali italiane, indossano una divisa azzurra, e per questo vengono chiamati «azzurri».

Spesso si vedono i bambini giocare a calcio. Giocano nei cortili, nei parchi, nelle piccole piazze delle città e dei paesi italiani. Dove ci sono bambini e una palla, c'è anche una partita di calcio.

Un altro sport che emoziona molto gli italiani è l'automobilismo. Infatti, la Ferrari ha regalato tante vittorie e tanto orgoglio agli italiani in tutto il mondo. La Ferrari è anche chiamata «cavallino rampante» per la sua velocità, oppure «cavallino rosso» per il suo inconfondibile colore rosso. Anche il ciclismo viene seguito molto dagli italiani, specialmente il Giro d'Italia dove partecipano ciclisti da tutto il mondo e ha luogo in maggio e giugno.

Le vicende sportive possono essere seguite alla televisione, alla radio, oppure si possono leggere sui giornali e sulle riviste sportive che abbondano in Italia.

Oltre alla politica, lo sport è soggetto di animata conversazione per gli uomini italiani che si radunano nelle piazze e nei bar tutti i giorni.

Nomi (Substantivos)

l'automobilismo	*o automobilismo*	il giornale	*o jornal*
il ciclismo	*o ciclismo*	l'orgoglio	*o orgulho*

O Presente do Subjuntivo 245

la corsa	*a corrida*	la pallacanestro	*o basquete*
il cortile	*o pátio*	la piazza	*a praça*
la divisa	*o uniforme*		
il pugilato	*o boxe*	la vicenda	*o evento*
il ruolo	*a tarefa*	la vittoria	*a vitória*
la squadra	*a equipe*		

Aggettivi (Adjetivos)

animato	*animado*
azzurro	*azul*
corto	*curto*

Verbi (Verbos)

abbondare	*abundar*	portare	*levar*
consistere	*consistir*	radunare	*reunir*
emozionare	*emocionar*	rappresentare	*representar*
indossare	*vestir*	scegliere	*escolher*

Espressioni (Expressões)

| avere luogo | *tomar o lugar* |

Domande (Perguntas)

Depois de ler esta seleção, responda as perguntas em italiano e leia suas respostas em voz alta.

1. Qual'è lo sport preferito degli italiani?

2. Quali sport sono seguiti in Italia?

3. Come si chiamano gli atleti che partecipano a uno sport nelle squadre nazionali?

4. Che cosa ha dato la Ferrari agli italiani?

5. Dove giocano il calcio i bambini?

6. Quando ha luogo il Giro d'Italia?

7. Dove possono leggersi gli eventi sportive?

III

Pretérito, Presente Perfeito e Imperfeito e Pronome Oblíquo Duplo

14

O Pretérito e o Presente Perfeito

Dois tempos são usados no italiano coloquial e escrito para expressar eventos passados. São o pretérito e o presente perfeito. O pretérito é um tempo simples, expressado por um único verbo: **parlai** (*falei*), **cantasti** (*você cantou*), etc. É comumente usado na narrativa escrita para descrever eventos que ocorreram em um passado remoto. É também chamado de passado histórico. Na escrita e fala informal, entretanto, ele é substituído pelo presente perfeito.

O presente perfeito é um tempo composto por dois verbos: o presente dos auxiliares **avere** ou **essere** e o passado do particípio do verbo: **ho parlato** (*falei*), **ho cantato** (*cantei*), **sono andato** (*fui*), etc. Este capítulo mostra os usos e diferenças entre esses tempos. O presente perfeito é preferido no italiano coloquial pelos que vivem no norte da Itália, enquanto as pessoas do sul e da Itália central preferem usar o pretérito, mesmo para falar de eventos ocorridos há pouco tempo.

O pretérito é usado para expressar:

- Ações completadas no passado
- Condições que já não se aplicam
- Uma série de ações completadas no passado
- Eventos históricos e literários

Formação do Pretérito

O pretérito dos verbos regulares é formado retirando-se a terminação do infinitivo **-are**, **-ere**, **-ire** e acrescentando-se terminações específicas de pretérito à raiz.

Verbos Regulares Terminados em -*are*

Para conjugar verbos regulares terminados em **-are** no pretérito, retire a terminação do infinitivo e acrescente **-ai**, **-asti**, **-ò**, **-ammo**, **-aste**, **-arono** à raiz. Todos os verbos que terminam em **-are** são regulares no pretérito, exceto **dare**, **fare** e **stare**.

aiutare *ajudar*		**cantare** *cantar*	
io aiutai	noi aiutammo	io cantai	noi cantammo
tu aiutasti	voi aiutaste	tu cantasti	voi cantaste
Lei/lui/lei aiutò	loro aiutarono	Lei/lui/lei cantò	loro cantarono

lavorare *trabalhar*		**pensare** *pensar*	
io lavorai	noi lavorammo	io pensai	noi pensammo
tu lavorasti	voi lavoraste	tu pensasti	voi pensaste
Lei/lui/lei lavorò	loro lavorarono	Lei/lui/lei pensò	loro pensarono

ricordare *lembrar*		**viaggiare** *viajar*	
io ricordai	noi ricordammo	io viaggiai	noi viaggiammo
tu ricordasti	voi ricordaste	tu viaggiasti	voi viaggiaste
Lei/lui/lei ricordò	loro ricordarono	Lei/lui/lei viaggiò	loro viaggiarono

Dica de Pronúncia

Observe que a terceira pessoa do singular leva um acento. É muito importante praticar a entonação dessa sílaba acentuada. Se tiver alguma dúvida, revise as regras de pronúncia.

Verbos Regulares Terminados em -*ere*

Para conjugar verbos regulares terminados em **-ere** no pretérito, retire o **-ere** do infinitivo e acrescente as terminações do pretérito: **-ei**, **-esti**, **-è**, **-emmo**, **-este**, **-erono**.

Alguns verbos terminados em **-ere**, como **credere**, **ricevere** e **vendere** têm duas formas de conjugar o pretérito na primeira e terceira pessoas do singular e na terceira do plural. Elas são intercambiáveis.

credere *acreditar*		**ricevere** *receber*	
io credei (credetti)	noi credemmo	io ricevei (ricevetti)	noi ricevemmo
tu credesti	voi credeste	tu ricevesti	voi riceveste
Lei/lui/lei credè (credette)	loro crederono (credettero)	Lei/lui/lei ricevè (ricevette)	loro riceverono (ricevettero)

ripetere *repetir*		vendere *vender*	
io ripetei	noi ripetemmo	io vendei (vendetti)	noi vendemmo
tu ripetesti	voi ripeteste	tu vendesti	voi vendeste
Lei/lui/lei ripetè	loro ripeterono	Lei/lui/lei vendè (vendette)	loro venderono (vendettero)

Verbos Regulares Terminados em *-ire*

Para conjugar verbos regulares terminados em **-ire** no pretérito, retire o **-ire** do infinitivo e acrescente as terminações do pretérito: **-ii, -isti, -ì, -immo, -iste, -irono**.

capire *entender*		finire *terminar*	
io capii	noi capimmo	io finii	noi finimmo
tu capisti	voi capiste	tu finisti	voi finiste
Lei/lui/lei capì	loro capirono	Lei/lui/lei finì	loro finirono

partire *partir*		proibire *proibir*	
io partii	noi partimmo	io proibii	noi proibimmo
tu partisti	voi partiste	tu proibisti	voi proibiste
Lei/lui/lei partì	loro partirono	Lei/lui/lei proibì	loro proibirono

riempire *preencher*		sentire *ouvir*	
io riempii	noi riempimmo	io sentii	noi sentimmo
tu riempisti	voi riempiste	tu sentisti	voi sentiste
Lei/lui/lei riempì	loro riempirono	Lei/lui/lei sentì	loro sentirono

Vocabulário-chave

Expressões Comumente Usadas com o Pretérito

all'improvviso	*de repente*	l'anno scorso	*ano passado*
due giorni fa	*faz dois dias*	l'estate scorsa	*verão passado*
ieri	*ontem*	l'inverno scorso	*inverno passado*
ieri pomeriggio	*ontem à tarde*	la settimana scorsa	*semana passada*
ieri sera	*noite passada*	molto tempo fa	*faz muito tempo*
il mese scorso	*mês passado*	poco fa	*há pouco tempo*

Exercício 14.1

Complete as frases com a forma correta do pretérito dos verbos entre parênteses.

1. Lei _____ tutto il giorno. (cantare)
2. Noi _____ la finestra. (chiudere)
3. Loro _____ in Italia tre mesi fa. (andare)
4. Io _____ molto. (lavorare)
5. Ieri sera tu _____ al cinema. (andare)
6. Voi non _____ la macchina. (vendere)
7. Lei _____ una lunga lettera. (ricevere)
8. Mario _____ le direzioni per andare a casa sua. (ripetere)
9. Luisa mi _____ l'assegno per la festa. (dare)
10. Noi _____ il corso un anno fa. (fare)
11. La settimana scorsa (noi) _____ tutti al cinema. (andare)
12. Voi _____ sempre a tutti. (pensare)
13. Io non _____ di andare dal dentista. (ricordare)
14. Loro _____ per molti mesi. (viaggiare)
15. Lui _____ la scuola di medicina l'anno scorso. (finire)
16. Due anni fa noi _____ in un bell'albergo vicino alla spiaggia. (stare)

Como Usar o Pretérito

Sempre tenha em mente que o pretérito expressa ação ou ações completadas. Não importa quanto tempo levou para terminar. Lembre-se também de que esse tempo é usado principalmente no sul da Itália e na literatura e história.

Usos do Pretérito
Para Expressar uma Ação Completada no Passado

Ieri, lui studiò per due ore.
La mia amica partì avanti ieri.
La settimana scorsa, lui parlò con noi al telefono.

Ontem, ele estudou por duas horas.
A minha amiga partiu anteontem.
Semana passada, ele falou conosco por telefone.

Domenica scorsa andammo tutti in chiesa.	*Domingo passado, todos fomos à igreja.*
Venerdì scorso andai a pranzo con le mie amiche.	*Sexta-feira passada, almocei com minhas amigas.*
Non vedemmo nessuno.	*Não vimos ninguém.*
All'improvviso venne il vento.	*De repente, o vento começou.*
Un mese fa, incontrai sua mamma.	*Há um mês, encontrei sua mãe.*

Para Expressar uma Série de Ações Completadas no Passado

Lui si alzò, si lavò, si vestì e andò a lavorare.	*Ele acordou, se lavou, se vestiu e foi trabalhar.*
Maria andò al mercato, comprò la verdura, andò a casa e la cucinò.	*Maria foi ao mercado, comprou legumes, foi para casa e os cozinhou.*

Para Expressar uma Ação que Já Passou

La settimana scorsa andai a lavorare ma questa settimana sto a casa.	*Semana passada fui trabalhar; mas, esta semana, estou em casa.*

Exercício 14.2

Reescreva as frases no pretérito.

1. Ascolto la radio.

2. Perchè ritorni tardi?

3. Vado a visitare il museo.

4. Tu lavori sempre.

5. Non cammino molto.

O Pretérito e o Presente Perfeito   253

6. Ogni giorno ascolto le notizie italiane.

_____

7. Maria non dorme molto bene.

_____

8. Il concerto comincia alle otto.

_____

Verbos Irregulares

Os verbos a seguir têm raízes irregulares no pretérito. Não há jeito fácil de aprendê-los; devem ser memorizados. As terminações para as raízes dos verbos irregulares são as mesmas no pretérito que as mostradas somente para o **tu, noi** e **voi** dos regulares. Os verbos a seguir são irregulares no **io**, **lui/lei**, e **loro**.

Apenas três verbos terminados em **-are** são irregulares no pretérito.

dare _dar_		**fare** _fazer_	
io diedi	noi demmo	io feci	noi facemmo
tu desti	voi deste	tu facesti	voi faceste
Lei/lui/lei diede	loro diedero	Lei/lui/lei fece	loro fecero

stare _estar_	
io stetti	noi stemmo
tu stesti	voi steste
Lei/lui/lei stette	loro stettero

A seguir estão os verbos irregulares terminados em **-ere** no pretérito mais comumente utilizados.

accendere _acender_		**avere** _ter_	
io accesi	noi accendemmo	io ebbi	noi avemmo
tu accendesti	voi accendeste	tu avesti	voi aveste
Lei/lui/lei accese	loro accesero	Lei/lui/lei ebbe	loro ebbero

bere _beber_		**cadere** _cair_	
io bevvi (bevetti)	noi bevemmo	io caddi	noi cademmo
tu bevesti	voi beveste	tu cadesti	voi cadeste
Lei/lui/lei bevve (bevette)	loro bevvero (bevettero)	Lei/lui/lei cadde	loro caddero

chiedere *pedir*

io chiesi	noi chiedemmo
tu chiedesti	voi chiedeste
Lei/lui/lei chiese	loro chiesero

chiudere *fechar*

io chiusi	noi chiudemmo
tu chiudesti	voi chiudeste
Lei/lui/lei chiuse	loro chiusero

conoscere *conhecer*

io conobbi	noi conoscemmo
tu conoscesti	voi conosceste
Lei/lui/lei conobbe	loro conobbero

dovere *dever*

io dovei (dovetti)	noi dovemmo
tu dovesti	voi doveste
Lei/lui/lei dovè (dovette)	loro doverono (dovettero)

essere *ser*

io fui	noi fummo
tu fosti	voi foste
Lei/lui/lei fu	loro furono

leggere *ler*

io lessi	noi leggemmo
tu leggesti	voi leggeste
Lei/lui/lei lesse	loro lessero

mettere *colocar*

io misi	noi mettemmo
tu mettesti	voi metteste
Lei/lui/lei mise	loro misero

nascere *nascer*

io nacqui	noi nascemmo
tu nascesti	voi nasceste
Lei/lui/lei nacque	loro nacquero

prendere *pegar*

io presi	noi prendemmo
tu prendesti	voi prendeste
Lei/lui/lei prese	loro presero

ridere *rir*

io risi	noi ridemmo
tu ridesti	voi rideste
Lei/lui/lei rise	loro risero

rimanere *permanecer*

io rimasi	noi rimanemmo
tu rimanesti	voi rimaneste
Lei/lui/lei rimase	loro rimasero

sapere *saber*

io seppi	noi sapemmo
tu sapesti	voi sapeste
Lei/lui/lei seppe	loro seppero

scegliere *escolher*

io scelsi	noi scegliemmo
tu scegliesti	voi sceglieste
Lei/lui/lei scelse	loro scelsero

scrivere *escrever*

io scrissi	noi scrivemmo
tu scrivesti	voi scriveste
Lei/lui/lei scrisse	loro scrissero

spegnere *desligar*

io spensi	noi spegnemmo
tu spegnesti	voi spegneste
Lei/lui/lei spense	loro spensero

vedere *ver*

io vidi	noi vedemmo
tu vedesti	voi vedeste
Lei/lui/lei vide	loro videro

vincere *vencer*

io vinsi	noi vincemmo
tu vincesti	voi vinceste
Lei/lui/lei vinse	loro vinsero

vivere *viver*

io vissi	noi vivemmo
tu vivesti	voi viveste
Lei/lui/lei visse	loro vissero

volere *querer*

io volli	noi volemmo
tu volesti	voi voleste
Lei/lui/lei volle	loro vollero

Memorizando Verbos Irregulares

É muito importante memorizar todos os verbos irregulares. Uma vez que o fizer, você será capaz de usar qualquer verbo que desejar no pretérito. Exceto por alguns verbos, a terceira pessoa do singular dos verbos irregulares no pretérito não tem acento algum.

A seguir estão os verbos irregulares terminados em **-ire** mais comumente usados no pretérito.

comparire *aparecer*

io comparii (comparvi, comparsi)	noi comparimmo
tu comparisti	voi compariste
Lei/lui/lei comparì (comparve, comparse)	loro comparirono (comparvero, comparsero)

coprire *esconder*

io coprii (copersi)	noi coprimmo
tu copristi	voi copriste
Lei/lui/lei coprì (coperse)	loro coprirono (copersero)

dire *dizer*

io dissi	noi dicemmo
tu dicesti	voi diceste
Lei/lui/lei disse	loro dissero

scoprire *descobrir*

io scoprii	noi scoprimmo
tu scopristi	voi scopriste
Lei/lui/lei scoprì	loro scoprirono

venire *vir*

io venni	noi venimmo
tu venisti	voi veniste
Lei/lui/lei venne	loro vennero

Verbos compostos são conjugados da mesma maneira que os principais. **Ridire** é conjugado como **dire**; **divenire**, como **venire**.

Aqui estão alguns exemplos de verbos irregulares no pretérito.

Tu dicesti e ridicesti le stesse cose.   Você disse e redisse as mesmas coisas.
Mario venne a casa nostra.   Mario veio à nossa casa.
Carlo divenne molto famoso.   Carlo se tornou muito famoso.

 ## Exercício 14.3

Complete as frases com a forma correta do pretérito dos verbos entre parênteses.

1. Due anni fa io _____ lo spagnolo. (studiare)
2. Quando _____ in Florida, _____ una macchina. (andare, noleggiare)
3. Io gli _____ molte volte ma non lo _____ mai. (telefonare, trovare)
4. Lei _____ molto tardi. (arrivare)
5. Anni fa, noi _____ una bella casa. (comprare)
6. Voi _____ che non fossimo a casa. (pensare)
7. I bambini _____ nel parco per ore. (giocare)
8. Lei _____ i suoi amici. (vedere)
9. Loro _____ andare al mare. (preferire)
10. Tu _____ tutti i compiti. (finire)
11. Noi non _____ la lezione. (capire)
12. Voi _____ alla nonna. (telefonare)
13. Loro _____ molti musei. (visitare)
14. Lui _____ con tutti. (parlare)

Exercício 14.4

Reescreva as frases no pretérito.

1. Io mangio bene.

2. Tu vieni a casa presto.

3. Lei visita Milano.

4. Carlo chiede la ricetta per il dolce.

5. Luigi legge il libro.

6. Monica mi porta un regalo.

7. Lei prega sempre.

8. Noi stiamo a casa.

9. Voi viaggiate in treno.

10. Loro temono il freddo.

11. Io vedo il mare.

12. La guerra distrugge tutto.

13. La vita è difficile.

14. Dò l'acqua agli assetati.

Exercício 14.5

Complete as frases com a forma correta do pretérito de **essere** *e* **stare**.

1. Io _____ a casa tutto il giorno.
2. Noi _____ a casa tutto il giorno.
3. Maria _____ in ospedale per molti giorni.
4. Lei _____ molto contenta di vederti.
5. Lui non _____ molto bene.
6. Loro _____ molto coraggiosi.
7. La vita di Leonardo da Vinci _____ molto interessante.
8. Leonardo _____ a Firenze per molti anni.
9. Carlo e Giovanni non _____ molto attenti.
10. Chi _____ il primo presidente americano?

Exercício 14.6

Complete as frases com a forma correta do pretérito. Escolha um verbo da lista a seguir (os verbos podem ser usados mais de uma vez, desde que todos sejam usados).

bere, cadere, chiedere, chiudere, dire, entrare, fare, perdere, ricevere, vedere, vincere, vivere

1. Il bambino _____ dalla sedia.
2. Io _____ tua sorella ieri.
3. Noi _____ il pacco due giorni fa.
4. Lui non _____ una vita molto felice.
5. Voi _____ in casa con le chiavi.
6. Loro _____ dove era il museo.
7. Io non _____ le vostre lettere.
8. Tu _____ ginnastica in palestra.
9. Lei _____ una cioccolata calda.
10. Lui non _____ bene la porta.
11. L'Italia _____ la coppa del mondo.
12. La Francia _____ la partita.
13. Perchè tu non mi _____ la verità?
14. Io _____ le chiavi di casa.

O Presente Perfeito

O presente perfeito também é usado para descrever ações e eventos que aconteceram no passado recente. O verbo é comumente antecedido ou seguido por expressões de tempo, como **ieri**, **domenica scorsa**, **l'anno scorso**, **un anno fa**, **un'ora fa,** etc. Esse é o único tempo composto que você aprenderá neste livro, mas é o único essencial neste estágio.

Formação do Presente Perfeito

O presente perfeito é formado usando **avere** ou **essere** conjugado no presente + o particípio passado do verbo que mostra a ação. Quando o **avere** é usado, o particípio passado não concorda em gênero e número com o sujeito. O presente perfeito para verbos de movimento ou estados é formado com **essere**. Nesses casos, o particípio passado concorda em gênero e número com o sujeito.

Presente Perfeito com *avere*

Verbos que usam **avere** como auxiliar no presente perfeito são geralmente transitivos: ou seja, verbos que usam um objeto direto e respondem à pergunta **Chi?** (*Quem?*) ou **Che cosa?** (*O quê?*). O particípio passado dos verbos transitivos regulares é formado pela retirada da terminação do infinitivo ou pelo acréscimo de:

- **-ato** à raiz do infinitivo dos verbos terminados em **-are**
- **-uto** à raiz do infinitivo dos verbos terminados em **-ere**
- **-ito** à raiz do infinitivo dos verbos terminados em **-ire**

Infinitivo	Particípio Passado
parl**are**	parl**ato**
sent**ire**	sent**ito**
vend**ere**	vend**uto**

O presente perfeito é traduzido para o português como o pretérito perfeito.

Ho telefonato alle nove.	*Telefonei às nove.*
Ho telefonato molte volte.	*Telefonei muitas vezes.*

Há alguns verbos intransitivos, que não precisam de objeto, que usam **avere**: **camminare**, **dormire** e **viaggiare**.

Ho camminato nel bosco.   *Caminhei no bosque.*

Falando de Verbos Transitivos e Intransitivos

Verbos transitivos, como **mangiare**, **cantare** e **comprare**, levam objeto direto. Nos tempos compostos, usam **avere**.

Verbos intransitivos não precisam de objetos. São típicos verbos de movimento (**venire, andare, arrivare**) ou estados (**stare, essere**). Em geral, os verbos intransitivos em tempos compostos levam o auxiliar **essere**. Nesse caso, o particípio passado concorda em gênero e número com o sujeito. Na dúvida, consulte um bom dicionário; ele lhe dirá qual auxiliar o verbo usa.

Verbos com Particípios Passados Irregulares

Muitos verbos terminados em **-ere** têm particípios passados irregulares. Os mais comuns estão na lista a seguir.

Infinitivo	Particípio Passado
accendere (*acender*)	acceso (*aceso*)
aprire (*abrir*)	aperto (*aberto*)
bere (*beber*)	bevuto (*bebido*)
chiedere (*pedir*)	chiesto (*pedido*)
chiudere (*fechar*)	chiuso (*fechado*)
conoscere (*conhecer*)	conosciuto (*conhecido*)
cuocere (*cozinhar*)	cotto (*cozido*)
dire (*dizer*)	detto (*dito*)
fare (*fazer*)	fatto (*feito*)
leggere (*ler*)	letto (*lido*)
mettere (*colocar*)	messo (*colocado*)
morire (*morrer*)	morto (*morto*)
nascere (*nascer*)	nato (*nascido*)
perdere (*perder*)	perso (*perdido*)
piangere (*chorar*)	pianto (*chorado*)
prendere (*pegar*)	preso (*pegado*)
promettere (*prometer*)	promesso (*prometido*)
rimanere (*permanecer*)	rimasto (*permanecido*)

rispondere (*responder*)   risposto (*respondido*)
scendere (*descer*)   sceso (*descido*)
scrivere (*escrever*)   scritto (*escrito*)
spegnere (*apagar*)   spento (*apagado*)
spendere (*gastar*)   speso (*gasto*)
spingere (*empurrar*)   spinto (*empurrado*)
vedere (*ver*)   visto (*visto*)
vincere (*vencer*)   vinto (*vencido*)
vivere (*viver*)   vissuto (*vivido*)

 Exercício 14.7

Complete as frases com a forma correta do presente perfeito dos verbos entre parênteses.

1. Io _____ con tua sorella. (viaggiare)

2. Tu _____ molto bene. (cantare)

3. Il ragazzo _____ tennis tutta la mattina. (giocare)

4. Noi _____ un libro. (ordinare)

5. Loro _____ la lettera. (leggere)

6. Noi _____ molti gelati. (mangiare)

7. Qualcuno _____ il campanello. (suonare)

8. Lei _____ suo fratello. (vedere)

9. Gli studenti _____ bene. (imparare)

10. Le ragazze _____ gli orecchini. (compare)

11. Loro _____ la luce. (accendere)

12. Noi _____ la televisione. (spegnere)

13. Il ragazzo _____ il torneo di tennis. (vincere)

14. La bambina _____ tutto il latte. (bere)

15. Oggi non _____ niente. (io/fare)

Concordância de Verbos Conjugados no Particípio Passado com *avere* no Presente Perfeito

Como mencionado anteriormente, os verbos que usam **avere** no particípio passado não concordam com o sujeito em gênero e número. Entretanto, há alguns casos que diferem das regras.

- Independentemente do auxiliar usado, o particípio passado concorda com os pronomes oblíquos de objeto direto **lo**, **la**, **li** e **le**.

Avete visto il libro?	*Vocês viram o livro?*
No, non **lo** abbiamo vist**o**.	*Não, não o vimos.*
Dove hai comprato i fiori?	*Onde você comprou as flores?*
Li ho comprat**i** al mercato.	*Eu as comprei no mercado.*
Hai comprato le patate?	*Você comprou batatas?*
Sì, **le** ho comprat**e**.	*Sim, as comprei.*
Hai visto le tue amiche?	*Você viu suas amigas?*
Sì, **le** ho vist**e**.	*Sim, eu as vi.*

- A concordância é opcional para os oblíquos **mi**, **ti**, **ci** e **vi**.

Non ci hanno vist**o**/vist**i**. *Eles não nos viram.*

 ## Exercício 14.8

Traduza as frases para o italiano.

1. Eu li muitos livros.

2. Eu os li.

3. Nós compramos muitos ovos.

4. Nós os compramos.

5. Você (informal) os viu.

6. Você (informal) não nos viu.

O Pretérito e o Presente Perfeito   263

7. Ela chamou seus amigos.

---

8. Ela as chamou.

---

9. Você esperou sua família.

---

10. Você os esperou.

---

11. Comprei um relógio novo.

---

12. Eu o comprei na joalheria.

Presente Perfeito com *essere*

O presente perfeito dos verbos intransitivos — que não precisam de objeto — é formado usando o presente de **essere** e o particípio passado do verbo que mostra a ação. Muitos desses verbos expressam movimento, incluindo **andare** (*ir*), ausência de movimento, como **stare** (*estar*) ou um processo em mudança, por exemplo, **invecchiare** (*envelhecer*).

Os particípios passados regulares dos verbos conjugados com **essere** são formados da mesma forma que os conjugados com **avere**, mas concordam em gênero e número com o sujeito do verbo.

	andare	cadere	partire
io	sono andato/a	sono caduto/a	sono partito/a
tu	sei andato/a	sei caduto/a	sei partito/a
Lei/lui/lei	è andato/a	è caduto/a	è partito/a
noi	siamo andati/e	siamo caduti/e	siamo partiti/e
voi	siete andati/e	siete caduti/e	siete partiti/e
loro	sono andati/e	sono caduti/e	sono partiti/e

Luigi è arrivato tardi.	*Luigi chegou tarde.*
Luisa è arrivata tardi.	*Luisa chegou tarde.*
Luigi e Carlo sono arrivati tardi	*Luigi e Carlo chegaram tarde.*
Luisa e Maria sono arrivate tardi.	*Luisa e Maria chegaram tarde.*

Verbos Conjugados com *essere* no Presente Perfeito

Infinitivo		Particípio Passado	
andare	*ir*	andato	*ido*
arrivare	*chegar*	arrivato	*chegado*
cadere	*cair*	caduto	*caído*
diventare	*tornar-se*	diventato	*se tornado*
entrare	*entrar*	entrato	*entrado*
essere	*ser*	stato	*sido*
morire	*morrer*	morto	*morrido*
nascere	*nascer*	nato	*nascido*
partire	*partir*	partito	*partido*
restare	*ficar*	restato	*ficado*
ritornare	*retornar*	ritornato	*retornado*
salire	*subir*	salito	*subido*
scendere	*descer*	sceso	*descido*
stare	*estar*	stato	*estado*
tornare	*voltar*	tornato	*voltado*
uscire	*sair*	uscito	*saído*
venire	*vir*	venuto	*vindo*
vivere	*viver*	vissuto	*vivido*

 Exercício 14.9

Reescreva as frases no presente perfeito.

1. Ritorno a letto perchè fa freddo.

   _____

2. Le ragazze vengono a casa mia.

   _____

3. I parenti arrivano con il treno.

   _____

4. Porto la mia amica all'aeroporto.

   _____

5. Michele va in Peru.

6. Andiamo alla festa.

7. L'aereo non parte.

8. Vengono a vedere il neonato.

9. Ritorniamo a casa tardi.

10. Lei studia medicina.

11. La nonna cammina con il bastone.

12. La mia gioventù è bella.

Regras Adicionais para o Uso de *essere* no Presente Perfeito

Esta seção exibe outras regras para o uso de **essere** no presente perfeito.

- Todos os verbos reflexivos usam **essere** no presente perfeito.

Mi sono svegliato tardi questa mattina.	*Me levantei tarde esta manhã.*
Mi sono divertita alla festa.	*Me diverti na festa.*

- Verbos impessoais também requerem o **essere** no presente perfeito. Lembre-se de que eles levam pronome oblíquo de objeto indireto e que, assim sendo, o particípio passado não concorda em número e gênero. Alguns dos verbos impessoais mais comuns são:

accadere	*acontecer*	dispiacere	*arrepender-se*
bastare	*bastar*	piacere	*gostar*
capitare	*acontecer*	sembrare	*parecer*
costare	*custar*	succedere	*suceder*

Vi è sembrato un bel film?   *Vocês acharam bom o filme?*
Ci è dispiaciuto non venire.   *Nos desculpamos por não ir.*

- O auxiliar **essere** é usado no presente perfeito ao se referir ao clima. Entretanto, hoje é comum ouvir o uso de **avere**.

  È piovuto tutta la settimana.   *Choveu a semana toda.*
  Ha piovuto tutta la settimana.   *Choveu a semana toda.*

- Com os verbos **dovere**, **volere** e **potere**, é preferível usar **essere** se o infinitivo seguinte exigi-lo. Isso se verifica particularmente na escrita. Na fala, porém, o **avere** é mais frequentemente usado.

  Sono dovuta stare a letto tutto il giorno.   *Tenho que ficar na cama o dia todo.*
  Non **sono potuti partire** per la neve.   *Não puderam partir por causa da neve.*

Quando Usar *essere* ou *avere*

Alguns verbos usam **essere** ou **avere**, dependendo de serem transitivos ou intransitivos no contexto.

Transitivo

I negozianti hanno aumentato i prezzi.   *Os lojistas subiram seus preços.*

Intransitivo

Tutti i prezzi sono aumentati.   *Todos os preços subiram.*

Exercício 14.10

Escreva as frases em italiano usando o presente perfeito.

1. Aconteceu um acidente na estrada.

   _____

2. Por que eles não puderam vir?

   _____

3. Eles não puderam vir porque seus filhos estão doentes.

   _____

4. Eles acordaram tarde e chegaram tarde no trabalho.

5. Ontem, nevou no Colorado.

6. O gato subiu no telhado.

7. A comida foi suficiente para todos.

8. Esta casa custa muito.

9. Ela se vestiu rápido.

10. Ela ficou em casa porque seu carro está quebrado.

 ## Interpretação de Texto

La moda italiana

Chi non conosce la moda italiana? Il nome «Italia» è sinonimo di moda e buon gusto. Tutti conoscono i nomi di Armani, Ferrè, Gucci, Fendi, Valentino, Versace e Furla, e tutti desiderano avere un capo firmato. Gli stilisti italiani sono fra i più rinomati e i più ricercati del mondo. Milano, città nel Nord Italia, è il centro della moda italiana.

La moda italiana è simbolo di qualità e finezza. Le industrie di abbigliamento sono economicamente fondamentali per l'Italia. Garantiscono milioni di posti di lavoro e hanno un ruolo molto importante nelle esportazioni. Il «made in Italy» è ricercato e richiesto in molte parti del mondo.

La Benetton è la maggiore azienda nel campo dell'abbigliamento ed ha sede a Treviso, una piccola città nell'Italia del Nord. È un'azienda a gestione famigliare, ma è conosciuta in tutto il mondo.

Non tutti possono permettersi di acquistare capi di questi stilisti, ma tutti possono dilettarsi a fermarsi davanti alle sontuose vetrine degli eleganti negozi dove si vendono questi capi oggetto di tanti desideri e sospiri. Molte aziende in paesi fuori dall'Italia cercano di imitare gli stilisti italiani senza molto successo, perchè non hanno il senso del colore, della qualità e dello stile italiano.

Nelle vetrine dei negozi e dei grandi magazzini, possiamo leggere le seguenti parole: prezzi fissi, liquidazione, vendita promozionale, svendita, saldi, saldi di fine stagione, sconti, aperto, chiuso, chiuso per ferie e orario continuato.

I negozi più esclusivi ed eleganti, molto raramente svendono la merce. Le case di moda producono in quantità limitata e vendono sempre a prezzi pieni.

I commessi e le commesse dei negozi di moda, di solito, sono giovani, belli, snelli e vestiti molto bene. Sono ragazzi e ragazze che invogliano la gente a comprare.

Nomi (Substantivos)

l'abbigliamento	*a vestimenta*	la moda	*a moda*
l'azienda	*a empresa*	l'orario	*o horário*
il capo	*o chefe*	il ruolo	*a tarefa*
il commesso	*o funcionário*	il saldo	*a venda*
l' esportazione	*a exportação*	la sede	*a sede*
le ferie	*as férias*	il sinonimo	*o sinônimo*
la finezza	*a elegância*	il sospiro	*o suspiro*
la gestione	*a gestão*	la/lo stilista	*a/o estilista*
il gusto	*o gosto*	la vendita	*a venda*
la liquidazione	*a liquidação*	la vetrina	*a vitrine*

Aggettivi (Adjetivos)

esclusivo	*exclusivo*	ricercato	*procurado*
fondamentale	*fundamental*	rinomato	*renomado*
maggiore	*maior*	snello	*fino*
promozionale	*promocional*	sontuoso	*suntuoso*

Verbi (Verbos)

acquistare	*adquirir*	imitare	*imitar*
desiderare	*desejar*	invogliare	*instigar*
dilettarsi	*deleitar-se*	permettere	*permitir*
garantire	*garantir*	svendere	*liquidar*

O Pretérito e o Presente Perfeito

Domande (Perguntas)

Depois de ler esta seleção, responda as perguntas em italiano e leia suas respostas em voz alta.

1. Chi sono gli stilisti di moda più conosciuti in Italia e nel mondo?

2. Che cos'è Milano?

3. Qual'è l'azienda di abbigliamento più grande in Italia?

4. Che cosa si vede scritto sulle vetrine dei negozi italiani?

5. Perchè sono fondamentali le aziende di abbigliamento in Italia?

15

O Pretérito Imperfeito

O pretérito imperfeito expressa uma ação ou ações no passado que não são consideradas concluídas. O pretérito imperfeito, ou simplesmente imperfeito, é usado nas seguintes situações:

- Uma situação, narração ou experiência do passado
- Ações repetidas e habituais no passado
- Uma descrição no passado
- Uma ação contínua no passado
- Idade, período do dia e condições climáticas no passado
- Cor, tamanho e qualidades pessoais no passado
- Expressar uma ação contínua no passado com a preposição **da**

Formação do Imperfeito

O pretérito imperfeito é formado adicionando-se suas terminações à raiz dos verbos terminados em **-are**, **-ere** e **-ire**. Há poucos verbos irregulares no imperfeito.

Verbos Regulares Terminados em *-are*

Para conjugar um verbo terminado em **-are** no imperfeito, retire a terminação **-are** do infinitivo e acrescente à raiz as terminações do imperfeito **-avo**, **-avi**, **-ava**, **avamo**, **-avate**, **-avano**.

accompagnare		dare	
io accompagnavo	noi accompagnavamo	io davo	noi davamo
tu accompagnavi	voi accompagnavate	tu davi	voi davate

O Pretérito Imperfeito

| Lei/lui/lei accompagnava | loro accompagnavano | Lei/lui/lei dava | loro davano |

lavorare

io lavoravo	noi lavoravamo
tu lavoravi	voi lavoravate
Lei/lui/lei lavorava	loro lavoravano

parlare

io parlavo	noi parlavamo
tu parlavi	voi parlavate
Lei/lui/lei parlava	loro parlavano

ricordare

io ricordavo	noi ricordavamo
tu ricordavi	voi ricordavate
Lei/lui/lei ricordava	loro ricordavano

stare

io stavo	noi stavamo
tu stavi	voi stavate
Lei/lui/lei stava	loro stavano

Falando do Pretérito Imperfeito

O imperfeito é comumente antecedido ou acompanhado por expressões como **di solito**, **qualche volta**, **spesso**, **la domenica**, **il lunedì**, **di frequente**, e **mentre**. Todas indicam repetições e ações habituais.

Verbos Regulares Terminados em -*ere*

Para conjugar os verbos regulares terminados em **-ere** no imperfeito, retire a terminação **-ere** do infinitivo e adicione à raiz as terminações do imperfeito **-evo**, **-evi**, **-eva**, **-evamo**, **-evate**, **evano**.

avere

io avevo	noi avevamo
tu avevi	voi avevate
Lei/lui/lei aveva	loro avevano

chiedere

io chiedevo	noi chiedevamo
tu chiedevi	voi chiedevate
Lei/lui/lei chiedeva	loro chiedevano

potere

io potevo	noi potevamo
tu potevi	voi potevate
Lei/lui/lei poteva	loro potevano

sapere

io sapevo	noi sapevamo
tu sapevi	voi sapevate
Lei/lui/lei sapeva	loro sapevano

tenere

io tenevo	noi tenevamo
tu tenevi	voi tenevate
Lei/lui/lei teneva	loro tenevano

vedere

io vedevo	noi vedevamo
tu vedevi	voi vedevate
Lei/lui/lei vedeva	loro vedevano

Verbos Regulares Terminados em *-ire*

Para conjugar os verbos regulares terminados em **-ire** no imperfeito, retire a terminação **-ire** do infinitivo e adicione à raiz as terminações o imperfeito **-ivo, -ivi, -iva, -ivamo, -ivate, -ivano**.

aprire		capire	
io aprivo	noi aprivamo	io capivo	noi capivamo
tu aprivi	voi aprivate	tu capivi	voi captivate
Lei/lui/lei apriva	loro aprivano	Lei/lui/lei capiva	loro capivano

finire		scoprire	
io finivo	noi finivamo	io scoprivo	noi scoprivamo
tu finivi	voi finivate	tu scoprivi	voi scoprivate
Lei/lui/lei finiva	loro finivano	Lei/lui/lei scopriva	loro scoprivano

sentire		venire	
io sentivo	noi sentivamo	io venivo	noi venivamo
tu sentivi	voi sentivate	tu venivi	voi venivate
Lei/lui/lei sentiva	loro sentivano	Lei/lui/lei veniva	loro venivano

Dicas de Pronúncia

Pratique a pronúncia do imperfeito. Existem verbos de uma, duas, três e quatro sílabas. Certifique-se de pronunciar o imperfeito assim: **io parlavo, tu parlavi, lui/lei parlava, noi parlavamo, voi parlavate, loro parlavano**.

Verbos Irregulares

bere		dire	
io bevevo	noi bevevamo	io dicevo	noi dicevamo
tu bevevi	voi bevevate	tu dicevi	voi dicevate
Lei/lui/lei beveva	loro bevevano	Lei/lui/lei diceva	loro dicevano

essere		fare	
io ero	noi eravamo	io facevo	noi facevamo
tu eri	voi eravate	tu facevi	voi facevate
Lei/lui/lei era	loro erano	Lei/lui/lei faceva	loro facevano

porre		produrre	
io ponevo	noi ponevamo	io producevo	noi producevamo
tu ponevi	voi ponevate	tu producevi	voi producevate
Lei/lui/lei poneva	loro ponevano	Lei/lui/lei produceva	loro producevano

Verbos Irregulares no Imperfeito

As raízes dos verbos **fare**, **dire**, **bere**, **produrre**, **porre** e **essere** vêm do imperfeito do infinitivo do latim, mas suas conjugações são regulares. Para esses verbos, adicione as terminações do imperfeito em **fac-** (para **fare**), **dic-** (para **dire**), **bev-** (para **bere**), **produc-** (para **produrre**), **pon-** (para **porre**) e **er-** (para **essere**).

Exercício 15.1

Reescreva as frases no pretérito imperfeito.

1. Di solito io vado a letto tardi.

2. Tu vai spesso in Italia.

3. Il sabato mattina mi piace dormire.

4. Vediamo di frequente i nostri amici.

5. Ogni giorno dobbiamo fare i compiti.

6. Mangiate sempre la pasta.

7. Loro non sanno parlare l'italiano.

8. Di solito loro fanno tante fotografie ai bambini.

9. Lei parla spesso con i suoi genitori.

10. Di tanto in tanto, la chiamo al telefono.

11. I bambini dicono sempre la verità.

12. Di solito bevo molta acqua.

Usos do Imperfeito

O imperfeito expressa ações no passado que não foram concluídas. É usado para indicar situações ou ações passadas sem referência a começo ou final.

Para Expressar Narração, Situação ou uma Experiência do Passado

La neve cadeva e tutto era silenzioso e calmo. Il sole splendeva, gli uccelli cantavano e la gente camminava nei boschi.

A neve caía e tudo era silencioso e calmo. O sol brilhava, os pássaros cantavam e as pessoas caminhavam nos bosques.

Para Expressar Repetição, Ações Habituais no Passado

Tutti gli inverni, io andavo a sciare con la mia famiglia.

Todos os invernos, eu esquiava com a minha família.

Ogni sera prima di andare a letto, la mamma cantava una canzone alle bambine.

Toda noite, antes de dormir, a mãe cantava uma música para as meninas.

Tutte le estati, andavamo al mare.

Todos os verões, íamos para a praia.

Para Expressar Descrições no Passado

La casa era bella.   *A casa era bonita.*
La pasta era buona.   *O macarrão estava bom.*
I bambini erano buoni.   *Os meninos eram bons.*

Para Expressar Ações Contínuas no Passado

Roberto scriveva e Paola leggeva.   *Roberto escrevia e Paola lia.*
Marco suonava il piano e suo padre cantava.   *Marco tocava piano e seu pai cantava.*
Io parlavo al telefono quando arrivò mia figlia.
Io parlavo al telefono quando è arrivata mia figlia.   *Eu falava ao telefone quando minha filha chegou.*
Voi tagliavate l'erba quando suonò (è suonato) il telefono.   *Vocês cortavam a grama quando o telefone tocou.*

Nos três últimos exemplos, o imperfeito, o pretérito e o presente perfeito foram usados. A primeira parte da frase é a ação inconclusa, expressada no imperfeito; a segunda é uma ação completada e requer o pretérito ou presente perfeito. O imperfeito é usado para uma ação contínua interrompida por outra — enquanto algo está acontecendo, outra coisa começa.

Para Expressar Idade, Período do Dia e Clima no Passado

Mia zia aveva 108 anni quando morì (è morta).   *Minha tia tinha 108 anos quando morreu.*
Erano le dieci e la banca era ancora chiusa.   *Eram dez e o banco agora estava fechado.*
Volevamo andare in montagna ma pioveva.   *Queríamos ir às montanhas, mas choveu.*

Para Expressar Tamanho, Cor e Características Pessoais no Passado

Mia madre era molto bella.   *Minha mãe era muito bela.*
La giacca era troppo grande.   *A jaqueta era muitíssimo grande.*
Il vestito era rosso.   *O vestido era vermelho.*

Para Expressar Ações Inconclusas no Passado com a Preposição *da*

Lei era a letto da un mese con la polmonite.

Loro studiavano l'italiano da quattro anni.

Ela estava de cama há um mês com pneumonia.

Eles estudavam italiano há quatro anos.

 ## Exercício 15.2

Traduza as frases para o italiano usando o imperfeito.

1. Ontem estava chovendo.

2. Como estava o clima na Itália?

3. Estava ensolarado e quente.

4. Estava nublado há uma semana.

5. A mãe estava dormindo e os filhos estavam jogando.

6. Ele tomava banho todas as manhãs.

7. Carlo me ligava com frequência.

8. Geralmente, nas tardes de sábado, nós caminhávamos no parque.

9. Eu via os gansos todas as noites.

10. Eu estudava e minha irmã jogava.

11. Que horas eram quando você voltou?

12. No passado, eles faziam azeite de oliva.

13. As crianças só comiam peixe.

14. O trem saía todos os dias às nove.

15. Eles não estavam cansados, só famintos.

16. Sua mãe era muito ambiciosa.

Comparando o Pretérito Perfeito, o Imperfeito e o Presente Perfeito

O pretérito perfeito, o presente perfeito e o pretérito imperfeito são tempos passados que podem ser usados na mesma frase para expressar algo que estava acontecendo quando outra coisa aconteceu. Decidir se o imperfeito ou o pretérito (ou o presente perfeito) deve ser usado nem sempre é fácil. O italiano expressa diferentes tipos de ações, e o pretérito imperfeito e o perfeito, ou o imperfeito e o presente perfeito, não são intercambiáveis.

Compare as diferenças nos significados das frases a seguir, quando o presente perfeito, o pretérito ou o imperfeito são usados.

Lei è partita ieri.	*Ela partiu ontem.*
Lei partì ieri.	
Di solito lei partiva alle cinque.	*Ela partia às cinco.*
Io sono andata al supermercato.	*Eu fui ao supermercado.*
Io andai al supermercato.	
Io andavo al supermercato tutti i giorni.	*Eu ia ao supermercado todos os dias.*
Che cosa hai comprato al supermercato?	*O que você comprou no supermercado?*
Che cosa comprasti al supermercato?	
Che cosa compravi di solito?	*O que você comprava?*
Abbiamo ricevuto una lettera.	*Recebemos uma carta.*
Ricevemmo una lettera.	

278 — Pretérito, Presente Perfeito e Imperfeito e Pronome Oblíquo Duplo

Ricevevamo sempre delle lettere.	*Sempre recebíamos uma carta.*
Abbiamo camminato nel parco oggi. Camminammo nel parco oggi.	*Caminhamos no parque hoje.*
Camminavamo nel parco tutti i giorni.	*Caminhávamos no parque todos os dias.*
Lui ha visto molte oche. Lui vide molte oche.	*Ele viu muitos gansos.*
Lui vedeva le oche nel campo.	*Ele via muitos gansos no campo.*

A Prática Leva à Perfeição

Pratique sempre que puder os diferentes usos do presente perfeito, pretérito perfeito e imperfeito. Tenha em mente que o pretérito perfeito é mais usado na literatura e no Sul da Itália, e o presente perfeito, na língua falada e no Norte da Itália. Ambos os tempos expressam uma ação concluída no passado, mas o imperfeito expressa ações no passado sem um referencial específico de início e fim.

Volere, potere, sapere

Afirmativo

Io volevo andare allo zoo. Io volli andare allo zoo. Ho voluto andare allo zoo.	*Eu queria ir ao zoológico./ Eu quis ir ao zoológico.*
Potevamo ascoltare la musica. Potemmo ascoltare la musica. Abbiamo potuto ascoltare la musica.	*Podíamos escutar a música./ Pudemos escutar a música.*
Lei sapeva dove era suo fratello. Lei seppe dove era suo fratello. Lei ha saputo dove era suo fratello.	*Ela sabia onde estava seu irmão./Ela soube onde estava seu irmão.*

Negativo

Perchè non sei voluto andare con me?	*Por que você não quis ir comigo?*
Non potevo fare i miei compiti.	*Não podia fazer meu dever de casa.*
Non ho potuto fare i compiti ieri.	*Não pude fazer meu dever de casa ontem.*
Non sapevo che voi eravate a casa.	*Não sabia que vocês estavam em casa.*
Non ho saputo che tu eri ammalata.	*Não soube que você estava doente.*

 ## Exercício 15.3

Traduza as frases para o italiano usando o pretérito perfeito ou o imperfeito.

1. As crianças queriam ir ao parque.

2. Eu sabia.

3. O que você falou para Franco?

4. Estávamos comendo quando você chegou em casa.

5. Por que você ligou para ele?

6. Por que você ligava para ele?

7. Aonde você foi ontem?

8. Aonde você estava indo quando o viu?

9. Ela sofreu um acidente.

Pretérito, Presente Perfeito e Imperfeito e Pronome Oblíquo Duplo

10. Ela se acidentava de carro frequentemente.

11. Você deu as boas notícias a ela?

12. Você dava boas notícias a ela.

Exercício 15.4

Traduza as frases para o italiano usando o presente perfeito ou o pretérito imperfeito.

1. Semana passada fui ao lago.

2. Eu ia ao lago.

3. Você encontrou seus amigos em Roma.

4. Você encontrava seus amigos em Roma.

5. Você desligou a TV porque eu estava estudando.

6. Quando você chegou, eles estavam dormindo.

7. Ele esteve no hospital por dez dias.

8. Ele foi ao hospital semana passada.

9. Ela levou os filhos ao zoológico.

10. Ela levava os filhos ao zoológico todo verão.

11. Perdi meu guarda-chuva.

12. Eu sempre esquecia meu guarda-chuva em casa.

 Exercício 15.5

Traduza as frases para o italiano usando a forma correta do pretérito imperfeito ou do presente perfeito.

1. Eu esquiava todo inverno.

2. Eu esquiei muito.

3. Você foi à África com seus pais.

4. Você ia à África a trabalho.

5. Eles me escreveram uma longa carta.

6. Eles me escreviam cartas longas.

7. Ele conduzia a orquestra.

8. Ele conduziu a orquestra por dez anos.

9. Noite passada ele foi tarde para a cama.

10. Ele ia tarde para a cama todas as noites.

11. Ela cozinhou para toda a família.

12. Ela cozinhava para toda a família todos os domingos.

Exercício 15.6

Complete as frases com a forma correta dos verbos entre parênteses. Use o pretérito imperfeito, o presente perfeito ou o pretérito perfeito.

EXEMPLO: Io dormivo quando sei ritornato. (ritornai)

1. Tu _____ a casa quando io _____.
(essere, telefonare)

2. Noi _____ a tavola quando _____ un forte temporale.
(essere, venire)

3. Mentre loro _____ qualcuno _____ alla porta.
(dormire, bussare)

4. Marco _____ la partita di pallone quando _____ la notizia. (guardare, arrivare)

5. Noi _____ andare in Italia, ma non _____ posto sull'aereo. (dovere, trovare)

6. Mentre loro _____ al cinema, _____ gli zii a visitarci.
(essere, venire)

7. Lei non _____ l'ombrello quando _____ a piovere.
(avere, cominciare)

8. Il ciclista _____ molto allenamento e _____ tutte le gare. (fare, vincere)

9. Io _____ mal di testa e il raffreddore così _____ a letto tutto il giorno. (avere, stare)

10. Io _____ di dormire fino a tardi, ma mi _____ presto, così _____ di alzarmi. (sperare, svegliarsi, decidere)

11. Voi _____ una scatola di cioccolatini che _____ portare ai vostri parenti. (comprare, volere)

12. Quando noi _____ di casa, _____ un gatto nero.
(uscire, vedere)

O Pretérito Imperfeito

13. Carla non _____ le scarpe in Italia, perchè _____ troppo. (comprare, costare)

14. Ieri il mio computer non _____, oggi funziona perchè il tecnico l'_____. (funzionare, riparare)

15. Mentre gli uomini _____ la partita di pallone, le donne _____ nei negozi di abbigliamento. (guardare, andare)

16. Quando voi _____ in Africa, non _____ dal dentista. (essere, andati)

Pronome Oblíquo Duplo

Em italiano, os pronomes oblíquos de objeto direto e indireto podem ser combinados.

- O posicionamento do pronome duplo é o mesmo que o de um único. Eles são colocados diretamente antes do primeiro verbo ou são anexados ao infinitivo.
- Na maioria dos casos, o oblíquo de objeto indireto antecede o de direto.
- Em uma frase negativa, a palavra **non** (ou qualquer outra negativa) vai diretamente antes do primeiro pronome quando é posicionado na frente do verbo (mas não quando é anexado ao infinitivo).
- Os oblíquos de objeto indireto **mi**, **ti**, **gli**, **ci** e **vi** mudam para **me**, **te**, **glie**, **ce** e **ve** quando combinados com os dos diretos.

Me lo, me la, me li, me le

Os oblíquos de objeto indireto **mi** mudam para **me** quando combinados com os de direto **lo**, **la**, **li** e **le**, como a seguir:

Giovanni porta il libro.	*Giovanni leva o livro.*
Me lo porta.	*Ele o leva para mim.*
Lui legge la lettera.	*Ele lê a carta.*
Me la legge.	*Ele a lê para mim.*
Lei presta i libri.	*Ela empresta os livros.*
Me li presta.	*Ela os empresta para mim.*

Carlo compra le rose.   *Carlo compra as rosas.*
Carlo **me le** compra.   *Carlo as compra para mim.*

Na segunda opção, o pronome é anexado ao infinitivo e se tornam uma única palavra. O acento é posicionado na vogal que antecede o **-r-** da terminação do infinitivo para manter sua tônica natural. Independentemente de o pronome se posicionar na frente do verbo ou ser anexado ao infinitivo, o sentido da frase é o mesmo.

Giovanni mi porta il libro.   *Giovanni me traz o livro.*
Giovanni vuole portar**melo**.   *Giovanni quer me trazê-lo.*

Maria mi scrive la lettera.   *Maria me escreve uma carta.*
Maria vuole scrivermela.   *Maria quer me escrevê-la.*

Lui mi fa la fotografia.   *Ele faz uma foto minha.*
Lui vuole farmela.   *Ele quer fazer uma foto minha.*

Tu mi ordini le pizze.   *Você me pede uma pizza.*
Tu puoi ordinarmele.   *Você quer me pedi-la.*

Exercício 15.7

Traduza as frases para o português.

1. Io vorrei bere un caffè. Me lo fai?

2. Roberto mi ha comprato una maglia. Me l'ha comprata per il mio compleanno.

3. Ho bisogno di matite colorate. Voglio comprarmele.

4. Preparo la colazione. Me la preparo tutte le mattine.

5. Vorrei comprare gli sci. Me li compro dopo le Feste.

6. Il postino ha le mie lettere. Me le porta domani.

O Pretérito Imperfeito   285

7. Avevamo bisogno di arance. Sono andata a comprarmele.

8. Non vuole portarmi l'insalata. Non vuole portarmela.

NOTA: Pratique todos os exemplos anteriores em voz alta. Quanto mais praticá-los, mais fáceis se tornarão.

Te lo, te la, te li, te le

O oblíquo de objeto indireto **ti** muda para **te** ao se combinar com os de objeto direto **lo**, **la**, **li** e **le**, como a seguir:

Ti do il mio scialle, perchè fa freddo.	*Eu te dou o meu xale porque está frio.*
Grazie, **te lo** restituisco domani.	*Obrigado, eu o devolverei a você amanhã.*
Perchè non mi hai comprato l'acqua?	*Por que não comprou água para mim?*
Te la compro domani.	*Eu a comprarei para você amanhã.*
Dove hai messo i miei calzini?	*Onde colocou minhas meias?*
Te li ho messi nel cassetto.	*Eu as coloquei na gaveta.*
Hai spedito le lettere?	*Você enviou as cartas?*
Te le ho spedite ieri.	*Eu as enviei para você ontem.*
Vogliamo mandarti un regalo.	*Queremos lhe mandar um presente.*
Voglio mandar**telo**.	*Quero mandá-lo para você.*

 ## Exercício 15.8

Traduza as frases para o português.

1. Maria non ti porta il vino. Te lo porta Giovanni.

2. Voglio regalarti una pianta. Voglio regalartela.

3. Tu aspetti il conto. Spero che il cameriere te lo porti in fretta.

4. Ti voglio comprare una bicicletta. Te la porto a casa.

5. Maria legge tanti giornali. Quando ha finito di leggerli, te li impresto.

6. Ti mandiamo le cartoline dall'Europa. Te le mandiamo da Roma.

7. Possiamo noleggiare dei video. Te li noleggiamo noi.

8. Maria ti disse di andare a cena da lei? Sì, me lo disse ieri.

9. Volevo dirti di venire da me alle 20,00. Volevo dirtelo ieri.

10. Io ti leggo il libro. Te lo leggo.

Glielo, gliela, glieli, gliele

O pronome indireto **gli** se torna **glie** e se combina com os oblíquos de objeto direto **lo**, **la**, **li**, **le** e **ne** para formas uma palavra: **glielo**, **gliela**, **glieli**, **gliele** e **gliene**. Nesses casos, **glie-** é usado para o masculino e para o feminino.

Glielo porto. { *Eu o entreguei a ela.*
Eu o entreguei a você.
Eu o entreguei a eles.

Falando de *glie-*

Ao usar **glie-** + pronome oblíquo, tenha em mente que você já precisa saber se o objeto indireto é masculino ou feminino, singular ou plural. Além disso, o **glie-**, no italiano moderno, também é usado para *eles*. As alternativas seriam **loro**, **a loro**, que raramente são usadas atualmente.

Glielo compro. *Eu o compro para ele (ela, eles, elas, você).*
Lo compro a loro. *Eu o compro para eles.*

O Pretérito Imperfeito

NOTA: **Loro** sempre segue o verbo.

Porto il giornale a mio padre.	*Eu levo o jornal para o meu pai.*
Glielo porto.	*Eu o levo para ele.*
Compro la gonna a Maria.	*Eu compro uma saia para Maria.*
Gliela compro.	*Eu a compro para ela.*
Mandiamo i biscotti al ragazzo.	*Nós mandamos o biscoito para o rapaz.*
Glieli mandiamo.	*Nós o mandamos para ele.*
Gli leggiamo le lettere.	*Nós lemos as cartas para ele.*
Gliele leggiamo.	*Nós as lemos para ele.*
Portiamo i giochi ai bambini.	*Nós levamos os brinquedos para as crianças.*
Glieli portiamo.	
Li portiamo **a loro**.	*Nós os levamos para elas.*
Non posso portare il libro a Luigi.	*Não posso levar o livro para Luigi.*
Non **glielo** posso portare.	
Non posso portar**glielo**.	*Não posso levá-lo para ele.*

 ## Exercício 15.9

Complete as frases com os pronomes duplos corretos.

EXEMPLO: Le compriamo le rose. _Gliele_ compriamo.

1. Non trovo il libro. Se lo trovo _____ porto. (*para você*)

2. Io darei il mio libro a Luca. Io _____ darei. (*para ele*)

3. Maria insegna la danza classica a Lara. Maria _____ insegna. (*para ela*)

4. Io insegno l'italiano a Luigi. Io _____ insegno. (*para ele*)

5. Io insegno lo spagnolo a Paolo e Luigi. Io _____ insegno. (*para eles*)

6. Lui mi ha scritto molte lettere. Lui _____ ha scritte. (*para mim*)

7. Ti darò la risposta domani. _____ darò domani. (*para você*)

8. Voi portate la torta alla nonna. _____ portate. (*para ela*)

288   Pretérito, Presente Perfeito e Imperfeito e Pronome Oblíquo Duplo

9. Loro hanno bisogno di soldi. _____ impresto io. (*para eles*)

10. Maurizio porta la maglietta ai gemelli. Maurizio _____ porta. (*para eles*)

11. Noi ti portiamo il biglietto per il treno. _____ portiamo. (*para você*)

12. Io vorrei far vedere le fotografie alle mie amiche. Io vorrei _____ vedere. (*para eles*)

13. Vorrei la ricetta per il dolce. Potresti mandar _____ per posta elettronica? (*para mim*)

14. Io _____ mando la ricetta quando la trovo. (*para você*) _____ mando presto. (*para você*)

15. Ti sei comprata il vestito? No, non _____ sono comprato costava troppo. (*para mim*)

16. Quando gli dai il regalo? _____ do domani. (*para ele*)

Ce lo, ce la, ce li, ce le

Os oblíquos de objeto indireto **ci** e **vi** mudam para **ce** e **ve** quando combinados com os diretos **lo**, **la**, **li** e **le**, como a seguir:

I nostri amici ci portano il giornale.	*Os nossos amigos nos trazem o jornal.*
I nostri amici **ce lo** portano.	*Os nossos amigos o trazem para nós.*
Maria ci dà la ricetta.	*Maria nos dá a receita.*
Maria **ce la** dà.	*Maria a dá a nós.*
Noi ci compriamo gli sci.	*Nós nos compramos esquis.*
Noi **ce li** compriamo.	*Nós os compramos para nós.*
Noi ci portiamo le biciclette.	*Nós nos trazemos bicicletas.*
Noi **ce le** portiamo.	*Nós as trazemos para nós.*
Vorresti darci il libro, ma non puoi.	*Você queria nos dar o livro, mas não pode.*
Vorresti dar**celo**, ma non puoi.	*Você o queria nos dar, mas não pode.*
Non puoi portarci i CD.	*Você não pode nos trazer os CDs.*
Non puoi portar**celi**.	*Você não os pode trazer para nós.*

Ve lo, ve la, ve li, ve le

O oblíquo de objeto indireto **vi** muda para **ve** quando combinado com os diretos **lo**, **la**, **li** e **le**, como a seguir:

Quando vi vedo, vi dò il biglietto.	*Quando eu vir vocês, lhes darei o tíquete.*
Quando vi vedo, **ve lo** dò.	*Quando os vir, o darei a vocês.*
Vi porterò la maglia domani.	*Eu lhes levarei a camisa amanhã.*
Ve la porterò domani.	*Eu a levarei para vocês amanhã.*
Vi regalo gli orecchini.	*Eu lhes dou os brincos.*
Ve li regalo.	*Eu os dou a vocês.*
Io non vi faccio le lasagne.	*Não lhes faço lasanha.*
Non **ve le** faccio.	*Não a faço para vocês.*
Non voglio dirvi che cosa ho fatto.	*Não quero lhe dizer o que fiz.*
Non voglio dir**velo**.	*Não quero dizê-lo a você.*

NOTA: As combinações de pronomes oblíquos de objeto direto e indireto são escritas em duas palavras, exceto **glielo**, **gliela**, **glieli**, **gliele** e todas as anexadas ao infinitivo.

Exercício 15.10

Traduza as frases para o italiano.

1. Falei para você ontem.

   _____

2. Dei um computador à minha sobrinha. Eu o dei a ela.

   _____

3. Eu lhe darei as notícias quando ela chegar.

   _____

4. Sua tia quer que você leia o artigo para ela.

   _____

5. Você não quer lê-lo para ela.

   _____

6. Giovanni lhe emprestou o carro. Ele o emprestou a ele.

7. Maria leu um bom livro e me deu para lê-lo.

8. Ele quis dar para ele o violino.

9. Ela quis enviar o presente para eles.

10. O médico nos deu os remédios.

11. O médico os deu a nós.

12. O médico quis nos dar os remédios.

13. O médico quis dá-los a nós.

14. Nós demos muitos brinquedos às crianças.

15. Nós os demos a elas.

16. Nós não queríamos dá-los a elas.

17. Após visitá-la, eles foram ao restaurante.

18. Pedirei a ela para ir comigo.

19. Você falará com ela para fazê-lo.

20. Você vai falar com ela hoje quando a vir.

Pronomes Reflexivos com Pronomes Oblíquos

A combinação é comum para verbos reflexivos que expressam ações de colocar e tirar roupas (**mettersi la maglia**, **togliersi la maglia**), verbos usados com partes do corpo (**lavarsi**, **pettinarsi**, **truccarsi**) e alguns verbos idiomáticos (**mangiarsi**, **bersi**). Os pronomes reflexivos antecedem um pronome oblíquo quando ocorrem juntos.

Os objetos são posicionados antes do primeiro verbo ou anexados ao infinitivo.

Ti sei lavato la faccia?	*Você lavou o rosto?*
Te la sei lavata?	*Você o lavou?*
Non si sono pettinati.	*Não nos penteamos.*
Non **se li** sono pettinati.	*Não o penteamos.*
Carlo si allaccia le scarpe.	*Carlo amarra seus sapatos.*
Carlo **se le** allaccia.	*Carlo os amarra.*
La bambina si mette il vestito da sola.	*A garota coloca o vestido sozinha.*
La bambina **se lo** mette da sola.	*A garota o coloca sozinha.*
Mi sono mangiata tutto il dolce.	*Eu comi todo o doce.*
Me lo sono mangiato tutto.	*Eu o comi todo.*
Il bambino si è tagliato i capelli.	*O garoto cortou os cabelos.*
Se li è tagliati lui.	*O garoto os cortou.*
L'uomo si è bevuto una bottiglia di vino.	*O homem bebeu uma garrafa de vinho.*
L'uomo **se l'**è bevuta tutta.	*O homem a bebeu toda.*

Lembrete

Em italiano, quando os verbos reflexivos são usados com partes do corpo ou roupas, os pronomes possessivos não são usados.

Exercício 15.11

Complete a segunda frase usando os pronomes e as formas corretas dos verbos.

EXEMPLO: Tu hai venduto le scarpe a Luisa. Gliele hai vendute.
Você vendeu os sapatos a Luisa. Você os vendeu a ela.

1. La nonna ha dato molti giocattoli ai nipoti. La nonna _____.

2. Abbiamo chiesto al ragazzo di cantare. _____.

3. I bambini vanno a lavarsi le mani. Vanno a _____.

4. Francesca legge il libro a sua figlia. Francesca _____ legge.

5. Francesca vuole leggere il libro a sua figlia.
   Vuole _____.

6. La donna si trucca molto bene. La donna vuole _____ bene.

7. Il marito spala la neve. _____ sempre il marito.

8. I ragazzi si comprano giochi elettronici. _____ con i loro soldi.

9. Non si è ricordata il condimento per l'insalata. _____ dimenticato.

10. Devo comprare un regalo per tua sorella.
    Devo _____.

11. Non si lavano mai la faccia prima di andare a scuola. _____.

12. Si lavano i capelli tutti i giorni. _____ tutti i giorni.

Exercício 15.12

Traduza as frases para o português.

1. Le è piaciuto il dolce e se l'è mangiato tutto.

2. Si chiedevano perchè i loro amici non venivano a trovarli.

O Pretérito Imperfeito

3. Se lo chiedevano spesso.

4. Hanno mangiato tutta la pizza. Se la sono mangiata tutta.

5. Gli (*sing.*) devo chiedere a che ora viene. Glielo chiedo per telefono.

6. Comprano il giornale e se lo leggono tutto.

7. Lei non ha ancora preso la patente. La prenderà fra due mesi.

8. Si è comprata una macchina e se l'è pagata tutta lei.

9. I ragazzi hanno trovato un gatto. Se lo sono portato a casa.

10. Non mi aspettavo che tu venissi. Non me lo aspettavo proprio.

 Exercício 15.13

Em uma folha de papel à parte, escreva a tradução dos seguintes infinitivos da Parte III.

1. acquistare
2. arrangiare
3. attrarre
4. bastare
5. cadere
6. cercare
7. concludere
8. contraddire
9. dilettarsi
10. disegnare
11. distrarre
12. distruggere
13. imitare
14. influire
15. invogliare
16. liquidare
17. masticare
18. pensare

19. pescare
20. porre
21. prevenire
22. pubblicare
23. ridere
24. ripetere
25. scegliere
26. scoprire
27. spingere
28. spolverare
29. succedere
30. supplicare
31. svendere
32. tradurre
33. vagare
34. votare

 Interpretação de Texto

Il traffico in Italia

Spesso, i turisti americani che ritornano dall'Italia sono allibiti da come guidano gli italiani. Li definiscono autisti pazzi, e molti hanno paura a mettersi al volante quando viaggiano in Italia.

Come in tutti i paesi industrializzati, la congestione del traffico nelle città italiane è diventata un problema molto serio. Questo è causato dal fatto che il 60% degli italiani abita in città e tutti vogliono la macchina, anzi due o tre.

La macchina più usata in Italia è la FIAT, le cui lettere stanno per Fabbrica Italiana Automobili Torino. Le Fiat sono popolari, ma non molto lussuose e agli italiani piacciono le macchine di lusso, con motore potente e apparenza sofisticata come le Ferrari, le Maserati, le Lamborghini, le Alfa Romeo tutte simbolo di incredibile ingegnosità e buon gusto. Si vedono anche molte macchine straniere come la BMW e la Mercedes.

L'età minima per prendere la patente di guida è di 18 anni. Per ottenere la patente bisogna fare un corso di scuola guida, poi bisogna sostenere un esame di teoria e uno di pratica. Entrambi abbastanza difficili, costosi e complessi.

In Italia la benzina è molto cara, ma dal numero di macchine per le strade nessuno ci crederebbe. Oltre alle macchine, sulle autostrade c'è un incredibile numero di camion che trasportano le merci in tutta Italia e in Europa. Ai camion è proibito viaggiare durante il fine settimana, dal venerdì a mezzanotte fino alla domenica a mezzanotte. Questo per agevolare la gente che vuole viaggiare durante i fine settimana.

Il limite di velocità sulle autostrade italiane e di 130 km, o circa 78 miglia all'ora, ma sono poche le persone che ubbidiscono a questa regola. Tutti, o quasi tutti, eccedono il limite di velocità e a volte ci sono degli incidenti orribili, proprio causati da questi eccessi.

La polizia italiana da qualche anno non perdona gli autisti che guidano follemente, parlano al cellulare mentre guidano e sono in stato di inebriatezza. È stato istituito un sistema di punteggio sulla patente, e man mano che i punti vengono tolti, gli autisti vengono penalizzati, fino a rimanere senza patente se rimangono senza punti. Questo ha aiutato un po', ma c'è bisogno di consistente vigilanza e di senso di responsabilità da parte di tutti.

Nomi (Substantivos)

l'apparenza	*a aparência*	l'ingegnosità	*a engenhosidade*
la congestione	*a congestão*	il limite	*o limite*
l'inebriatezza	*a intoxicação*	la sofisticatezza	*a sofisticação*

Aggettivi (Adjetivos)

complesso	*complexo*
pazzo	*louco*
sofisticato	*sofisticado*

Avverbi (Advérbios)

follemente	*loucamente*

Espressioni (Expressões)

mettersi al volante	*dirigir*
scuola guida	*autoescola*
stato di inebriatezza	*estado de embriaguez*

Verbi (Verbos)

agevolare	*facilitar*	penalizzare	*penalizar*
allibire	*horrorizar*	prendere	*pegar*
definire	*definir*	sostenere	*sustentar*
eccedere	*exceder*	trasportare	*transportar*
ottenere	*obter*		

Domande (Perguntas)

Depois de ler esta seleção, responda as perguntas em italiano e leia suas respostas em voz alta.

1. Quanti italiani vivono in città?

2. Da che cosa è causato il problema nei paesi industrializzati?

3. Che cosa significa FIAT?

4. Quali macchine piacciono agli italiani?

5. Perchè?

6. A che età si può prendere la patente in Italia?

7. Che cosa bisogna fare per prendere la patente?

8. Ubbidiscono al limite di velocità gli italiani?

Gabarito

Capítulo 1: Substantivos, Artigos e Adjetivos Descritivos

1.1 1. casa   2. ragazzo   3. zaino   4. scuola   5. specchio   6. penna   7. giornale   8. sapone   9. pane   10. ciliegia   11. fico   12. sale

1.2 1. lettere   2. pere   3. stelle   4. sport   5. lezioni   6. vini   7. alberi   8. musiche   9. sali   10. canzoni   11. altalene   12. fiori   13. dee   14. amiche   15. amici   16. film

1.3 1. un, una   2. un', un   3. uno, una   4. uno, una   5. una, un   6. un, una   7. uno, un   8. un, una   9. un, un'   10. uno, un   11. uno, una   12. un, un'

1.4 1. l'(lo)   2. la   3. l'(la)   4. lo   5. il   6. l'(la)   7. la   8. la   9. la   10. il   11. il   12. l'(la)   13. la   14. lo   15. il   16. il   17. il   18. la   19. il   20. lo

1.5 1. gli   2. le   3. gli   4. i   5. i   6. le   7. le   8. le   9. gli   10. i   11. le   12. le   13. le   14. le   15. i   16. i   17. i   18. le   19. i   20. i

1.6 1. o livro   2. a casa   3. as flores   4. o vinho   5. o irmão   6. o café   7. o trem   8. o dentista   9. a janela   10. a macieira   11. os aviões   12. as lições   13. o ganso   14. as pernas   15. a garganta   16. uma lição   17. uma ideia   18. um amigo   19. um menino   20. uma amiga   21. um automóvel   22. um avião

1.7 1. lo, uno   2. lo, uno   3. l' (lo), un   4. il, un   5. la, una   6. l'(lo), un   7. la, una   8. il, un   9. lo, uno   10. l'(lo), un   11. la, una   12. il, un   13. il, un   14. la, una   15. l'(la), un'(una)   16. l'(la), un'(una)   17. l'(la), un'(una)   18. la, una   19. lo, uno   20. lo, uno

1.8 1. carina   2. difficile   3. profumato   4. bianco   5. fragile   6. piccolo   7. nuova   8. pulito   9. caro   10. fantastico   11. magra   12. povero   13. verde   14. interessante   15. vecchio   16. verde   17. piccolo   18. grande   19. bianca   20. freddo

1.9 1. le lampade nuove   2. gli amici intelligenti   3. i gatti neri   4. i ragazzi giovani   5. le rose bianche   6. i vestiti gialli   7. i giorni meravigliosi   8. le automobili moderne   9. le ragazze eleganti   10. i libri vecchi   11. le torte deliziose   12. le famiglie ricche

1.10 1. l'erba verde   2. le nuvole bianche   3. la canzone nuova   4. l'oca grassa   5. il cane piccolo   6. le scarpe care   7. il cibo eccellente

298 Gabarito

8. il bambino triste   9. il bambino felice   10. l'uomo forte   11. la casa grande   12. l'amico sincero

1.11 1. Mi piacciono le scarpe rosse.   2. Questo libro è nuovo.   3. Loro hanno genitori molto vecchi.   4. Lei è la mia cara amica.   5. Lei è una brava pittrice.   6. Ha una piccola ferita sulla testa.   7. Lei è l'unica regina. 8. Lui è il suo unico figlio.   9. Lei è l'unica donna in questa casa.   10. È un uomo diverso.   11. Cè un povero uomo nel parco.   12. Il Presidente è un bravo uomo.

Capítulo 2: Pronomes Pessoais, *stare* e *essere*

2.1 1. sto (saúde)   2. sta (localização)   3. sta (localização)   4. sta (localização)   5. stanno (saúde)   6. state (localização)   7. stai (localização)   8. sta (opinião pessoal sobre aparência)   9. stanno (localização)   10. sta (saúde)   11. sta (opinião pessoal sobre aparência) 12. stiamo (localização)

2.2 1. è (descrição)   2. sono (profissão)   3. sono (procedência)   4. è (descrição)   5. siamo (identificação)   6. è (material)   7. sono (procedência)   8. sono (descrição)   9. è (descrição)   10. è (localização) 11. è (condição física)   12. è (descrição)   13. è (localização)   14. siete (descrição)   15. è (data)

2.3 1. sono (nacionalidade)   2. è (condição física)   3. sta (saúde)   4. è (descrição)   5. sta (localização)   6. siamo (modo)   7. sta (saúde)   8. è (localização)   9. è (descrição)   10. è (descrição)   11. siete (procedência) 12. sta (localização)   13. siamo (localização)   14. sta (localização)   15. è (localização)

2.4 1. Non sto molto bene.   2. È a casa.   3. Sì, sta ancora a Napoli.   4. No, non è facile.   5. Sì, vogliamo stare in casa.   6. Siamo molto stanchi. 7. No, è lontano.   8. La mia amica sta in Italia.   9. Stiamo da due settimane.   10. È di Roma.

2.5 1. Siamo amici.   2. I miei amici sono in Cina.   3. La sua amica è in Italia per tre settimane.   4. Gli animali sono allo zoo.   5. I bambini stanno al parco per tre ore.   6. L'Italia è in Europa.   7. Suo marito fa l'architetto. 8. Lo zio Marco è in piscina.   9. Lo zio Marco sta in piscina tutto il giorno. 10. Il cibo è delizioso.   11. Il cane è marrone.   12. Il cane sta in casa. 13. Mia nonna è in ospedale.   14. Lei non sta molto bene.

2.6 1. state   2. stiamo   3. siamo   4. è   5. sono   6. è   7. sono 8. sono   9. stiamo

Capítulo 3: *C'è* e *ci sono*, Pronomes Interrogativos e o Calendário

3.1 1. Ci sono due cani nel giardino.   2. Ci sono tre grandi aeroporti.   3. Ci sono dieci studenti in classe.   4. Ci sono due musei vicino a casa mia.   5. Ci sono molte piante in casa.   6. Ci sono due macchine nel garage.   7. Ci sono tre gatti neri.   8. Ci sono molte parole difficili nel libro.

Gabarito

9. Ci sono due frasi che non capisco.   10. Ci sono le tue quattro amiche.
11. Non ci sono due italiani qui.   12. Non ci sono tre finestre.

3.2 1. Ecco il bar!   2. Ecco il giornale!   3. Ecco il supermercato!   4. Ecco la pizza!   5. Ecco il gelato!   6. Ecco il bicchiere!   7. Ecco l'orologio!   8. Ecco l'ospedale!   9. Ecco la televisione!   10. Ecco lo zoo!   11. Ecco lo scoiattolo!   12. Ecco la pianta!

3.3 1. Há uma planta na casa.   2. Há muitas estrelas no céu.   3. Há muitas cadeiras na sua casa.   4. Hoje está sol.   5. Não há telefone.   6. Aqui está sua irmã!   7. Aqui está o telefone!   8. Aqui está a mamãe!   9. Como é o restaurante?   10. Como está o pão?   11. Como é bonita a música!   12. Como é grande o universo!

3.4 1. Com'è buono questo vino!   2. Come sono buoni questi gelati!   3. Come sono belle queste fotografie!   4. Com'è interessante questo libro!   5. Com'è bionda questa bambina!   6. Com'è piccola questa casa!   7. Com'è forte questo caffè!   8. Come sono deliziosi questi panini!   9. Com'è grande questo aereo!   10. Com'è brava questa studentessa!   11. Com'è veloce questa macchina!   12. Com'è fredda questa birra!

3.5 1. dove   2. dove   3. quanta   4. chi   5. quale   6. quanto   7. come   8. quando   9. perchè   10. di chi   11. quanti   12. quanti   13. quanti   14. come

3.6 1. Mia zia non sta molto bene.   2. Vicino a casa mia.   3. È di mio fratello.   4. Io sono brasiliera.   5. No, non ci sono cani a casa mia.   6. Sto davanti alla TV.   7. C'é mio marito.   8. Si, ci sono ancora le foglie sugli alberi.   9. No, ci sono poche persone alla festa.   10. Lavoro molto.   11. Ti sta bene.   12. Ci sono 15 (quindici).

3.7 1. In   2. Di   3. Con   4. Di   5. In   6. Con

3.8 1. Lunedì vado a visitare Luisa.   2. Venerdì è il mio giorno favorito della settimana.   3. Vado a scuola il mercoledì.   4. Andiamo al cinema il sabato sera.   5. Vediamo i nostri genitori ogni domenica.   6. La domenica andiamo in chiesa.   7. Ogni venerdì sto a casa dopo lavoro.   8. Giovedì siamo con i nostri figli.   9. Il venerdì lei pulisce la casa.   10. Il sabato andiamo a teatro o al ristorante.   11. Mercoledì vedo la mia amica Mary.   12. Lisa gioca al pallavolo martedì pomeriggio.

3.9 1. Che giorno è oggi?   2. Oggi è martedì.   3. Gennaio è un mese caldo.   4. In maggio ci sono molti fiori.   5. Il compleanno di mia mamma è il tredici maggio.   6. In luglio e in agosto fa molto freddo.   7. Il mese di ottobre è in primavera.   8. Viaggiamo in marzo e in settembre.   9. Le scuole in Italia cominciano il quindici settembre.   10. La primavera e l'autunno sono le mie stagioni preferite.   11. Mi sveglio presto alla mattina.   12. La sera, guardo la televisione.

3.10A. 1. o cachorro fiel   2. a camisa limpa   3. o preço alto   4. o carro novo   5. a ópera emocionante   6. o edifício baixo   7. a praia limpa   8. o ônibus grande   9. o avião rápido   10. o dia fantástico

3.10B. 1. la bella pianta   2. la strada pericolosa   3. il mese corto   4. la bella spiaggia   5. l'uomo orgoglioso   6. la bambina cieca   7. il bambino

300 — Gabarito

affettuoso   8. la donna bassa   9. il libro divertente   10. il cane amichevole

3.11 As respostas podem variar.

3.12 1. è   2. c'è   3. ci sono   4. stai   5. stiamo   6. sta   7. sta   8. ci sono   9. ci sono, ci sono   10. state   11. stiamo   12. è   13. ci sono   14. è   15. ci sono   16. sta

Capítulo 4: Números, Horas e Datas

4.1 1. sette   2. trentun   3. trecentosessantacinque   4. cinquantadue   5. tremila   6. duecentotrentacinque   7. venti   8. trecentoottantasette   9. milleduecento   10. settecentoottantacinque

4.2 1. primo   2. secondo   3. quinta   4. seconda   5. quinto   6. terza   7. ottava   8. quindicesimo   9. trentaseiesimo   10. sedicesimo   11. decimo   12. dodicesimo   13. decima

4.3 1. ventesimo   2. dodicesimo   3. seconda   4. quindicesimo secolo   5. diciottesimo secolo   6. tredicesimo secolo   7. diciannovesimo secolo   8. ventesimo secolo   9. ventunesimo secolo   10. diciottesimo secolo

4.4 1. mercoledì, ventitré, gennaio   2. sabato   3. ventisette, novembre   4. lunedì   5. domenica   6. quattordici, marzo   7. venerdì   8. febbraio, ventinove

4.5 1. Sono le undici.   2. Sono le tredici.   3. Io pranzo alle dodici.   4. Vado a lavorare alle otto (di mattina).   5. È mezzanotte.   6. La banca apre alle otto e trenta.   7. I negozi chiudono alle diciannove e trenta.   8. Ceniamo alle venti e trenta.   9. Esco alle sei e trenta.   10. Gioco la partita di calcio alle undici.   11. Pranzo a mezzogiorno.   12. Sono le tredici.

4.6 1. È l'una e venti.   2. Sono le quattro e trenta di pomeriggio.   3. Sono le nove e un quarto (e quindici).   4. Sono le sei in punto.   5. Sono le due e quarantacinque di pomeriggio.   6. Sono le otto di mattina.   7. Sono le tre di pomeriggio.   8. Sono le dodici esatte.

Capítulo 5: Verbos Regulares

5.1 1. nuota   2. ritornano   3. camminiamo   4. abitano   5. aspetta   6. nuotano   7. domanda   8. arrivano   9. domanda   10. riposo   11. ascoltano   12. ordini   13. comprate   14. lavorate   15. entri   16. aspettate

5.2 1. chiudo   2. chiedi   3. crede   4. legge   5. perdiamo   6. piangete   7. ripetono   8. scrive   9. vende   10. viviamo   11. perdi   12. vende   13. vivono   14. risponde   15. rompe   16. rispondiamo

5.3 1. apro   2. copri   3. offre   4. dorme   5. partiamo   6. scoprono   7. seguite   8. sentono   9. servono   10. veste   11. dormono   12. partite   13. apri   14. ascoltate

Gabarito

301

5.4 1. pulisco 2. preferisci 3. capiscono 4. spediamo 5. costruiscono 6. preferiscono 7. preferisce 8. finisci 9. costruite 10. ubbidisci 11. capiscono 12. finiamo 13. restituisco 14. impedisci

5.5 1. chiama 2. dovete 3. prende 4. prendono 5. passare 6. prendiamo 7. chiamano 8. passate 9. prendiamo, passiamo 10. chiamare

Capítulo 6: Verbos Irregulares

6.1 1. vado 2. stai 3. dà 4. andate 5. faccio 6. vanno 7. vanno 8. stanno 9. danno 10. faccio 11. va 12. stiamo

6.2 1. fare una passeggiata 2. fare la spesa 3. fare il pieno 4. faccio colazione 5. fare i biglietti 6. facciamo un viaggio 7. fare presto 8. fare la fila (coda) 9. fanno i compiti 10. fare ginnastica 11. fanno finta 12. faccio da mangiare

6.3 1. paghiamo 2. comincio 3. mangi 4. cerca 5. lascia 6. studi 7. paghi 8. comincia 9. comici 10. strisciano 11. taglia 12. pigli

6.4 1. sa, sa 2. devo 3. devi 4. puoi 5. vuole 6. vogliono 7. deve 8. vogliamo 9. devono (debbono) 10. devo (debbo)

6.5 1. Non so il tuo nome. 2. Tu conosci i miei genitori. 3. Tu sai suonare molto bene il pianoforte. 4. Lei conosce bene Parigi. 5. Lei sa parlare il francese. 6. Loro sanno il suo nome. 7. Io non conosco i tuoi amici. 8. Claudia conosce un bravo dottore. 9. Loro non sanno che io sono qui. 10. Non conoscono un ristorante pulito in questo villaggio. 11. Lui conosce Roma molto bene. 12. Lei sa che c'è molto traffico a Roma. 13. Noi sappiamo che sei felice. 14. Voi conoscete molte persone.

6.6 1. Pietro ha sempre fretta. 2. Ho freddo. Ho bisogno di una coperta. 3. Hai sonno. Vai a letto. 4. Lui ha molta sete. Vuole un bicchiere di acqua. 5. Lei ha voglia di un gelato. 6. Abbiamo paura del buio. 7. Hanno molta fortuna. 8. Avete bisogno di andare al supermercato. 9. Ho caldo. Ho bisogno di fare un bagno. 10. Non aspettarmi se hai fretta.

6.7 1. ho 2. ha 3. abbiamo 4. hanno, hai 5. ha, hai 6. avete 7. hanno 8. avete 9. hanno 10. ha

6.8 1. Dico la verità. 2. Diciamo una storia. 3. Vengo a casa con te. 4. Vieni a visitare Maria presto. 5. Il postino viene tardi oggi. 6. I fiori muoiono con il freddo. 7. I soldati muoiono in guerra. 8. Appaiono dal buio. 9. Io appaio all'improvviso. 10. Lei sale la scala. 11. Escono tardi. 12. Oggi, la gente non muore di tubercolosi.

6.9 1. vengono, escono, ritornano 2. vanno, giocano 3. vado 4. sappiamo 5. suoni, preferisci 6. dormono 7. siamo 8. spiega, capiamo, dice 9. dimentico 10. incontriamo, ricorda 11. vanno, hanno, fanno 12. sento, vengono 13. vado 14. pranzi, pranziamo

302   Gabarito

Capítulo 7: *Andare* e o Futuro

7.1   1. vanno   2. vado   3. va   4. andiamo   5. andate   6. vanno
7. vanno   8. andate

7.2   1. vado; Eu vou visitar minha avó.   2. vai; Você vai comer na casa dos seus amigos na Páscoa.   3. lui va; Ele vai falar com o diretor.   4. andiamo; Nós vamos visitar Roma de ônibus.   5. andate; Vocês vão pegar livros na biblioteca.   6. vanno; Eles vão esquiar nas montanhas durante as férias. 7. andate; Você e Giovanni (vocês) vão comer no restaurante.   8. vanno; Maria e Carlo (eles) vão plantar flores no jardim.   9. andate; Tu e Luigi (vocês) vão ver o novo filme.   10. vai; Você vai ao cinema esta noite?

7.3   1. Berrò acqua minerale.   2. Andrai dal dottore.   3. (Lei) mangerà al ristorante.   4. (Lui) riposerà tutto il pomeriggio.   5. Erica visiterà la sua amica domani.   6. Parleremo al telefono.   7. Andrete con la nave. 8. Aspetteremo il treno.   9. Lucia studierà in Italia.   10. Scriverò il libro di grammatica.   11. (Lei) suonerà il violino.   12. Marco pagherà il conto.

7.4   1. partiremo   2. leggeremo   3. noleggerà   4. parlerete
5. arriveranno   6. starai   7. andrò   8. andrai   9. venderà
10. arriverete   11. studieremo   12. ceneremo

7.5   1. useranno   2. cambierà   3. firmeranno   4. spiegherò
5. fermerà   6. celebreremo   7. ripasserà   8. guiderà   9. dipingerai
10. preparerete

7.6   1. Io so che lei studia molto.   2. Per chi è la domanda?   3. La risposta è per Maria.   4. Il libro che mi occorre è in macchina.   5. Il cappotto è per l'inverno.   6. Noi sappiamo che per vedere la partita dobbiamo andare al bar. 7. Giulia studia medicina per fare la pediatra.   8. Avete una camera per due persone?   9. Per vivere qui, abbiamo bisogno di molti soldi.   10. So che a voi piace molto viaggiare.

7.7   1. vado   2. parliamo   3. ascoltate   4. chiudi   5. cucina
6. lavorate   7. prenotiamo   8. facciamo   9. volete   10. finiscono
11. vedranno   12. pulisce   13. abiterà   14. usciamo   15. perdete
16. vivete   17. bevete   18. sento

7.8   1. spalla   2. occhi   3. collo   4. dita   5. polmoni   6. cuore
7. denti   8. gomito   9. gambe   10. ginocchia   11. piedi
12. cervello   13. sangue   14. cuore

7.9   1. genitori   2. fratelli   3. sorella   4. figlio   5. mamma
6. nipote   7. cugina   8. suocera   9. suocero   10. zii   11. genero
12. sorelle, fratello   13. zia, zie   14. cugina   15. nonno   16. nonna

7.10   1. per   2. che   3. per   4. che   5. che   6. che   7. per
8. per   9. che, per   10. da   11. da   12. che, per

Capítulo 8: Pronomes e Advérbios

8.1   1. il mio   2. le tue   3. i tuoi   4. le tue   5. il suo   6. la sua   7. il nostro   8. la nostra   9. le vostre   10. i loro   11. il mio   12. le tue

Gabarito   303

13. i nostri   14. la mia   15. il tuo   16. il loro   17. tua   18. la mia
19. il suo   20. le nostre

8.2   1. Sua sorella è in Italia.   2. La sua casa è grande.   3. Le loro amiche sono molto gentili.   4. Le sue macchine sono tutte antiche.   5. I suoi bambini non si comportano bene.   6. Il mio amico perde sempre il portafoglio.   7. I suoi libri sono molto difficili da leggere.   8. Le sue parole sono molto gentili.   9. Suo fratello è molto bello.   10. Le sue ragioni sembrano incomprensibili.   11. Non ho visto il suo novo anello di diamanti.   12. I loro nonni sono molto vecchi, ma molto attivi.

8.3   1. Questa macchina è nuova.   2. Questo computer è veloce.   3. Questa mattina gioco al tennis.   4. Quel giardino ha molti fiori.   5. Queste ragazze sono molto felici.   6. Questi ragazzi sono intelligenti.   7. Quella casa è di mio fratello.   8. Quel pianoforte è vecchio.   9. Quegli alberi sono alti.   10. Quei libri sono cari.   11. Quello zaino è pesante.   12. Questo negozio ha molte cose.   13. Questi negozi sono pieni di gente.   14. Quei fiori sono molto profumati.

8.4   1. Il vino è francese.   2. L'opera è italiana.   3. La signora è messicana.   4. La seta è cinese.   5. I suoi antenati sono scozzesi.   6. Il marito di Maria è indiano.   7. I turisti sono tedeschi.   8. La studentessa è svedese.   9. la mia cara amica è messicana.   10. La bandiera è brasiliana.   11. La sua automobile è giapponese.   12. Il nuovo aereo è americano.

8.5   1. bel   2. buon   3. giovane   4. vera   5. caro   6. begli   7. brava   8. generoso   9. bravi   10. buoni   11. brutte   12. educate   13. belle   14. intelligenti   15. belle

8.6   1. molto   2. molti   3. molta   4. molti   5. altra   6. molte   7. tutte   8. poca, molta   9. tutte   10. tutti   11. prossimo   12. ultima   13. ultimi   14. l'ultima   15. primi   16. pochi

8.7   1. più, della   2. più, delle   3. più, della   4. meno, degli   5. meno, dei   6. tanta, quanto   7. tanto, quanto   8. meno, del   9. tanto, quanto   10. meno, della   11. tanto, quanto   12. più, che   13. più, che   14. meno, che   15. più, della   16. più, delle   17. tanto, quanto   18. meno, del   19. più, di   20. tanto, quanto

8.8   1. Gli sport sono importantissimi nella vita dei giovani.   2. La mia casa è nuovissima.   3. Questa novella è interessantissima.   4. Ho due cani piccolissimi.   5. Questi sono uomini molto importanti.   6. Sono donne importantissime.   7. Loro sono le persone più importanti qui.   8. Alla sera sono stanchissima.   9. Io sono molto stanca ogni sera.   10. Questo pasto è eccellente.   11. Quando il cane è entrato era bagnato fradicio.   12. Dopo la partita i giocatori erano stanchi morti.   13. Il gelato italiano è il migliore di tutti.   14. L'aereo è molto pieno.   15. Il profumo francese è il migliore di tutti.   16. I laghi brasiliani sono enormi.

8.9   1. infinito   2. immenso   3. magnifici   4. enormi   5. meravigliose   6. eccellenti   7. colossali   8. incantevoli   9. divina   10. eterna

8.10   1. Ti chiamerò certamente quando arrivo.   2. La folla era silenziosa dopo la partita.   3. Aspettiamo silenziosamente.   4. Loro sono molto fortunate.   5. Mia mamma è gentile.   6. Mi parla gentilmente.   7. Il cibo è cattivo.   8. Lui si sente male.   9. Lei vive felicemente.   10. Lei è felice.

304 Gabarito

8.11 1. sempre   2. mai   3. sempre   4. troppo   5. bene   6. ancora
7. adesso   8. dietro   9. dappertutto   10. indietro   11. adesso
12. molto   13. sotto   14. oggi   15. molto, molto

8.12 1. quasi   2. sicuro   3. come   4. assieme   5. verso   6. sempre
7. così   8. a destra, poi, a sinistra   9. sempre, assieme   10. in alto
11. appena   12. quasi   13. un poco   14. neppure

8.13 1. Ogni anno per Natale cuciniamo e mangiamo troppo.   2. Erica
perde sempre la sciarpa.   3. Impariamo molto nella classe di italiano.
4. Ascoltiamo le solite vecchie canzoni ogni giorno in macchina.   5. L'uomo
cammina velocemente.   6. I giovani mangiano molto.   7. Oggi spero di
andare al museo.   8. Suo fratello piange sempre quando vede un film triste.
9. La tua cartolina è appena arrivata.   10. Lei parla molto gentilmente.
11. Loro parlano troppo velocemente.   12. Oggi il bambino non sta bene.
13. Se vai a sinistra, troverai il museo.   14. Quasi ogni giorno arrivo tardi al
lavoro.

Capítulo 9: Palavras Negativas e Preposições

9.1 1. No, non vedo nessuno.   2. No, non le ascolta mai.   3. No, non
parla con nessuno.   4. No, non hanno molti figli.   5. No, non studiamo
sempre.   6. No, non viaggio con le mie amiche.   7. No, non ho nessuna
idea.   8. No, non penso a nessuno.

9.2 1. Non studio mai il sabato.   2. Non vedo mai il tramonto.   3. Non viene
nessuno.   4. Questo programma non è mai interessante.   5. Non vogliono
mai giocare.   6. La ragazza non è mai pronta.   7. Non ho mai visto quella
commedia.   8. Non mi sveglio mai presto alla mattina.   9. Il treno non
arriva mai in orario.   10. Non mangio nè pane nè formaggio.   11. Non ho
niente da mangiare.   12. Non compro niente per nessuno.   13. Loro non
sciano mai in inverno.

9.3 1. per   2. per   3. per caso   4. per favore   5. per conto mio
6. per caso   7. per caso   8. per   9. per   10. per   11. per
12. per   13. per   14. per adesso

9.4 1. La scuola è accanto al teatro.   2. L'autobus si ferma davanti alla scuola.
3. Lui si siede dietro di me.   4. La chiesa è dietro al museo.   5. Chiamami,
prima di venire.   6. La mia casa è vicino all'autostrada.   7. Il teatro è di
fronte al parco.   8. Siamo vicino alla scuola.   9. Giochiamo ogni giorno
dopo la scuola.   10. Per me è un gran sacrificio non parlare.   11. I fiori
sono gelati per il freddo.   12. Per guidare la macchina, è necessario avere la
patente.

9.5 1. Não vá contra o muro.   2. Durante a lição, é necessário desligar o
telefone.   3. Fico aqui até amanhã.   4. Não há discussões entre mim e
você.   5. Segundo eles, a Terra não está sendo abusada.   6. Andamos
em volta da casa.   7. Trabalho todos os dias menos sábados e domingos.
8. Exceto por nós dois, os outros falam muito.   9. Os pássaros estão em cima
do telhado.   10. Eles estão uns contra os outros.   11. O cervo dorme nos
arbustos.   12. Vamos até o fim da estrada.

Gabarito 305

9.6   1. per   2. di   3. per ora   4. dopo   5. con   6. per   7. lontano
8. vicino a   9. per   10. per

9.7   As respostas podem variar.

9.8   1. parla, studia   2. va   3. fai   4. suona, suona   5. finisce
6. usciamo   7. state   8. stirare, cucinare   9. sono   10. vengono
11. dai   12. vanno   13. può   14. brillano   15. faccio   16. piace

9.9   1. dobbiamo   2. leggono, prima di, a   3. invece di, andate, a   4. vuole,
per   5. visitiamo, veniamo   6. per, per   7. vado, per la prima volta
8. abitiamo, vicino   9. lontana dal   10. per adesso   11. per, preferisce,
in   12. per conto mio

9.10   1. quinta   2. prima di, due   3. arrivo, alle dodici e trenta   4. terza
5. non…mai, prima di   6. fino alle dieci di mattina   7. tardi   8. più
strette   9. migliore   10. più vecchia   11. peggiore   12. più alto del
13. moltissimo   14. nessun

9.11   1. Mia nipote compie sedici anni la prossima settimana.   2. La lezione
comincia alle sette. Dobbiamo arrivare in orario.   3. Devo camminare ogni
giorno per essere in forma.   4. Quella casa è molto vecchia. È molto più
vecchia di quella accanto.   5. Luigi è molto intelligente.   6. Lisa e Kyria
sono brave bambine.   7. In questa casa a nessuno piace cucinare.   8. Lisa
deve prendere lezioni di guida per poter guidare.   9. Io ho paura di andare
dal dentista.   10. La mia amica passa molto tempo nei negozi, ma non compra
mai niente.   11. Adesso devo andare a comprare i regali per i bambini.
12. Elena e sua sorella mangiano più che i ragazzi.   13. Devi studiare
l'italiano tutti i giorni per poterlo parlare.   14. Ci sono urogani in Brasile?

9.12   1. habitar   2. acender   3. aceitar   4. acompanhar   5. encurtar
6. atender   7. levantar   8. admirar   9. ir   10. aparecer
11. aplaudir   12. abrir   13. chegar   14. ouvir   15. deixar
16. concordar   17. absorver   18. esperar   19. ter   20. começar
21. beber   22. precisar   23. caminhar   24. cantar   25. entender
26. jantar   27. procurar   28. chamar   29. perguntar   30. fechar
31. iniciar   32. preencher   33. comprar   34. custar   35. construir
36. acreditar   37. dar   38. emagrecer   39. pintar   40. falar
41. tornar-se   42. perguntar   43. dormir   44. dever   45. entrar
46. ser   47. evitar   48. fazer   49. parar   50. terminar   51. fixar
52. jogar   53. girar   54. ganhar   55. olhar   56. impedir
57. encontrar   58. engolir   59. iniciar   60. lavar   61. trabalhar
62. ler   63. comer   64. mentir   65. colocar   66. morrer
67. nascer   68. nadar   69. nutrir   70. ordenar   71. pagar
72. deixar   73. passar   74. perder   75. gostar   76. chorar
77. poder   78. almoçar   79. preferir   80. preparar   81. limpar
82. restituir   83. receber   84. rir   85. repetir   86. responder
87. romper   88. saber   89. descobrir   90. escrever   91. seguir
92. escutar   93. servir   94. enviar   95. apagar, desligar   96. espirrar
97. passar a ferro   98. friccionar   99. tocar   100. desperta-se, levantar-
se, acordar   101. cortar   102. tossir   103. estudar   104. obedecer
105. sair   106. ver   107. vender   108. vir   109. viajar   110. viver
111. voar   112. querer

Capítulo 10: O Objeto Indireto

10.1 Exercício de pronúncia.

10.2 1. mi/a me piace   2. mi/a me piace   3. ti/a te piacciono   4. vi piacciono   5. gli/a lui piace   6. gli/a lui piace   7. le/a lei piacciono   8. le/a lei piace   9. ci/a noi piace   10. ci/a noi piacciono   11. vi/a voi piace   12. vi/a voi piacciono   13. gli/a loro piace   14. a loro ...piacciono   15. a ...piace   16. a...piacciono   17. ai...piace   18. a...piacciono   19. gli/a loro piace   20. ai...piacciono

10.3 1. gli/a lui   2. ti/a te   3. mi/a me   4. gli/a loro   5. ci/a noi   6. mi/a me   7. ai miei   8. agli   9. ti/a te   10. vi/a voi   11. gli/a loro   12. mi/a me

10.4 1. Mi piacciono le sue piante.   2. Ti piacciono i programmi.   3. A loro piacciono i meloni.   4. Le affascinano gli strumenti musicali.   5. Gli interessano i giornali.   6. Le dolgono le gambe.   7. Ci servono i bicchieri.   8. I panini vi bastano.   9. A loro occorrono le palle.   10. Mi interessano i musei.

10.5 1. Você gosta de assistir ao filme.   2. Estou com dor de cabeça.   3. Ele precisa de um copo.   4. Por que você não gosta de esquiar?   5. Peixes tropicais nos fascinam.   6. As notícias diárias interessam a vocês.   7. A eles interessa ir às compras?   8. Mario não gosta de dirigir com neve.   9. Erica precisa de um lápis.   10. Nunca acontece nada aqui.   11. Todos precisam de um computador.   12. Os jovens gostam da música moderna.   13. Os jovens gostam de músicas novas.   14. Eles gostam de viajar.

10.6 As respostas podem variar.

10.7 1. gli   2. gli   3. le   4. gli   5. le   6. gli   7. le   8. gli   9. le   10. le   11. mi   12. ti   13. le   14. ci   15. mi   16. ti

10.8 1. mi vuole dare   2. mi vuole comprare   3. mi vuole dare   4. ci vuole chiamare   5. vi vuole insegnare   6. ci può insegnare   7. vi può insegnare   8. ci deve portare   9. gli vogliono chiedere   10. mi vuole comprare

10.9 1. vuole dirmi   2. vogliamo vendergli   3. vuole imprestarle   4. deve scriverle   5. deve preparargli   6. voglio mandarti   7. volete imprestarmi

10.10 1. vuole insegnarci/ci vuole insegnare   2. ti dò   3. ti scriviamo   4. vuoi mandarmi/mi vuoi mandare   5. voglio comprargli/gli voglio comprare

10.11 1. Você pode me dizer por que não vem conosco?   2. Meu amigo deve me emprestar quatro cadeiras.   3. Lucia quer lhe dar um pequeno copo de licor.   4. Me interessa muito aprender a tocar piano.   5. O médico quer falar comigo.   6. Mando um presente para as crianças.   7. Quero mandar um presente.   8. Não tenho vontade de falar com ele.   9. Devo telefonar para ela.   10. O professor faz uma pergunta a ele.   11. Você ligou para Giovanni? Sim, liguei para ele.   12. Quero ligar para elas assim que puder.   13. Maria não gosta de café, mas gosta de cappuccino.   14. O garçom leva uma garrafa de água mineral para ela.   15. Devo lhe dizer que ela lê muito bem.

Gabarito   307

10.12 1. Sì, mi piace questa lezione.   2. Sì, mi piace andare al mare.   3. No, non gli piace andare a ballare.   4. No, ma devi portarle un regalo.   5. Sì, gli mando un invito.   6. Sì, voglio farle una sorpresa.   7. Sì, voglio scrivergli una lettera.   8. Sì, gliel'ho detto.   9. Sì, voglio imprestarglielo.   10. Sì, ti voglio fare una domanda.   11. Sì, glielo dico.   12. Sì, me li devi imprestare.   13. No, non voglio che tu mi insegni a dipingere.   14. No, non mi piace cucinare.

10.13 1. Lui le dà un anello di diamanti ogni anno.   2. Luisa non mi dice mai niente.   3. Le impresteremo i nostri libri.   4. Ti porto il vino se tu mi porti la birra.   5. Ti voglio portare la pasta.   6. Lui le vuole dire molte cose.   7. Quando risponderai alla mia lettera?   8. I compiti mi sembrano molto difficili.   9. Amo i miei figli.   10. Ti dico che il treno è in orario. 11. Perchè non rispondi alle mie domande?   12. Maria mi dice che vuole andare a Venezia.   13. Maria vuole dirmi dove vuole andare.   14. Devo prepararmi.   15. La bambina assomiglia a suo padre.

Capítulo 11: O Objeto Direto

11.1 1. bacia suo marito   2. chiama la sua amica   3. raccogliamo i fiori 4. guardo   5. ascoltiamo l'insegnante   6. aiuti la zia   7. porta una tazza di tè   8. invita gli amici   9. ascolta l'insegnante   10. invita tutti i suoi amici   11. aspettiamo   12. conoscete bene   13. vede molti uccelli 14. aiuta la vecchia signora   15. accompagna i bambini   16. ascoltano la predica

11.2 1. lo aspetta   2. lo ricordo   3. lo vedo   4. la conosci   5. la ama 6. visitarli   7. la ascoltano   8. li ascoltate   9. la bacia   10. la penso 11. lo invito   12. lo so   13. li accompagniamo   14. la conosciamo 15. aiutarlo   16. voglio vederla

11.3 1. O rapaz parece doente. Devemos ajudá-lo.   2. Quando a vir, deve abraçá-la.   3. Maria chega sempre tarde e não a esperamos mais.   4. Ligamos para os nossos pais e os avisamos que vamos visitá-los.   5. Quero convidar Mario e Nadia para jantar. Eu os chamo esta noite.

11.4 1. le metto, le vedo   2. vuole pulirla   3. posso usarla, la vendo   4. devo portare   5. voglio leggerli   6. dobbiamo comprarli, dobbiamo spedirli 7. studiarla, capirla   8. lo prende   9. voglio leggerlo   10. li voglio invitare

11.5 1. la   2. la   3. li   4. la   5. gli   6. li   7. gli, gli   8. lo capisci   9. invitarlo, portarlo   10. le scrivo, la trova   11. mi parli, ti capisco   12. mi chiede, darle   13. le compro, le vuole, le fanno male 14. mi chiama, mi trova   15. la sente, gli   16. gli mandiamo   17. gli, gli 18. le   19. le   20. li

11.6 As respostas podem variar.

11.7 1. Lisa aspetta i suoi fratelli che arrivano sempre in ritardo.   2. Andiamo al cinema ogni settimana. Ci piace andare al cinema.   3. I verbi italiani sono difficili, ma li studiamo e li impariamo.   4. Vuoi accompagnarlo alla partita di calcio? Non gli piace andare da solo.   5. Quando lui la vede, la abbraccia, la bacia e le parla per molto tempo.   6. Gli chiedo quanto costa il biglietto, ma lui

Gabarito

non lo sa.   7. Mangiano sempre la pizza. Io non la mangio perchè non mi piace. 8. A loro piace la spiaggia. A me non piace perchè è troppo affollata.   9. Ha un costume da bagno nuovo, ma non lo mette mai.   10. Le parli sempre? La vedi spesso?

Capítulo 12: Verbos Reflexivos

12.1 1. si sveglia   2. si abituano   3. mi sveglio   4. ci divertiamo   5. si chiama   6. sedervi   7. prepararsi   8. mi addormento   9. ti dimentichi   10. riposarmi

12.2 1. si mette   2. fermarci   3. mi spavento   4. mi preoccupo   5. si alzano   6. truccarsi   7. mi spazzolo   8. si fa   9. mi rilasso   10. si ferma   11. mi rallegro   12. si spaventa   13. mettersi   14. si pettinano

12.3 1. comincio   2. si rende conto   3. si brucia   4. si ricorda   5. mi fido   6. si burla   7. si sente bene   8. ricordarti   9. si mette   10. si lamentano   11. si brucia   12. ci rendiamo conto   13. ti lamenti   14. ci incontriamo   15. si incontrano   16. mi fido

12.4 1. si sveglia   2. si veste   3. si sveste   4. si fa la doccia   5. si fa la barba   6. si prepara   7. si salutano   8. si incontra   9. si siedono   10. si scambiano   11. si annoia   12. si chiede   13. radunarsi

Capítulo 13: O Presente do Subjuntivo

13.1 1. vengano   2. chiuda   3. sappia   4. studiate   5. stia   6. dia   7. vada   8. portino   9. arrivi   10. comprino   11. scriva   12. abbia   13. capiscano   14. spieghi

13.2 1. dica   2. ascolti   3. studiate   4. stia   5. sia   6. aspettino   7. sappia   8. chiami   9. vedano   10. paghi   11. viaggi   12. sia   13. faccia   14. possiate

13.3 As respostas podem variar.

13.4 1. visitiamo   2. parliamo   3. capisce   4. capisca   5. sia   6. è   7. viaggino   8. ama   9. sposi   10. vivono

13.5 1. deve   2. sono   3. è   4. prepara   5. mangino   6. va   7. piaccia   8. impari   9. parli

13.6 1. a meno che, venga   2. così che, impari   3. a meno che, piova   4. senza che, inviti   5. malgrado, abbiano freddo   6. così che, possa   7. a meno che, voglia   8. senza che, inviti   9. malgrado, sia   10. prima che, arrivino

13.7 1. sia   2. siano   3. scriva   4. sia   5. affittiate   6. chiami   7. voglia   8. sia   9. ascoltiate   10. sia   11. compri   12. andiate

13.8 1. ascoltiate   2. studiate   3. è   4. sia   5. piace   6. parli   7. parla   8. dormono   9. dormano   10. vieni   11. venga   12. vai   13. vada   14. abbia   15. facciano   16. fa   17. lavori   18. lavorate

13.9 1. sposarsi   2. vendano   3. comprare   4. leggere   5. andiate
6. andate   7. andare   8. mangiare   9. mangiate   10. impariamo
11. imparare   12. imparino   13. leggiate   14. leggere   15. piace
16. mangiare   17. mangi   18. mangi   19. sono   20. compri
21. siano   22. comprare

13.10 1. Lei è contenta di portare i dolci a suo marito.   2. Spero che voi veniate
da noi la prossima settimana.   3. Lei spera che voi siate contenti di venire.
4. Pensiamo che faccia bel tempo.   5. Speriamo che il film sia bello.
6. Penso che il treno arrivi in ritardo.   7. So che i miei amici stanno bene.
8. Spero che i miei amici stiano bene.   9. So che siete bravi studenti.
10. Penso che voi siate bravi studenti.   11. Maria dice che qualche volta
l'aereo arriva in ritardo.   12. Maria pensa che qualche volta il treno arrivi in
ritardo.   13. Giovanni spera che le fotografie siano belle.   14. Giovanni è
contento che le fotografie sono belle.

13.11 1. Spero che tu stia meglio.   2. Christine insiste che Lara metta la giacca
invernale.   3. Mario spera che ti piaccia il vino italiano.   4. Sono contenta
di conoscerti.   5. Puoi chiamarmi quando arrivi a casa?   6. Lei spera che
il cibo sia buono.   7. Speriamo che sabato non nevichi.   8. Sappiamo che
parti per l'Italia il prossimo venerdì.

13.12 1. abraçar   2. habituar-se   3. acontecer   4. acompanhar   5. fascinar
6. adoentar-se   7. lucrar   8. abrir   9. assemelhar-se   10. tomar
banho   11. dançar   12. precisar   13. queimar   14. tirar sarro
15. pegar   16. acalmar   17. apagar   18. entender   19. procurar   20. perguntar   21. perguntar-se   22. conhecer   23. aconselhar
24. continuar   25. correr   26. construir   27. acreditar   28. cozinhar   29. esquecer-se   30. doer   31. doar   32. dever   33. duvi-
dar   34. durar   35. evitar   36. parar   37. confiar   38. gesticular
39. jogar   40. olhar   41. dirigir   42. empregar   43. importar-se
44. encontrar   45. vestir   46. ensinar   47. insistir   48. interes-
sar   49. convidar   50. lavar-se   51. amarrar   52. brigar   53. mandar   54. meditar   55. colocar   56. modificar   57. mover   58. nevar
59. precisar   60. organizar   61. observar   62. permitir   63. gostar   64. chover   65. pôr   66. pegar   67. preocupar-se   68. preparar
69. preparar-se   70. proibir   71. proteger   72. limpar   73. reunir
74. contar   75. realegrar-se   76. presentear   77. rir   78. preencher   79. permanecer   80. arrepender-se   81. repetir   82. descansar
83. responder   84. subir   85. cumprimentar   86. saber   87. escolher
88. abaixar   89. rir de alguém   90. esquiar   91. brilhar   92. sen-
tar   93. seguir   94. ouvir   95. servir   96. subir   97. apavorar-se
98. escovar   99. mandar   100. acontecer   101. sugerir   102. acordar
103. despir-se   104. telefonar   105. temer   106. manter   107. tocar
108. pôr-se (o sol)   109. tranquilizar   110. transportar   111. maquiar-se
112. gritar

Capítulo 14: O Pretérito Perfeito e o Presente Perfeito

14.1 1. cantò   2. chiudemmo   3. andarono   4. lavorai   5. andasti
6. vendeste   7. ricevette   8. ripeté   9. diede   10. facemmo

310 Gabarito

11. andammo   12. pensaste   13. ricordai   14. viaggiarono   15. finì
16. stemmo

14.2   1. Ascoltai la radio.   2. Perchè ritornasti tardi?   3. Andai a visitare il museo.   4. Tu lavorasti sempre.   5. Non camminai molto.   6. Ogni giorno ascoltai le notizie italiane.   7. Maria non dormì molto bene.   8. Il concerto cominciò alle otto.

14.3   1. studiai   2. andai, noleggiai   3. telefonai, trovai   4. arrivò   5. comprammo   6. pensaste   7. giocarono   8. vide   9. preferirono   10. finisti   11. capimmo   12. telefonaste   13. visitarono   14. parlò

14.4   1. Io mangiai bene.   2. Tu venisti a casa presto.   3. Lei visitò Milano.   4. Carlo chiese la ricetta per il dolce.   5. Luigi lesse il libro.   6. Monica mi portò un regalo.   7. Lei pregò sempre.   8. Noi stemmo a casa.   9. Voi viaggiaste in treno.   10. Loro temerono (temettero) il freddo.   11. Io vidi il mare.   12. La guerra distrusse tutto.   13. La vita fu difficile.   14. Diedi l'acqua agli assetati.

14.5   1. stetti   2. fummo   3. stette   4. fu   5. stette   6. furono   7. fu   8. stette   9. stettero   10. fu

14.6   1. cadde   2. vidi   3. ricevemmo   4. visse   5. entraste   6. chiesero   7. ricevetti   8. facesti   9. bevve (bevette)   10. chiuse   11. vinse   12. perse   13. dicesti   14. persi

14.7   1. ho viaggiato   2. hai cantato   3. ha giocato   4. abbiamo ordinato   5. hanno letto   6. abbiamo mangiato   7. ha suonato   8. ha visto   9. hanno imparato   10. hanno comprato   11. hanno acceso   12. abbiamo spento   13. ha vinto   14. ha bevuto   15. ho fatto

14.8   1. Ho letto molti libri.   2. Li ho letti.   3. Abbiamo comprato molte uova.   4. Le abbiamo comprate.   5. Tu li hai visti.   6. Tu non ci hai visti.   7. Lei ha chiamato i suoi amici.   8. Li ha chiamati.   9. Tu hai aspettato la tua famiglia.   10. Tu li hai aspettati.   11. Ho comprato un orologio nuovo.   12. L'ho comprato dal gioielliere.

14.9   1. Io sono ritornata a letto perchè fa freddo.   2. Le ragazze sono venute a casa mia.   3. I parenti sono arrivati con il treno.   4. Ho portato la mia amica all'aeroporto.   5. Michele è andato in Perù.   6. Noi siamo andati alla festa.   7. L'aereo non è partito.   8. Sono venuti a vedere il neonato.   9. Siamo ritornati a casa tardi.   10. Lei ha studiato medicina.   11. La nonna ha camminato con il bastone.   12. La mia gioventù è stata bella.

14.10   1. È successo un incidente sull'autostrada.   2. Perchè non sono potuti venire?   3. Non sono potuti venire perchè i bambini erano ammalati.   4. Si sono svegliati tardi e sono arrivati tardi al lavoro.   5. Ieri, è nevicato in Colorado.   6. Il gatto è salito sul tetto.   7. Il cibo è stato sufficiente per tutti.   8. Questa casa è costata molto.   9. Si è vestita in fretta.   10. È stata a casa perchè la sua macchina è rotta.

Capítulo 15: O Pretérito Imperfeito

15.1   1. Di solito andavo a letto tardi.   2. Tu andavi spesso in Italia.   3. Il sabato mattina mi piaceva dormire.   4. Vedevamo di frequente i nostri amici.

Gabarito 311

5. Ogni giorno dovevamo fare i compiti.   6. Mangiavate sempre la pasta.
7. Loro non sapevano parlare l'italiano.   8. Di solito facevano tante fotografie
ai bambini.   9. Lei parlava spesso con i suoi genitori.   10. Di tanto in tanto,
la chiamavo al telefono.   11. I bambini dicevano sempre la verità.   12. Di
solito bevevo molta acqua.

15.2   1. Ieri pioveva.   2. Che tempo faceva in Italia?   3. C'era il sole e faceva
caldo.   4. Era nuvoloso do una settimana.   5. La madre dormiva e i bambini
giocavano.   6. Faceva la doccia tutte le mattine.   7. Carlo mi chiamava
spesso.   8. Di solito, la domenica pomeriggio andavamo a camminare nel
parco   9, Vedevo le oche tutte le sere.   10. Io studiavo e mia sorella giocava.
11. Che ora era quando sei ritorna to a casa?   12. In passato, facevano l'olio
d'oliva.   13. I bambini mangiavano solo pesce.   14. Il treno partiva tutti i
giorni alle nove.   15. Non erano stanchi, avevano solo fame.   16. Tua madre
era molto ambiziosa.

15.3   1. I bambini volevano andare al parco.   2. Lo sapevo.   3. Che cosa dicesti
a Franco?   4. Mangiavamo quando entrasti.   5. Perchè lo chiamasti?
6. Perchè lo chiamavi?   7. Dove andasti ieri?   8. Dove andava quando
lo vidi?   9. Lei ebbe un incidente.   10. Lei aveva spesso degli incidenti
di macchina.   11. Le desti la buona notizia?   12. Le portavi delle buone
notizie.

15.4   1. La settimana scorsa sono andato al lago.   2. Andavo al lago.   3. Hai
incontrato i tuoi amici a Roma.   4. Incontravi i tuoi amici a Roma.   5. Tu
hai spento la televisione perchè io studiavo.   6. Quando sei venuto a casa, loro
dormivano.   7. Era in ospedale per dieci giorni.   8. È andato in ospedale la
settimana scorsa.   9. Ha portato i bambini allo zoo.   10. Portava i bambini allo
zoo ogni estate.   11. Ho perso il mio ombrello.   12. Mi dimenticavo sempre
l'ombrello a casa.

15.5   1. Sciavo ogni inverno.   2. Ho sciato molto.   3. Sei andato in Africa con
i tuoi genitori.   4. Tu andavi in Africa per lavoro.   5. Mi hanno scritto
una lunga lettera.   6. Mi scrivevano delle lunghe lettere.   7. Dirigeva
l'orchestra.   8. Ha diretto l'orchestra per dieci anni.   9. Ieri sera è andato a
letto tardi.   10. Andava a letto tardi ogni sera.   11. Ha cucinato per tutta la
famiglia.   12. Cucinava per tutta la famiglia ogni domenica.

15.6   1. eri, ho telefonato, telefonai   2. eravamo, è venuto, venne   3. dormivano,
ha bussato, bussò   4. guardava, è arrivata, arrivò   5. dovevamo,
abbiamo trovato, trovammo   6. erano, sono venuti, vennero   7. aveva,
è cominciato, cominciò   8. faceva, ha vinto, vinse   9. avevo, sono stata,
stetti   10. speravo, sono svegliato, svegliai, ho deciso, decisi   11. avete
comprato, compraste, volevate   12. siamo usciti, uscimmo, abbiamo visto
13. ha comprato, comprò, costavano   14. funzionava, ha riparato, riparò
15. guardavano, sono andate, andarono   16. eravate, siete andati, andaste

15.7   1. Eu gostaria de beber um café. Você o faz pra mim?   2. Roberto me
comprou um casaco. Ele o comprou pelo meu aniversário.   3. Preciso de
lápis coloridos. Quero comprá-los para mim.   4. Preparo o café da manhã. Eu
o preparo para mim todos os dias.   5. Queria comprar esquis. Vou comprá-
los depois das férias.   6. O carteiro está com as minhas cartas. Ele vai me
entregá-las amanhã.   7. Precisamos de laranjas. Vou comprá-las para mim.
8. Ele não quer me trazer uma salada. Não quer trazê-la para mim.

15.8 1. Maria não traz vinho. Giovanni o leva para você. 2. Quero lhe dar uma planta. Quero lhe dar a você. 3. Você espera a conta. Espero que o garçom a entregue rápido a você. 4. Quero comprar uma bicicleta para você. Eu a entrego em sua casa. 5. Maria lê muitos jornais. Quando ela acabar de lê-los, empresto-os a você. 6. Mandamos cartões-postais a você da Europa. Nós os mandamos de Roma para você. 7. Podemos alugar alguns vídeos. Nós os alugamos para você. 8. Maria lhe falou para ir jantar com ela? Sim, ela me disse ontem. 9. Queria lhe dizer para vir à minha casa às 20h. Queria ter lhe dito ontem 10. Leio o livro para você. Eu o leio para você.

15.9 1. te lo 2. glielo 3. gliela 4. glielo 5. glielo 6. me le 7. te la 8. gliela 9. glieli 10. gliela 11. te lo 12. fargliele 13. me la 14. ti, te la 15. me lo 16. glielo

15.10 1. Te l'ho detto ieri. 2. Ho dato un computer a mia nipote. Gliel'ho dato. 3. Le darò la notizia quando viene. 4. Tua zia vuole che tu le legga l'articolo. 5. Non vuoi leggergliela. 6. Giovanni gli ha imprestato la macchina. Gliel'ha imprestata. 7. Maria ha letto un buon libro e me l'ha dato da leggere. 8. Gli voleva dare il violino. 9. Gli voleva mandare il regalo. 10. Il dottore ci ha dato le medicine. 11. Il dottore ce le ha date. 12. Il dottore ci voleva dare le medicine. 13. Il dottore voleva darcele. 14. Abbiamo dato molti giocattoli ai bambini. 15. Glieli abbiamo dati. 16. Non volevamo darglieli. 17. Dopo averle fatto visita, sono andati al ristorante. 18. Le chiederò di andare con me. 19. Le dirai di farlo. 20. Glielo dirai oggi quando la vedi.

15.11 1. glieli ha dati. 2. glielo abbiamo chiesto 3. lavarsele 4. glielo 5. leggerglielo 6. truccarsi 7. la spala 8. se li comprano 9. se l'è 10. comprarglielo 11. non se la lavano 12. se li lavano

15.12 1. Ela gosta do doce e o comeu todo. 2. Eles se perguntavam por que seus amigos não iam se encontrar com eles. 3. Eles se questionavam frequentemente. 4. Eles comeram toda a pizza. Eles a comeram toda. 5. Devo perguntar a ele que horas vem. Eu lhe perguntarei pelo telefone. 6. Eles compram o jornal e o leem todo. 7. Ela ainda não tirou a licença. Ela vai tirá-la daqui a dois meses. 8. Ela comprou um carro e o pagou todo sozinha. 9. Os rapazes encontraram um gato. Eles o levaram para casa. 10. Eu não esperava que você viesse. Eu realmente não esperava.

15.13 1. adquirir 2. arranjar 3. atrair 4. bastar 5. cair 6. procurar 7. concluir 8. contradizer 9. divertir 10. desenhar 11. distrair 12. destruir 13. imitar 14. influir 15. influenciar 16. liquidar 17. mastigar 18. pensar 19. pescar 20. pôr 21. impedir 22. publicar 23. rir 24. repetir 25. escolher 26. descobrir 27. empurrar 28. empoeirar 29. acontecer 30. suplicar 31. vender 32. traduzir 33. vagar 34. votar

Índice

-a terminação, 4, 6
Abreviações (texto), xiii
Acentuação, xv–xvi
Orações adjetivas
subjuntivo e, 237–38
Adjetivos
expressando anterior, 133–34
expressando próximo, 133–34
expressando somente, 133–34
expressando quantidade, 132–33
vocabulário, 163
Adjetivos, comparativos
de igualdade, 135–36
exercícios, 136–37
irregulares, 138
de superioridade, 134–35
de inferioridade, 135
superlativos, 137–40
Pronomes, demonstrativos, 126–28
Adjetivos, descritivos, 17–24
bello, 131
exercícios, 132
acompanhando **stare**, 27
gênero, 17–18
nacionalidade, 128–30
posicionamento, 21–23
plural, 19–21
antecedendo substantivos, 130–31
vocabulário, 18, 28, 36, 51, 53–54, 70,
72, 87, 102, 120, 148, 170, 198,
209, 220, 221, 245, 268, 295
Pronomes, possessivos, 121–23, 124
artigos e, 14
exercícios, 122–23

Advérbios, 140–47
abbastanza, 131
de adjetivos, 141
exercícios, 144, 145–46
expressões com **a**, 145
expressões com **da**, 145
expressões com **di**, 145
expressões com **in**, 145
de localização, 28, 144
molto, 131
piuttosto, 131
com a mesma forma de adjetivos,
142–43
de tempo, 143
troppo, 131
vocabulário, 36, 52, 87, 145, 295
Conselhos, subjuntivo e, 232
Idade, 275
essere e, 31
-ale terminação, 4–5
Alfabeto, xvi–xvii
-ame terminação, 4–5
-amma terminação, 4
andare (para expressar futuro), 104–6
-ante terminação, 23
Aparência
essere e, 30
verbos para, 27
Artigos, definidos
regras, 11–12, 123–25
usos, 13–15
Artigos, indefinidos, 9–10
com partes do corpo, 114
formação de substantivos no plural, 8

-ato terminação, 23
Avere, 96–99
   presente perfeito, 259–60, 262

Bello, 131
Benché, 238
Corpo, partes de, 113–14, 214
   artigos e, 14, 114
   exercícios, 117
   dentro do corpo, 114

-ca terminação, 8
Calendário, 47–48
   exercícios, 49–50
-care terminação, 224
C'é, 38–39
   exercícios, 39–41, 55–56
Che, 112
   exercícios, 118–19
   com subjuntivo, 224–25
-che terminação, 8
-chi terminação, 7
-ci terminação, 7
Ci sono, 38–39
   exercícios, 39–41, 55–56
Roupas, 214
   artigos e, 14
-co terminação, 7
Cores, 18, 275
   essere e, 31
con + substantivo, 146
Conjunções
   che, 112
   subjuntivo e, 236–37
Conoscere versus **Sapere**, 94–96
Consoantes
   pronúncia, xiv–xv
Ação contínua, passado, 275
Contrações
   posse, 31–32

Da, 115–16
   exercícios, 118–19
   com o imperfeito, 276
Datas
   artigos e, 14
   essere e, 30
   números ordinais e, 65–66

Dia, partes do, 48
Dias da semana, 47
   artigos e, 14
Descrição, passado, 275
Pronomes oblíquos e objeto direto
   com pronomes reflexivos, 291–94
Objetos diretos, 199–210
   pronome duplo, 283–91
   exercícios, 200–201, 204–9
   pronomes, 201–6
Dúvida, subjuntivo e, 233

-e terminação, 4, 8
-ea terminação, 8
Ecco, 39
   exercícios, 39–41
-ee terminação, 8
-ente terminação, 23
-essa terminação, 6
Essere
   presente perfeito, 263–67
   versus **Stare**, 26–35
   exercícios, 32–35, 55–56
-etto terminação, 23
Exclamações, 42, 44
Expressões
   advérbios, 145
   impessoais com **si**, 218–19
   impessoais com subjuntivo, 228–30
   com **per**, 158
   per quanto, 238
   com pretérito, 250
   quantidade, 71
   com **stare**, 27
   tempo, 115–16
   úteis, 71, 102, 148, 163, 198, 220,
      245, 295
   vocabulário, 221

Membros da família, 115
   artigos e, 14
   exercícios, 118
Frutas, 5

-ga terminação, 8
-gare terminação, 224
Gênero
   adjetivos, 17–18, 27

Índice   315

artigos, 9, 11–12
substantivos, 3–9, 53
Nomes geográficos
artigos e, 13–14, 15
-ghe terminação, 8
-ghi terminação, 7
-gi terminação, 7
-go terminação, 7
Cumprimentos, xvii

Hábitos, 274
Felicidade, subjuntivo e, 231
Saúde
verbos para, 27
Esperança, subjuntivo e, 231

-i terminação, 8
-ile terminação, 4–5
Pronomes oblíquos de objeto indireto,
185–94, 206
anexados ao infinitivo, 189–90
posição de, 187–90
Objetos indiretos, 174–98
pronome duplo, 283–91
exercícios, 190–94
piacere, 174–85
Infinitivo, 169, 235, 240, 242–43
pronome oblíquo anexado ao,
189–90
-ino terminação, 23
Formação de interrogativas, 74–75
Palavras interrogativas, 28, 42–43
exercícios, 44–46
-isc terminação, 226
-ista terminação, 6
-ito terminação, 23

Línguas
artigos e, 14
Localização
advérbios de, 28, 144
essere e, 31
de eventos, 31
verbos para, 27

-ma terminação, 4
Material
essere e, 31

-mente terminação, 141
Meses do ano, 47–48
Modo, indicativo. *Veja Tempos verbais
específicos*
Modo, infinitivo. *Veja* Infinitivo
Modo, subjuntivo. *Veja Tempos verbais
específicos*
Modo (estados mentais)
essere e, 30

Narração, 274
Nacionalidade, 128–30
essere e, 30
Vocabulário natural, 164
Negativos, 150–54
dúvida, 150
exercícios, 152, 153–54
expressões, 150–53
frases negativas, 75
Substantivos
gênero, 3–9, 53
plural, 6–9
vocabulário, 36, 51, 53, 70, 72, 86, 102,
119–20, 148, 162–63, 170, 197, 209,
220, 221, 244–45, 268, 295. *Veja
Tópicos específicos*
Números
cardinais, 58–61
ordinais, 61–66
-o terminação, 3
Objetos. *Veja Objetos Diretos; Objetos
indiretos*
-one terminação, 4–5, 23
Ordens, subjuntivo e, 232
-ore terminação, 4–5, 6
-otto terminação, 23

Experiência passada, 274
Particípios passados, 198
concordância, 262
irregulares, 260–61
Per, 112–13, 157–58
exercícios, 118–19
Per quanto, 238
Traços de personalidade, 275
essere e, 30
Características físicas
essere e, 30

Condições físicas
  essere e, 31
Piacere, 174–85
Formas do plural
  adjetivos, 19–21
  artigos, 9, 11–12
  substantivos, 6–9
  pronomes retos, 25–26
Origem
  essere e, 31
Posse
  contrações, 31–32
  essere e, 31
  indicativo de posse, 32
Potere, 278–79
Preferências, subjuntivo e, 230–31
Preposições, 46, 154–61
  a, 77
  com advérbios, 145–46
  che, 224–25
  di, 224–25
  exercícios, 158–61, 166–68
  seguidas por substantivos, 155–56
  seguidas por pronomes, 155–56
  seguidas por verbos, 155
  seguidas por verbos reflexivos, 216–17
  fra, 156
  sem terminar com, 31
  per, 112–13, 157–58
  sopra, 156
  tra, 156
Profissões
  essere e, 30
Pronomes, 30. *Veja Pronomes reflexivos;*
    Pronomes retos
  objeto direto, 201–6
  duplo objeto, 283–91
  objeto indireto, 185–94
  relativos, 112
  tabela de revisão, 206, 217
Pronúncia
  consoantes, xiv–xv
  iniciando com **h**, 97
  tônica, xv–xvi
  vogais, xiii–xiv
  escrevendo a acentuação, xv–xvi

Interpretação de texto, 35–36, 51, 56–57,
    70, 71–72, 86, 102, 119, 147–48,
    161–62, 170, 195–97, 209, 219–20,
    221, 244, 267–68, 294–95
Reciprocidade, 218
Pronomes reflexivos, 211–12
  com pronomes oblíquos, 291–94
  posicionamento, 213–14
Verbos reflexivos. *Veja Verbos*
Arrependimento, subjuntivo e, 231
Relacionamentos
  essere e, 30
Pronomes relativos
  che, 112
Parentes. *Veja Membros da família*
Pedidos, subjuntivo e, 232

Tristeza, subjuntivo e, 231
Saudações, xvii
Sapere
  versus **Conoscere**, 94–96
  tempos verbais, 278–79
Estações, 48
Formação de frases, 93–94
senza + substantivo, 146
Si, 218–19
-si terminação, 5
-sione terminação, 4
Tamanho, 275
Stare versus **Essere**, 26–35
  exercícios, 32–35, 55–56
Tônica, xv–xvi
Pronomes retos, 25–26, 30
Subjuntivo, presente. *Veja Tempos verbais*
    específicos

Tempo, 275
  advérbios de, 143
  essere e, 30
  expressões de, 115–16
  com **per**, 158
  dizendo o tempo, 66–69
Títulos
  artigos e, 14
-tore terminação, 5
Exercícios de tradução, 15–16, 23–24, 41,
    49–50, 54–55, 71, 113, 125, 139–40,
    142, 146–47, 167–69, 193, 204–5,

208, 234, 242–43, 262, 279–82, 284–86, 289–91, 292–94
Árvores, 5
-trice terminação, 5

Incerteza, subjuntivo e, 233
-unque compostos, 238
-uto terminação, 23

Tempos verbais
 tabela comparativa, 277–78
 exercícios (todos os tempos), 116–17, 165–66
 exercícios (verbos irregulares), 165–66
 futuro, 105–20
 irregulares, 108–11
 regulares, 106–8
 imperfeito, 270–96
 presente contínuo, 28
 presente perfeito, 259–67
 presente do subjuntivo, 223–47
 presente, 74–87, 88–103
 pretérito, 248–59
Verbos
 impessoais, 174–85
 infinitivos, 169. *Veja Infinitivo*

intransitivos, 260
preposições e, 155, 166
reflexivos, 211–22
que levam pronomes, 186–87
transitivos, 199–201, 260
uso do subjuntivo após alguns verbos, 230–33
vocabulário, 52, 72, 76–77, 78–79, 81, 83, 87, 102, 111, 120, 148, 163, 171, 197, 209, 220, 221, 245, 268, 295
Volere, 278–79
Vogais
 pronúncia, xiii–xiv
 sons após o **g**, 79
Clima
 tempos verbais no passado, 275
 vocabulário, 164

Desejos, subjuntivo e, 230–31

-zione terminação, 4

Rua Álvaro Seixas, 165
Engenho Novo - Rio de Janeiro
Tels.: (21) 2201-2089 / 8898
E-mail: rotaplanrio@gmail.com